民法理論の対話と創造

民法理論の対話と創造研究会◆編

伊藤栄寿／荻野奈緒／髙　秀成／齋藤由起／白石　大
水津太郎／鳥山泰志／根本尚徳／藤澤治奈／山城一真

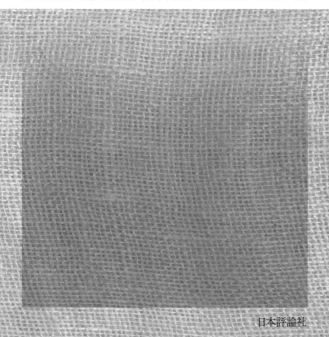

日本評論社

はしがき

　本書は法律時報1097号〜1121号（2016年〜2018年）に掲載された「民法理論の対話と創造」と題するリレー連載をまとめたものである。このリレー連載は、おおむね同世代に属する10人の民法研究者によって行われた。10人のメンバーは、研究会を組織し、そこで報告、議論を行ったうえで、連載原稿を執筆した。研究会の趣旨は、第一論文を執筆し、学会報告を終えた（ないし、学会報告の準備中だった）各人が、自分の研究を振り返ったうえで、研究を一歩先に進めるということにあった。各人の問題関心、研究の振り返り方、今後の研究の進め方は多様であったため、論文の形式や焦点は大きく異なる。それでも、「対話」と「創造」をキーワードにしている点は共通している。

　上記研究会は、2年近くにわたって行われた。メンバーは同世代に属するという共通点を有するものの、経歴は多様であったし、初対面となるメンバーもいた。それゆえ、研究会当初は独特の緊張感が漂っていたと思う。そして、研究会ではそれぞれの個性がぶつかり合い、議論がヒートアップすることも少なくなかった。こうして生み出された議論がわずかなりとも民法理論の発展に寄与するものとなっていれば、幸いである。

　この研究会が成立し得たのは、研究会開催当時、法律時報編集委員を務められていた山野目章夫教授（早稲田大学）のおかげと言って過言ではない。山野目先生は、研究会に欠かさず出席し、我々の議論を温かく見守ってくださるとともに、座談会にもオブザーバー参加してくださった。議論が拡散するときには整理し、また、それぞれの研究の方向性についても有意義なアドバイスを与えてくださった。我々の自主性を尊重しながらも、うまく手綱を引いていただいたことに対して、研究会メンバー一同、深く御礼申し上げる。

　最後になるが、研究会の事務局を務め、我々に対して執筆の機会を与えてくださった法律時報の上村真勝編集長にも御礼申し上げたい。研究会メンバ

ーと同世代に属する上村氏は、影のメンバーの一人として、研究会が円滑に進むように運営してくださった。また、出版事情の厳しい中、本連載の単行本化を認めていただいたことにつき、株式会社 日本評論社の串崎浩社長にも感謝申し上げる次第である。

　2018 年 7 月

民法理論の対話と創造 研究会

目　次

はしがき　　i

表示を論ず……………………………………………………………………1

　　山城一真

　1　はじめに

　2　前史──「表示行為」概念の定礎

　3　第Ⅰ期──「表示行為」論の構築

　4　第Ⅱ期──「表示行為」論の相対化

　5　第Ⅲ期──「表示行為」論の具体と実質

　6　おわりに

代理権濫用規制の基礎にあるもの………………………………………29

　　──一般理論としての権限濫用法理

　　髙　秀成

　1　はじめに──権限と権限濫用

　2　代理権濫用規制の構造

　3　権限濫用法理の拡がり

　4　他の一般理論に関する若干の言及

　5　おわりに

差止請求権理論の課題と展望 …………………………………………55

　　根本尚徳

　1　序──本稿の目的

　2　拙著の概要

　3　拙著への疑問・批判とこれに対する応答

　4　結び

　補説──吉村良一教授とのさらなる対話

区分所有の構造に関する議論と展開 ·······93

——共有論における区分所有

伊藤栄寿

1 はじめに——本稿の目的

2 原著以前の区分所有の構造に関する議論

3 原著の概要とその後の議論

4 区分所有者の「団体」とは何か

5 共有物分割からみた建替え決議

6 おわりに

「抵当本質論の再考序説」その他について ·······119

鳥山泰志

1 本稿の目的・対象論文の位置づけと概要

2 対象論文の手法・視角・対象

3 ドイツ法の検討

4 対象論文における主張

5 「序説」の意味

アメリカ担保法と倒産法の交錯 ·······147

——将来財産を目的とする担保権の倒産法上の処遇

藤澤治奈

1 本稿の目的

2 これまでの研究

3 今後の課題1：プロシーズ概念の分析

4 今後の課題2：αの問題の解決

5 おわりに

個人保証規制のあり方を考える ·······173

——フランスにおける事業債務の保証規制を手がかりに

齋藤由起

1 はじめに

2 日本における問題の背景と法状況の展開

3 フランスにおける事業債務の個人保証をめぐる法状況

4 むすびにかえて

将来債権譲渡の法的構造の解明に向けて ··································199
白石　大
1　はじめに——研究の動機
2　将来債権譲渡に関する先行研究
3　本研究の概略
4　本研究に対する批判等への応答
5　おわりに——今後の研究の展望

フランスにおける契約侵害論の構造 ·································223
——契約侵害論の再構築に向けて
荻野奈緒
1　はじめに
2　競業避止条項への違反を伴う労働者の引抜き
3　第三者の契約自由の限界
4　むすびに代えて

財貨帰属と代位法理 ·····························249
水津太郎
1　はじめに
2　物上代位論
3　代償的取戻権論
4　現行法秩序の体系性・その1——概念による法ルールの整序
5　現行法秩序の体系性・その2——法的評価のバランスの確保
6　おわりに

［座談会］民法学のなやみ ·································277
——「民法理論の対話と創造」を振り返って
藤澤治奈・白石　大・荻野奈緒・齋藤由起・
髙　秀成・水津太郎・鳥山泰志・根本尚德
（司会）伊藤栄寿・山城一真

vi

【凡例】

＊本書においては，脚注の文献（学会誌・紀要・雑誌等）を法律時報・文献略語表（89 巻 13 号〔2017 年〕）に依拠して略記した．なお，略語表に掲載されていない文献については，フルネームで表記したほか，以下のように略記した文献もある．

金融法	金融法研究（金融法学会）
司研	司法研修所論集（最高裁判所司法研修所）
都法	法学会雑誌（東京都立大学）
判評	判例評論（判例時報社）

表示を論ず

山城一真

1 はじめに

(1) 問題関心

法律行為論における「意思主義の復権[1]」が論じられて久しい。その主張を支持すべきか否かについては種々の見方があり得るが、意思の重要性を説く主張が民法理論における大きな潮流をなしていることには、疑いを容れ得ないであろう。

これに対して、「表示行為」概念に焦点を当てた研究は、決して多くはない。もちろん、意思表示論は、常に表示行為の位置づけを問い直してきた。しかし、これを主題に掲げた研究といえば、鳩山秀夫「表示ヲ論ス」(1910) を想起し得る程度であろう[2]。そのためもあってか、表示行為の性格については、現在の法状況を念頭に置いて考察されるべき問題がなお残されているように思われる[3]。

本稿では、そのための準備として、表示を考察することの意味を考察したい。そして、そのために、「対話」というテーマにかこつけて、民法理論から

---

1) 安井宏「最近のいわゆる『意思主義復権論』について」同『法律行為・約款論の現代的展開』(法律文化社、1995 年) 45 頁 (初出 1985 年)。
2) 鳩山秀夫「表示ヲ論ス」志林 12 巻 11 号 (1910 年) 1 頁 (同『民法研究 第一巻 (総則)』(岩波書店、1925 年) 129 頁以下)。
3) 改正民法を一瞥しても、95 条 2 項、548 条の 2 第 1 項 2 号のように、特に多くの議論がみられる規定において「表示」概念が用いられていることが注意を惹く。

の語りかけに筆者なりに答える心算で、これまでの議論が何に関心を向けて
きたかを編年的に跡づけ[4]、理論の現在地を確かめたい[5]。これによって、
「表示」という観念が、その時々に直面した解釈論上の課題をどのように受け
止めてきたかを垣間見ることができればと念じている[6]。

(2) 検討の視点

検討の視点として、2つのことを述べておく。

第1に、分析にあたっては、「意思表示の解釈」と「契約の解釈」とを区別
するという見地を展開したい。この区別については別に論じる機会をもった
が[7]、一言でいえば、契約を締結するという行為の意味を解釈するか（意思表
示の解釈）、それとも、成立した規範としての契約を解釈するか（契約の解釈）
という時的＝論理的な区分と理解する。以上の区別を前提としつつ、両者を
包括する「解釈」という問題領域の全般を示すために「法律行為の解釈」の
語を用いる。

第2に、編年的検討のための時期区分として、法律行為の解釈に関する現
在の「通説」が確立された時期（第Ⅱ期：4）を中心に、その前後を、法律行
為の解釈論の分析が緒に就くまで（第Ⅰ期：3）と、「通説」を基礎として議論
の充実が図られつつある現状（第Ⅲ期：5）とに分かつ。第Ⅰ期には、意思表
示概念の骨格が形成されるに至るまでの前史的時代が先行する[8]（**2**）。

---

4) 学説の展開を辿る研究として、野村豊弘「法律行為の解釈」星野英一編集代表『民法講座 1』（有
斐閣、1985 年）291 頁、北山修悟「契約の解釈と契約法理論（1）～（4）」成蹊 84 号 402 頁、85
号 202 頁（以上、2016 年）、86 号 252 頁、87 号 250 頁（以上、2017 年）のほか、森田修「契約
の解釈——一般準則を中心に（その 1）、（その 2）」法教 430 号 50 頁、431 号 60 頁（2016 年）が
きわめて重要である。

5) 山城一真『契約締結過程における正当な信頼——契約形成論の研究』（有斐閣、2014 年）では、
著者の理解を示そうと努めた。同書については、吉政知広「民法学のあゆみ」法時 88 巻 5 号
（2016 年）125 頁、池田悠太「設問としての『契約の解釈』——契約をめぐる議論空間の整序に
むけて」東大ロー 11 号（2016 年）3 頁によるご叱正を賜った。なお、解釈論上の提案の梗概は、
山城一真「契約締結過程の法的規律——契約内容の形成の問題を中心に」私法 71 号（2017 年）
110 頁にも記した（以下、「拙稿（私法）」と略記する）。

6) 本稿では、当面の関心から、契約の成立・内容形成が問題となる場面での「表示」のみを論じる。
不実表示等の問題は、重要ではあるけれども、本稿の対象とはしない。

7) その梗概につき、拙稿（私法）・前掲注 5）110 頁を参照。

2 前史——「表示行為」概念の定礎

民法制定直後においては、法律行為は、「其ノ起源比較的新シク未タ学術上一定確実ノ範囲定マラサルモノ」であった[9]。そのため、この時期には、意思表示論における表示の位置づけばかりでなく（(2)）、法律行為論という問題領域（(1)）それ自体が検討の俎上に乗せられた。

(1) 法律行為論の内と外

この時期の議論は、意思表示という法概念を定礎することに関心を寄せ、意思とは意欲であり、表示とは行為であるという理解を定着させた。「表示」の問題は、人の行為を法学的に構成することを目的として論じられたといえる。

もっとも、意思表示や法律行為といった概念それ自体が安定しないために、上のような概念規定に至る過程では、今日の理解からすれば意思表示論には含まれない概念についても、その枠内での検討が試みられた。そうした議論の例としては、先占の問題を指摘することができる。法律行為が「表示」を要素としないのであれば、所有の意思に基づいて占有を開始する行為もまた、一種の法律行為だといえないかと説かれたのである[10]。結局のところ、法律行為は表示行為を要素とするとか、反対の意思を表示したとしても先占による所有権取得の法律効果は発生し得るといった理由から、実際に先占を法律行為だと主張した論者はなかったようであるが、この例をとってみても、当時の議論の関心が、法律行為概念の内外の確定にあったことが窺われる[11]。

---

8) これらの区分は、何が（主に）論じられたかに着目したものであって、何が解決されたかを明らかにするものではない。先行する時期の議論がすべて過去のものとなったわけではなく、実際には、未解決の問題を積み残しながら議論が展開している。

9) 中島玉吉「法律行為ノ観念」同『民法論文集』（金刺芳流堂、1920 年）186 頁。

10) その可能性を指摘するものとして、「雑報 法律行為の意義に関する新学説」法協 24 巻 11 号（1906 年）1609 頁（川名兼四郎博士による問題提起）。

11) その後、浜上則雄博士が、概念の精緻化をめぐって交わされた論争点を改めて採り上げている。全般的考察として、同「現代法律行為論について（1）」民商 42 巻 4 号（1960 年）3 頁を参照。

(2) 意思表示論における表示

　先占をめぐる議論がまさにそうであったように、この時期には、意思表示論における「表示」の位置づけの解明が目指された。特に好んで論じられた問題としては、意思実現[12]、表示意識の要否、黙示の意思表示等を指摘することができるが、これらのうち、表示行為に関する後の議論と特に深い関係をもつのは、黙示の意思表示に関する議論である。

　黙示の意思表示が論じられたのは、不作為もまた意思表示に含まれ得ることを正当化するためであった。岡松参太郎博士（1912）は、「外界的事実カ或人ノ内心的事実ノ予測シ得ヘキ結果ナルトキハ総テ之ヲ行為ト云フ」という定義から出発し、沈黙もまた一種の行為にほかならず、意思表示となり得るとする。そのうえで、何をもって表示行為とみるかについては、「一定ノ意思ノ存在ヲ推知セシムルニ足ル行動タル以上ハ即表示行為アリト云フコトヲ得」と説き、そのような性質を「表示価値」という[13]。こうして、学説においては、明示・黙示の区別に実益を認めず、「各個ノ具体的場合ニ於テ客観的ニ一定ノ意思ノ表示タル価値ヲ有スルヲ以テ必要十分[14]」であるなどとするものが多数を占めるようになった。

(3) 小　括

　以上のとおり、民法制定直後の時期には、法律行為の構成要素が何であり、意思表示という行為がどのような構造をもつかといった概念整理に関心が向けられ、「表示」に関しても、意思表示論におけるその位置づけを明らかにすることが試みられた。その結果、学説においては、表示行為を「表示価値をもつ人の行動」とみる理解が形成された。

　そして意思表示論の構成要素が明らかにされると、意思表示論の内部における論点は自ずから細分され、各構成要素に特有の問題領域が形成されるようになる。意思のありようは、意思表示の瑕疵に関わって、民法93条以下

---

12) 意思実現を認めると、相手方に対する到達を観念し得ない（意思表示を構成要素としない）法律行為が存在することとなる。先にみた先占の問題は、その一場面である。詳細につき、浜上則雄「『意思実現』の代理——マーニヒクの所説より」阪法32巻（1959年）40頁をも参照。

13) 岡松参太郎『法律行為論』（有斐閣書房、1914年）160頁。

14) 鳩山秀夫『法律行為乃至時効』（厳松堂書店、1912年）14頁。

の解釈問題として論じられる。これに対して、表示に関しては、その内容の確定方法、つまり法律行為の解釈が議論の主戦場となる。

3 第Ⅰ期——「表示行為」論の構築

「表示」の独自の意義が論じられるようになったのは、法律行為の解釈をめぐる議論が緒に就いてからであった。その結果、「取引の安全」の理念が形成されるに及んで、いわゆる「表示主義」が展開されるに至る。もっとも、そうして形成された「表示」概念は、一様に理解し得るものではない。

(1) 表示行為概念の多義性

まず、法律行為の解釈に関する2つの代表的研究を採り上げ、それぞれにおける「表示」の位置づけを検討する。

(a) 曄道文藝

曄道文藝博士は、「法律行為ノ解釈」(1915)「続法律行為ノ解釈」(1916) という2つの論稿を著した[15]。これらはいずれも、民法92条に即して、法律行為の解釈の体系的地位、特に法律の解釈との関係や事実認定との相違を論定したうえで、法律行為の解釈の一般原則を展開するものであるが、行為論の概念整理に注力する点では、その関心は前期の議論の延長上にある。以下では、実践的な問題に対する考察をより多く含むとともに、後の議論を規定するいくつかの重要な分析を示す後者の論稿に着目する。

曄道博士は、93条以下に定められる意思表示の瑕疵の問題と解釈の問題とを切り離し、法律行為の解釈の対象となるのは、常に外部に現れた表示行為でしかあり得ないという。つまり、法律行為の解釈とは、「意思表示ノ法律上標準トナルヘキ意味」、「表示行為ノ客観的表示力」を捉えることにほかならない (68頁)。これを基礎として、曄道博士は、表示行為の解釈に関する実用法学的な分析を示す。その要点は、こうである。第1に、表示行為の解釈は、

---

15) 曄道文藝『民法研究』(弘文堂書房、1921年) 42頁、68頁所収。

社会一般が理解する意味に適合しなければならない。第2に、結論において、「誤表は害さず（*falsa demonstratio non nocet.* 以下、「*falsa...*」と略記する）」の準則を認める。社会一般が理解するのとは異なる表示が用いられたことを知り得べき特別の関係があるときには、当事者が意図した意味を妥当させることが信義・衡平に合致するからである（87-90頁）。第3に、解釈と区別して「補充」を観念する余地はない。表示行為が存在する以上、問題はその内容を「解釈」することに尽きるのであって、それを「補充」することはあり得ないからである（76頁注4）。

　以上の各帰結は、次述の我妻説をはじめとする後の議論によってもおおむね踏襲された。ただし、解釈と補充の区別に関する分析には注意を要する。この点に関する曄道説の分析は、任意法規の役割に関する理解の延長にある。曄道博士によれば、法律行為がなされた場面においては、任意法規の役割は、既に存在する法律行為の解釈を示すことに尽きる（75頁注3）。いいかえれば、任意法規に従った法律効果は、法規ではなく、法律行為に基づいて発生する。そして、このように述べられるときにも、曄道博士が解釈対象として想定する法律行為が、何らかの表示をするという当事者の行為、つまり各当事者の意思表示であったことが重要である。各当事者の意思表示についてはその存否を問うことができるだけであって、それが存在するからには、もはや欠缺——不存在——を観念する余地はなく、あとは挙げて内容確定の問題に属するというのが、曄道博士の理解であった。

（b）　我妻榮

　法律行為の解釈をめぐる我妻榮博士の議論（1923）は、曄道説との関係を明示せずに論じられるが、その実用法学的帰結においては、多くの点で曄道説と符合する。しかし、解釈や補充をめぐる分析には重要な相違がみられる。

　我妻博士は、「解釈は当事者の作成したノルムを裁判官が補完することである」（傍点引用者）という[16]。この一節は、まずもって、解釈とは「補完する（ergänzen）」こと、つまり「ノルムに欠缺があって当事者同士では如何ともし

16）我妻榮「ダンツの『裁判官の解釈的作用』」同『民法研究Ⅰ　私法一般』（有斐閣、1966年）87頁。

えなくなっ」た場合の解決であることを明らかにする[17]。このように、解釈と補充の区別を否定する点では、我妻と曄道の理解はたしかに符合する。

しかし、この符合は表面的なものでしかないように思われる。我妻説は、解釈の対象を、一方では「表示行為」、他方では「ノルム＝規範としての契約」と規定するが、このことは、彼のいう「表示行為」が「ノルム」を意味することを表している。ところで、「ノルム」、つまり契約規範は、個々の意思表示に還元されるものではなく、それらの合致によって形成される。したがって、我妻説が解釈対象として想定する「表示行為」とは、曄道説のいうそれとは違って、個々の意思表示ではなく、成立した規範としての契約を意味する。

このように、契約の解釈を行為論から切り離したためであろう、我妻博士は、法律行為の解釈において、その帰結を各当事者の行為から導き出すことには腐心しない。裁判官は、「云々の事情は云々の意味に解すと判決して何らの妨げな」く（146頁）、「個人の意思によって実現しえなかった『公正』を維持せんがためにその意思を是正」すべきだというのである（149頁）。要するに、我妻説における法律行為の解釈とは、契約から発生する法律効果のコントロールにほかならない。だからこそ、例文解釈の問題が、法律行為の解釈論の主戦場とされ得たのであろう。

(2)　行為としての「表示」

(a)　「表示主義」の成立

以上のとおり、「表示行為」概念は多義的であったが、一部には、こうした不明瞭さを自覚したかにみえる議論がみられる。たとえば、石田文次郎博士(1934) は、意思表示という概念が、「意思を表示する行為としての意思表示」「一定の意味内容を有するものとしての意思表示」の二義に用いられていると指摘する[18]。石田博士は、意思表示の解釈において究明されるべきは、「法律上重要な、法律効果の発生のために標準となり得るような、意味」だという。しかし、「通説」は、意思表示を行為だと考え、解釈の問題に関わって意

---

17) ただし、「欠缺」の語は、ここでは広義に用いられる（我妻・前掲注 16) 60 頁注 1)。
18) 石田文次郎「意思表示の本質と解釈」論叢 30 巻 5 号（1934 年）1 頁。

思や表示の本質を論じてきた。だからこそ、「通説」は、意思表示を組成する要素に着目し、意思表示関連規定との関係を論じることによって、法律行為の解釈に関する規律を整備することに関心を向けるのだという（9-11頁）。

　ところで、石田博士が「通説」として参照した議論には、菅原睿二博士の所説（1923）が含まれている。菅原博士は、曄道説によって示唆されていた議論を精緻化し、表示上の効果意思の内容確定の問題と意思表示の有効性の問題とを区別したうえで、意思表示関連規定の解釈を通じて、法律行為の解釈の目的が表示上の効果意思の意味の確定にあるという帰結を基礎づけた[19]。このように、「通説」は、法律行為の解釈を、各当事者の行為である意思表示の解釈として捉えた。そして、以上の論理構成は、大竹綠博士（1935）らにより、鳩山秀夫博士による「動的安全」の構想へと架橋されることによって[20]、「表示に信頼した相手方、第三者の利益を保護し、取引の安全を計る」という「実質的妥当根拠」をもつ議論として性格づけられていく[21]。「法律行為の解釈においては、意思表示の客観的意味に対する相手方の信頼が保護されるべきである」という表示主義の定式は、こうした経緯で形成されたとみられる。

　（b）　伝達行為としての意思表示

　表意者の行為としての表示と、それに対する相手方の信頼とを基幹とする「法律行為の解釈」論は、その後、川島武宜博士の所説（1956）においてひとつの展開をみる[22]。

　川島博士は、権利義務の発生を欲するという伝達行為（communication）によって相手方に期待を生じさせることが、法律行為の本質だという。したがって、法律行為の解釈もまた、伝達行為の意味の確定の問題として構成される。ところで、そのように解される限り、法律行為の解釈とは、他者に対する伝達作用を有する「表示」の意味の確定に尽きるはずである。事実、川島説は、「法律行為の効力についての法的価値判断をなすこと」、つまり「裁判

---

19) 菅原睿二「法律行為解釈の目的」論叢10巻5号（1923年）16-17頁。
20) 鳩山秀夫「法律生活の静的安全及び動的安全の調整を論ず」同『債権法における信義誠実の原則』（有斐閣、1955年）1頁。
21) 大竹綠「意思表示の解釈（1）」志林37巻6号（1935年）20頁。
22) 川島武宜「法律行為」法セ12号（1956年）11頁。

所による規範定立行為」を解釈から区別した。もとより、「厳密な意味での法律行為の解釈と、ここに述べたような法律行為の効力の変更との限界は、実際には明確であるわけではない」。けれども、あくまで理論的にみれば、我妻説が重視した例文解釈は、川島説においては解釈の問題領域からは排除されることとなる（14-15頁）。

川島博士による区別は、その後、穂積忠夫氏（1961）によって「意味の発見」と「意味の持込」との区別として定式化される。穂積氏もまた、解釈の対象を「行動の過程[23]」と捉える。しかし、その一方で、穂積氏は、「裁判所が行う法律行為の解釈」の実態を把握するという関心に即して、裁判官による規範定立行為をも捉え得る「解釈」の問題領域を構成した。このように、穂積説は、川島説において強調された「解釈」と「規範定立行為」との区別を踏まえながらも、解釈と規範定立行為との区別は困難であるという留保をむしろ前面に押し出した点において、解釈の領分を規範定立の問題へと展開した我妻説への接近を感じさせる。

(3) 小 括

「法律行為の解釈は、表示行為の意味の確定を目的とする」という規範命題のもつ意味は、前提とされる「表示行為」という概念の捉え方が変われば、自ずから変化する。やや図式的な見方を交えて整理すると、2つの理解がみられた。

第1は、表示行為を行為とみて、意思表示規定との整合性を論じる理解である。この見解においては、法律行為の解釈とは、行為、つまり意思表示の解釈として把握される。より実質的に、法律行為の解釈をコミュニケーションの成否の問題とみるならば、解釈の対象は、外部から覚知することができる事実の経過でなければならず、表示の意味を客観的に解釈するとは、相手方の予見を尊重することを意味することとなる。

第2は、表示行為を一種の規範とみて、その解釈を法律効果の確定問題に引きつける理解である。この見解においては、法律行為の解釈とは、表示概

---

23) 穂積忠夫「法律行為の『解釈』の構造と機能（1）」法協77巻6号（1961年）14頁以下。

10

念を媒介として、当事者の法律関係を規律する法律関係そのものをコントロールすることだと説かれる。したがって、表示の意味を客観的に解釈するとは、解釈結果を社会的価値に適合させることを意味することとなる。

表示主義を自認する各々の理論は、このような齟齬を含みながらも、その点を顕在化させずに展開した。齟齬が露見しなかった理由のひとつには、論理構成の相違にもかかわらず、解釈の任務や目的が同様に捉えられたことを指摘し得るように思われる。「相手方の予見を害しないことが、社会的価値に適合する」という道徳論的に構成された「取引の安全」理解によれば、法律行為の解釈は、相手方の予見を尊重するとともに、解釈結果を社会的価値に適合させるという要請をふたつながらに満たすことができるからである。これに加えて、いずれの議論も法律行為の解釈を通じた司法的介入に積極的であったことも、論理構成の相違を隠すのに寄与したといえるであろう。

さらに、表示行為を規範とみるという視点については、そのように説く論者自身が必ずしも自覚的ではなかったことにも注意が必要である。我妻博士の叙述には、ダンツの規範主義とは慎重に距離を置いたかにみえる箇所がある[24]。我妻説において、契約規範に対する操作とみるべき作業までもが、合理的意思の認定や例文解釈といった手法を通じて、意思表示の存否の認定問題に還元されたのは、おそらくはそのためであろう。

4 第Ⅱ期──「表示行為」論の相対化

以上の議論状況を動かしたのは、法律行為の解釈の法技術的側面に関心を向ける学説の展開であった。現在の「通説」は、それら学説の寄与によって成立したといってよいであろう。その特徴は、細部の相違を捨象していえば、法律行為の解釈を①本来的解釈、②規範的解釈、③補充的解釈に類別したうえで、解釈準則の適用に①→②→③という序列を設けた点にある。

法律行為の解釈をこのように類別すると、「法律行為の解釈は、表示行為の意味の確定を目的とする」という定式は、二重の意味で相対化される。一方

24）我妻・前掲注 16）89 頁注 1。

で、いわゆる狭義の解釈（①、②）の内部において、表示行為に対する内心的効果意思の優先性が認められる（(1)）。他方で、補充的解釈（③）の問題が、法律行為の解釈が「表示行為の意味の確定」に尽きないことを意識させた（(2)）。

(1) 「表示主義」の相対化

1970 年代以降、法律行為の解釈をめぐっては、いわゆる付与意味基準説が台頭する。ここでは、その内容の分析には立ち入らず[25]、付与意味基準説の台頭が何を意味するかを考察したい。

付与意味基準説は、表意者と相手方との間に表示行為の意味をめぐる理解の齟齬を検証するところから出発する。各当事者の内心的意思を解釈対象とするこの議論は、各当事者の行為——つまり、意思表示——を解釈対象とみることによってはじめて成り立つ。付与意味基準説の意義は、まずもって、「表示行為の意味の確定」の問題領域を限定し、これを行為としての意思表示の解釈に純化するところにある。

こうした理解を前提として、付与意味基準説は、具体的な解釈準則を提示する一方で、これを私的自治の原則の展開として根拠づけた。私的自治の原則は、*falsa...* の原理的な正当性を基礎づけるとともに、いわゆる「第三の意味」の妥当を否定する。こうした特徴は、すでに内池慶四郎博士の議論（1965）にみられる。内池博士によれば、意思表示の意味は、「相互の表現行為により生ずべき当事者間の意識若くは自覚の相互作用」である「了解」に従って定まる。つまり、意思表示の解釈の結果は、両当事者の「了解」か（本来的解釈）、いずれか一方の当事者の「了解」か（規範的解釈）に必ず符合する[26]。このように、付与意味基準説は、規範的解釈においても、表示そのものではなく、それを正当に信頼して形成された意思が重視されることを明らかにした。

ところで、当事者の「了解」を基準とすることは、言葉の正確な意味にお

---

25) 同説の要点につき、磯村保「法律行為の解釈方法」加藤一郎＝米倉明編『民法の争点 I』（有斐閣、1985 年）30 頁を参照。

26) 内池慶四郎「無意識的不合意と錯誤との関係について」法研 38 巻 1 号（1965 年）187 頁。

12

ける「意思」に解釈の標準を求めることを意味する。こうして、法律行為の解釈を各当事者の意思行為に関わる規律として捉えることから、付与意味基準説のもとでは、同じく各当事者の意思行為を扱う錯誤法理等との関係が、同時並行的に整序されていった。

　これ以降、「表示行為の意味の確定」に関していえば、通説による問題設定そのものを揺るがすに至った学説は久しくみられない[27]。学説の関心は、むしろ、意思表示の解釈を離れたところへと向かっていく。

(2)　表示によっては捉えられない問題

　付与意味基準説が意思表示に対象を限定した解釈を論じたのに対して、補充的解釈をめぐる議論は、意思表示の解釈に尽きない解釈が存在することを明らかにした。

(a)　補充的契約解釈の構成

　前述のとおり、曄道説や我妻説は、法律行為の解釈と補充との区別を否定した。わけても、法律行為の解釈を行為論として把握する曄道博士は、このことを、表示行為についてはその存否を問題とし得るにとどまる——そして、その存在が認められる以上、「欠缺」を観念する余地はない——との理解によって根拠づけた。

　これに対して、補充的契約解釈は、表示行為の存在が認められる場合に、なおも法律行為による規律の欠缺を観念し得ることを出発点とする。この議論は、法律行為の内容が、表示行為の意味、つまり意思表示の内容のみに基づいて確定されるわけではないことを前提とする。山本敬三教授（1986）は[28]、補充的契約解釈論の由来を説き、「『補充的契約解釈』というものを契約の本質の観点から理論的に基礎づける必要から、規律としての契約という視点を前面に出した結果、意思表示解釈とは一線を画す契約の解釈としての

---

27) 通説批判としては、滝沢昌彦「表示の意味の帰責について——意思表示の解釈方法に関する一考察」一法19巻（1989年）181頁が重要であるが、なお通説を揺るがすには至っていないと考える。ただし、その問題提起の重要性については後に述べるとおりである（後述5 (1)）。

28) 山本敬三「補充的契約解釈(1)～(5)」論叢119巻2号1頁、119巻4号1頁、120巻1号1頁、120巻2号1頁、120巻3号1頁（1986年）。

補充的契約解釈」が論じられるに至ったと述べるが（「(2)」30頁。さらに、「(3)」19頁以下、「(4)」3頁以下をも参照）、ここで「意思表示解釈とは一線を画す」といわれることの意味は、ラーレンツの所説によって敷衍することができるであろう[29]。

> 「契約」をもって、2つの対応する内容をもつ意思表示が互いに合致したものとしてのみ理解するならば、契約のなかに規律を見出すことはできず、したがって法律と契約との間に類比を見出すこともできない。しかし、「契約」という語は、契約の締結の存在を指示するにとどまらず、それとともに、締結の結果、つまり「契約規範 *lex contractus*」をも指し示すものである。

> 個々の意思表示は、規律の設定を目的として行われるものではあるけれども、それ自体としては規律ではなく、意思の表明にすぎない。それは、一定の意味をもつものとして解釈されるべきもの、あるいは、行為者から切り離されてそれ自体として何かを「語る」客観的意味内容ではない。

以上の議論は、意思表示と契約とを解釈対象として峻別することから出発する。2つの解釈対象を特徴づけるのは、意思表示が各当事者による締結行為であって、それ自体としては「規律」ではないのに対して、契約が締結行為の結果として成立する規律、つまり契約規範であるという、時的＝論理的な区別である[30]。このような理解を基礎として、契約規範の補充を目的とする補充的契約解釈の問題は、法律行為の解釈をめぐる既往の議論が問題とした「意思主義・表示主義」の構図によっては捉えられないとの理解が示される（「(5)」18頁）。補充的解釈の結果は、当事者の行為からは帰結され得ない。補充的解釈は、あくまで補充的契約解釈でしかあり得ないのである。

（b）　後続する学説

「意思表示」ではなく「両当事者の契約」に着目するというこの構想は、その後、沖野眞已教授（1992）によるフランス法の分析によっても支持された。その分析において、沖野教授は、フランス法においては意思表示の解釈が論

---

29) K. LARENZ, Ergänzende Vertragsauslegung und dispositives Recht, NJW 1963, S. 737, 738, 739.
30) 山城・前掲書（注5）6頁。

14

じられてこなかったことを明らかにする[31]。これは、フランス法においては、解釈の対象としてはもっぱら「合意（convention）」が想定されたことを指摘するものと考えてよいであろう[32]。その反面において、沖野教授が考察の対象とした各種の解釈準則は、日本法における法律行為の解釈論においては、ほとんど顧みられてこなかったものであった。このこともまた、裏を返せば、日本法における法律行為の解釈論が、「合意」ではなく「意思表示」に関心を向けてきたことのひとつの例証といえるであろう。

　他方で、契約規範それ自体を解釈対象として捉えると、解釈と任意法規の適用との関係が改めて問われることとなる。典型契約における任意規定の適用が「解釈」の問題の一環として論じられたことは[33]、このような関連を示すものであろう。しかし、本稿においては、この問題には立ち入らない。「表示」とは当事者の行為であると理解する限り、任意規定の適用の問題は「表示」をめぐる議論の圏域の外に置くことが論理的だからである。

(3) 小 括

　「通説」は、本来的解釈と規範的解釈に補充的解釈を加えたが、三者には次のような相違がある。本来的解釈と規範的解釈（いわゆる狭義の解釈）は、各当事者の行為としての意思表示を対象とするものであり、表示行為論の問題領域に属する。これに対して、補充的解釈は、当事者の行為ではなく、その結果として成立した規範を対象として行われる解釈であり、表示行為の意味の確定とは性格を異にする。

　以上の区別は、単なる概念整理に尽きるものではなく、解釈者たる裁判所の判断をも枠づける。意思表示の解釈においては、意思表示がなされたかど

31）沖野眞已「契約の解釈に関する一考察（3）」法協 109 巻 8 号（1992 年）34 頁。

32）契約の解釈に関する規定について用いられていた convention の語は、「適法に形成された合意（convention）は、それをした者にとって法律に代わる」と定めた旧 1134 条 1 項（現 1103 条）を無視しては理解し得ないものであろう。なお、2016 年の債務法改正により、フランス民法典は、少なくとも規定の文言のレベルでは合意と契約（contrat）との区別を解消したが、このことによっても、以上の理解が変更されるわけではない。

33）大村敦志＝加藤雅信＝加藤新太郎「『典型契約と性質決定』をめぐって」加藤雅信＝加藤新太郎『現代民法学と実務 上——気鋭の学者たちの研究のフロンティアを歩く』（判例タイムズ社、2008 年）5 頁を参照（初出 2005 年）。

うかという事実認定に接して司法的介入が試みられる。これに対して、補充的解釈においては、——仮定的なものであるにせよ——当事者の共通の意図によって司法的介入が方向づけられる。法律行為の解釈において探究されるべき「意思」やそれによる拘束のあり方、その意思に対峙する「規範的評価」のあり方は、このように、問題とされる「解釈」の性格によって規定されるはずである。

(4) 補 説

ところで、通説に対しては、債権法改正論議を契機として、法実務との対話に成功していないとの疑念が投げかけられている[34]。「法実務」なるものを総体として認識することは至難であるが、以下では、*falsa...* を承認することとの関係で、①契約書の文理が当事者の意思によって覆されることは是認し難く、②これを認めると、心裡留保や虚偽表示との主張証明上の関係があいまいになるとの疑義を採り上げて検討を加える。疑念②は解釈の体系的位置づけに[35]((a))、疑念①は具体的な判断方法に、それぞれ関わるものといえよう((b))。

(a) 解釈の体系的位置づけ

疑念②は、それ自体としては比較的に古い時期から提出されていた疑義に関わり[36]、次のような理解に基づく。「A」という客観的意味をもつ表示が実は「B」という意味で用いられたとの主張は、心裡留保・虚偽表示を主張するものであり、主張証明責任の整理上、抗弁に分類されるはずである。しかし、「A は、実は B である」との解釈が許容されるならば、上記の主張は、「A」という意味をもつ法律行為がなされたとの主張に対する否認（の理由）となる。このように、*falsa...* を認めると、ひとつの主張について複数の主張証明上の位置づけが成り立つこととなってしまう。

---

34) 森田修・前掲注4)「その2」60頁。民法改正の審議の経緯とその分析としては、北山・前掲注4) が詳細であり、かつ示唆に富む。

35) 議論状況の分析と通説批判への応接として、山本敬三「契約の解釈と民法改正の課題」石川正先生古稀記念論文集『経済社会と法の役割』（商事法務、2013年）739頁以下を参照。

36) 賀集唱「盲判を押した契約は有効か」判タ229号（1969年）32頁を参照。

この疑念については、まず、表示行為の解釈について証明責任の分配を問題とするという批判の前提それ自体が、学説との間に齟齬を生み出している可能性を意識する必要があろう。学説は、表示行為の解釈を事実認定の問題とはみない。そうであれば、「Aは、実はBである」という当事者の「主張」を観念すること自体が誤りであって、裁判所は、「A」という表示がされたという事実が認定されたならば、それを「A」「B」いずれかの意味として評価する——そして、「A」と評価された限りにおいて、心裡留保・虚偽表示が問題となり得る——ことになるはずである。

こうしてみると、事実として確定し得るのは一定の表示行為がされたことだけであって、それが意思表示であるのか[37]、あるいは、相対する意思表示の内容が合致するのかといった判断は、評価に属すると整理することができる[38]。このことは、法律行為の解釈という一連の判断過程に、事実認定の問題とともに、それとは性格を異にする評価的判断が含まれていることを意味する。規範的解釈や補充的契約解釈において問題となるような、各当事者の理解が食い違っているとか、法律行為の内容に欠缺があるといった認定に至った場合の解決が、その性質上、事実認定からは導かれ得ないこともまた、以上の理解を正当化しよう。

そうすると、次に問題となるのは、表示行為の解釈が評価的要素を含むにもかかわらず、これを一種の事実問題と構成することの当否であろう。しかし、これを否定する必然的な理由はないように思われる。一般的にいって、いわゆる評価的要件については、事実問題のなかで評価的要素を扱わざるを得ないからである。ここでの問題に即してその理由を敷衍するならば、こうである。表示行為の意味の確定は、個別の事案に即した判断資料に即してし

---

37) 意思表示の存在は処分証書の存在によって認定されるが、ある書面を「処分証書」だとする性質決定は、「それによって意思表示がされた」という評価を前提としなければ成り立ち得ないであろう（山城・前掲書（注5）429頁）。

38) 要件事実論において、「意思表示が存在し、その内容が符合する」という一連の事態をひとつの事実とみて、「契約を締結した」という「事実」を摘示することとされるのは、債権関係の発生という法律効果を基礎づける法律要件が「契約の成立」だからだと思われる。しかし、事実として確定し得るのは「表示がされた」ことだけであって、それぞれの表示の内容が符合するか否かは評価の問題なのであろう。

か行い得ない。しかし、裁判所には証拠収集権限はない。そのため、判断資料の評価は裁判所の専権に属するとしても、その収集は当事者に委ねざるを得ず、そのために解釈を事実問題と構成して弁論主義の規律を借用するほかないのである。

　以上のように表示行為の解釈を一種の評価的要件として構成することは、現在の法状況に照らしても奇異な取扱いではない。黙示の意思表示の成否・内容の認定にあたっては、ひとつの意思表示につき、評価根拠事実と評価障害事実とを分かって主張・証明が行われる[39]。のみならず、明示の意思表示についても、同様の取扱いがしばしばみられるところである[40]。

　さて、以上に述べてきたところからは、「A」という客観的意味をもつ表示行為が実は「B」という意味に解釈されるべきであるとの主張は、次のように規律されることになろう。表示行為の客観的意味が「A」であるならば、「A」という解釈結果について一応の基礎づけが行われたと認められる（評価根拠事実）。これに対して、その表示行為の意味を争う者は、それが「B」の意味に解釈されるべきことを基礎づける責任——その基礎づけに失敗したときには自己に不利な解釈結果を甘受しなければならないという意味で、さしあたり「解釈リスク」とよぶ——を負う（評価障害事実）。

　こうしてみると、真に疑われるべきは、*falsa...* の当否ではなく、明示の意思表示の認定は常に事実問題に帰着するとし、解釈リスクの分属が生じる余地を認めないことの当否であるように思われる[41]。

39）司法研修所『増補 民法における要件事実 第一巻』（1986 年）37 頁。

40）たとえば、交通事故賠償の示談にみられる放棄条項につき、判例は、後遺障害を別損害とする趣旨の合意であったと解釈することで追加請求を許容する（いわゆる別損害説）。この場面では、示談契約を形成する表示行為の射程が問題となるが、別損害の主張（後遺障害についての請求を放棄する旨の表示行為はされていないという解釈の主張）は、合意の成立の否認（の理由）ではなく、（再）抗弁だと位置づけられる（山城一真「判批（最判昭和 43 年 3 月 15 日民集 22 巻 3 号 587 頁）」中田裕康ほか『民法判例百選 II 債権〔第 8 版〕』（有斐閣、2018 年）210 頁を参照）。

41）司研・前掲注 39）38 頁も、明示の意思表示と黙示の意思表示とを機械的に区別するわけではなく、攻撃防御の焦点として十分であるかどうかという観点を重視している。そうであれば、*falsa...* が妥当すべき場面においては、当該表示が「A」ではなく「B」の意味に用いられたという評価を攻防の対象とし得るように要件事実が構成される必要があろう。

（b）　解釈の評価原理と判断プロセス

以上に対して、疑念①は、*falsa...* の妥当、つまり本来的解釈の優先性を認めることが、意思表示の存否・内容が第一次的には書面に従って認定されることと矛盾するかどうかを問題とする。この疑念の背後には、解釈準則は、事実認定を含む判断プロセスの全体を指示するとの理解があるとみられる。

しかし、こうした理解もまた、学説のそれとは齟齬を来しているように思われる。学説は、解釈準則の役割を、事実認定が尽きたところで優先的に考慮されるべき事項を指示する評価原理だとみる。いいかえれば、それは、「契約制度の基本的な趣旨、考え方を表すもの」であるにすぎず[42]、それ以上に具体的な判断プロセスを指示するものではないとされるのである。

ところで、評価原理としてみる限り、契約書の記載よりも当事者の意思を優先させるべきであるという解釈準則を否定することはできないだろう。契約の拘束力の原動力は、契約書（*instrumentum*）にではなく、合意（*negotium*）にあるはずだからである。そうすると、疑念①の趣旨は、結局のところ、以上の評価原理が、具体的な判断プロセスにおいて書面の軽視につながるとの懸念に帰着するように思われる。しかし、この懸念の当否もまた疑わしい。当事者の意思を重視するといっても、それが書面からはかけ離れたものとして存在するという想定は、現実に反するからである。むしろ、当事者が熟慮して作成した書面があるならば、そこにこそ当事者の意思が反映されるのが常態だというべきであろう。

以上のように、議論の焦点を評価原理の問題と判断プロセスの問題とに分かち、通説の提言を評価原理に関するものとして受け止めるならば、通説は、判断プロセスにおいて契約書が重視されるべきことと矛盾しない[43]。こうしてみると、疑念①もまた、通説の否定には必ずしも帰着しないように思われる。

42）法制審議会民法（債権関係）部会第19回会議（平成22年11月30日）における山本敬三幹事の発言。

43）法律行為の解釈が、第一次的には「当事者が用いた文言その他の表現の通常の意味」に従って行われるとしても（山本敬三「民法（債権関係）部会資料75B　第2「契約の解釈」に関する意見書」（2014年）3頁）、そのことが、「従来の我妻説のような表示主義的契約解釈構想が復権したことの一証左」（森田修・前掲注4）「その2」67頁）となるわけではないと考える。

（c）　小　括

　以上のとおり、2つの疑念は、いずれも通説を否定することによって克服されるべきものではなく、通説による提言とは次元を異にする問題の所在を示すものであると考える。とはいえ、そうして指摘された問題の重要性は否定し得ないであろうし、「実務」の見地からの疑念が上のようなかたちで現れたことには、「実務」に特有の法律行為の解釈のあり方を反映しているとも考えられる。というのは、こうである。

　以上に示された2つの疑念は、いずれも、法律行為の解釈を訴訟における事実確定のプロセスと関連づける視点から提出されている。このことは、法律行為の解釈の対象が、感覚によって知り得る外界の事象、つまり、各当事者の意思表示という行為によって組成されると考えられてきたことを示唆するように思われる。実際にも、厳密な意味における「表示行為の客観的意味の確定」に属するとはいえない問題についてさえ、「意思表示を擬制」することによって法的関係が創設されることがあるとの指摘がしばしばみられるところであり[44]、また、例文解釈的手法を採用する裁判例も、依然として稀有ではない[45]。

　こうした状況は、契約成立段階における意思の認定という作業に過重な負担を担わせている疑いを抱かせる[46]。もとより、法律行為の解釈に規範的考慮が介在することは避け難く、そのこと自体を忌避するには及ばない。しかし、補充的契約解釈をめぐる議論が明らかにしたように、法律行為の解釈に関わる問題のすべてが事実問題との連続線上に構成されるわけではない。そうである以上、当初契約意思の認定という形式を藉りて「法的関係の創設」が行われることは、望ましいことではないだろう。解釈として構成されるさまざまな問題を腑分けし、本来の問題領域を確定したうえで、適切な原理と

44）　たとえば、吉川愼一「要件事実論序説」司研110号（2003年）171頁。法制審議会民法（債権関係）部会第85回会議（平成26年3月4日開催）における「契約の解釈の名の下で行われる修整」をめぐる永野厚郎委員の発言をも参照。

45）　近時の下級審裁判例として、山城一真「判批（東京地判平成28年1月18日判時2316号63頁）」法セ増刊新・判例解説 Watch vol. 20（2017年）107頁を参照。

46）　北川善太郎「日本の契約と契約法——裁判規範と行為規範を統合する法解釈の枠組み」『京都大学法学部創立百周年記念論文集 第三巻』（有斐閣、1999年）60頁を参照。

20

判断手法を定立することが課題とされていると考える[47]。

5　第Ⅲ期──「表示行為」論の具体と実質

「通説」の形成以後、表示をめぐる問題は、いくつかの方向に分岐しつつ展開し、総体としては「通説」の問題意識を深化させてきたようにみえる。ここでは、異なる方向性を示す2つの議論を採り上げて検討する。第1は、「意思主義化」ともいうべき傾向である。そこでは、意思と表示を敵対的に捉えるのではなく、「表示は原則として意思を表象する」との理解が解釈の出発点とされる（(1)）。これに対して、第2は、なお残る意思と表示とが食い違う場面にみられる「消費者法化」ともいうべき傾向である。そこでは、対等な交渉条件のもとで意思決定をすることに構造的な困難がある状況に対応することが、表示概念の課題とされる（(2)）。

(1)　意思主義化──近代の発見？

私的自治の原則の強調（4 (1)）は、表示行為の解釈に対しても影響を与えた。表示は、意思を結晶化する行為でもある。そうであれば、表示は、意思の具体化にほかならず、これと敵対するものではないはずだとの理解が、議論を先導することとなった。

(a)　表示と意思

表示行為は、多くの場合には、契約書の作成・調印というかたちで行われる。こうした契約締結プロセスの現実に即した考察が推し進められた結果、この時期には、主に不動産売買契約の分析を通じて、契約条件についての交渉が煮詰まっただけでは契約成立の判断に至らず、当事者の意思を明確に示すためにこそ書面の作成という手続が踏まれるという認識が一般化した[48]。

---

47) そのうえで、「意思の認定」という形式に依拠せずに行われる司法的介入にまで消極的であるべきか、さらにいえば、「解釈」の枠内で行われる規範的評価が「意思の認定」に尽きるのかといった問題は、以上に述べたこととは別の視点から考察されるべきであろう。

48) 代表的研究として、太田知行「契約の成立の認定」鈴木禄弥先生古稀記念『民事法学の新展開』（有斐閣、1993年）251頁、香川崇「諾成契約の今日的意義」九法77号（1999年）135頁を参照。

以上のことは、理論的には、書面の作成によって「確定的な意思が表明される」と説かれる。同様の理解は、申込みと申込みの誘引とを区別する際にも示されてきたが、それが契約を成立させる意思表示一般に関わる要請として展開されたことが重要である。

ところで、表示の尊重が意思の尊重にもつながる理由は、とりわけ従来の議論の脈絡においてみたとき、必ずしも自明ではない。両者の関係を論じた議論としては、滝沢昌彦教授による一連の分析が注目される。

滝沢説は、日本法のもとでは書面も口頭の会話も表示媒体としての価値に違いはないことを確認したうえで、それでもなお、契約の解釈にあたっては、契約書の内容こそが優先的に考慮されるべきだと主張する。その論拠とされるのが、「証書には、当事者間の権利や義務の根拠となるべき法律行為が全体として含まれている」との推定がはたらくとする理解である。表示主義のいう「表示」とは契約書面のことであろうから、表示を重視することには、最終的な内容の確定を重視するという意味がある。そして、このことは、常に変化する内心の意思ではなく、最終性・確定性を有する表示を重視しようとするものであって、必ずしも意思主義と対立するものではないというのである[49]。

滝沢教授は、以上の効力を書面のもつ「確定効」として正当化しており、これを意思主義化の帰結とはみない。しかし、先にも確認したとおり（4(4)(b)）、契約の成立段階における法的規律は、最終的には当事者の意思によって基礎づけられざるを得ないのだから、書面に与えられる法的効力もまた、当事者の共通の意図がそこに現れているとの見方によらなければ正当化され得ないと考える[50]。

(b) 取引の安全

以上のように、表示を尊重することが同時に意思の尊重にもつながるとみると、表示の尊重を基礎づけてきた「取引の安全」の理念の意味も、それに伴って別様の仕方で理解されることとなる。

---

49) 滝沢昌彦『契約成立プロセスの研究』（有斐閣、2003 年）240-245 頁。

50) 山城・前掲書（注 5）53 頁を参照。

意思主義化された表示理解のもとで保護される「取引の安全」は、相手方の思惑を裏切らないように行動するという道徳的な行動を各当事者に義務づけるものというよりは、むしろ、契約締結時における両当事者の予見を尊重することを義務づけるものとして作用する。契約の解釈によって道徳適合的な法的規律を模索することや、鳩山博士が強調した意味での「動的安全」を追求すること[51]、そして、その実現のために広汎な司法的介入を要請することは、むしろ「取引の安全」を害することとなろう。

こうした見方からは、表示行為の概念はリジッドに捉えられなければならない。表示が広汎な事情を含むとすれば、当事者の行為によってはコントロールし得ない事情までもが解釈対象に取り込まれることとなり、両当事者の予見を害する解釈結果を招来しかねないからである。したがって、この文脈においては、「表示」の尊重とは、まずもって「書面化された意思」の尊重を要請する[52]。それは、契約による拘束を当事者の意思に繋留する点において、すぐれて近代法的な構想と評することができるであろう。

(2) 消費者法化——ポスト・モダン?

以上に対して、表示に着目することに独自の意義を認める議論は、今日、主として消費者契約法の領域において展開されているようにみえる。

(a) 契約内容の形成

1980年代以降には、消費者契約の領域を中心に、契約の成立段階を扱いながらも、契約そのものの成否を越えた問題が採り上げられるようになる。性質保証に関する研究を先蹤として[53]、この時期の議論は、契約締結過程にお

---

51) 鳩山博士が、自らに法的安全論の着想を与えたドゥモーグとの相違をあえて強調し、「活動の成果を挙ぐることを期するを以て社会の維持発達と言へる目的に適合するものと為すべく且つ之を我が国に付て論ずるも内容の伴はず、実力の添はざる泡沫的活動は社会の福利を増進する所以にあらざるべし」と説いたことは、この問題を考えるうえで示唆的である(鳩山・前掲注20)19頁)。
52) このように、書面化された意思を尊重する限りにおいては、意思主義と表示主義との間には矛盾は生じない。フランス法においては意思主義と表示主義との対立が論じられなかったとの指摘は、このような理解を基礎とするものであろう。

いて惹起された一方当事者の信頼が契約内容に取り込まれたかどうかに関心を向けるようになった。

ところで、これらの研究は、程度の差はあれ、合意の瑕疵や取引的不法行為といった、法律行為法・損害賠償法との連続性に意識を向けている[54]。これらの諸法理は、次のような観点から相互に関連づけられ得る。

まず、現実問題としていえば、表示行為の意味の確定は、合意の瑕疵や取引的不法行為を考察する際の先決問題としての意味を有する。契約締結過程において交わされた表示・言明に基づいて抱いた期待が、契約書に記された契約内容との齟齬を来し、その結果として「望まれない契約」が締結された場合の法的対応については、まずもって、その期待が契約内容に取り込まれたかどうかが問われなければならない。それが可能であるならば、そもそも望まれない契約の存在は否定されるからである。

また、理論的にみても、2つの問題には、契約締結過程の行為に対する評価が問われるという点において重なり合いがある。つまり、意思表示の解釈は、契約内容の確定を扱う諸種の法的規律のうち、いまだ契約が存在しない段階——契約締結過程——を扱う点にその特徴を有し、この点において合意の瑕疵や取引的不法行為と規律のレベルを同じくする法理だといえる。

こうした視点からは、「表示」概念には、表示媒体のいかんを問わず、相手方の意思形成に影響を与え得る契約締結過程の事情を広汎に取り込むための柔軟性が求められる。したがって、表示行為を契約書によるそれに限定せず、むしろ、契約書外の表示をも積極的に契約内容へと取り込むことが構想される。たとえば、伝統的見解がしばしばそう説いたように[55]「意見の陳述は保証にはならない」と一様に解すべきではなく、誤信惹起的な意見陳述は、意思表示の解釈にあたっても考慮されるべき事情とみることになろう[56]。

---

53) 代表的研究として、藤田寿夫『表示責任と契約法理』（日本評論社、1994年）、笠井修『保証責任と契約法理論』（弘文堂、1999年）、渡邉拓『性質保証責任の研究』（成文堂、2015年）を参照。
54) 近時の研究として、小笠原奈菜「当事者が望まなかった契約の適正化と情報提供義務（1）〜（3）」山法47号110頁、49号160頁（2010年）、54・55号（2012年）1頁、大塚哲也「わが国における契約解釈論と情報提供義務論の断絶」法政論究88号（2011年）167頁、同「情報提供義務違反に対する救済としての相手方の信頼の実現」法政論究94号（2012年）65頁を参照。
55) たとえば、米栖三郎『契約法』（有斐閣、1974年）99頁。

（b）　意思表示の解釈の位置づけ

以上の構想を意思表示の解釈のあり得べき適用場面とみるならば、意思表示の解釈は、一方の当事者が契約の内容形成に関与し難く、その意味において形成された契約内容の手続的な正統性が乏しい場面において発動されることとなる。こうした理解は、約款規制の必要性の基礎づけとしてもしばしば指摘されてきた。約款の組入れ規制が、契約内容とすることを予定して組入れ合意の対象とされた事項から、契約内容とすべきではない事項を削減することを目指すことと対比すれば、ここにみた意思表示の解釈は、契約内容とすることを予定しなかった事項から、契約内容に取り込まれるべき事項を付加することを目指すものといえるだろう。

そして、約款の組入れ規制をめぐる学説の議論がまさにそうであったように、表示に対する理解可能性を具体的・実質的に問うという解決は、「通説」の深化でもある。付与意味基準説は、各当事者の具体的な理解を出発点とするものであり、情報交渉力の格差が生じる場面においては、そのような当事者関係に即した解釈の実施を要請するはずだからである。その意味では、以上の傾向を「消費者法化」とよぶとしても、それは、民法理論によって承認された原則の「修正」ではなく、消費者契約の場面への民法理論の「応用」だということができる[57]

56）久保宏之「不動産販売価格維持約束と『セールストーク』の拘束力」石田喜久夫先生古稀記念『民法学の課題と展望』（成文堂、2000 年）591 頁の問題提起を参照。

57）以上の議論には、留保を付すべき点がいくつかある。第 1 に、以上の帰結は、意思表示の解釈ではなく、成立した契約規範に対する操作（たとえば、補充的解釈）によっても実現可能であろう。当該契約の目的が認定されたときには、いわばそこからの演繹によって、「一定の性質を備えること」が債務内容となったと帰結する余地があるからである。しかし、理論的にみれば、合意の成立を認定し得る限りは補充の必要は生じないわけだから、合意の成否レベルでの解決が先行すると考えられる（売買目的物のあるべき性質の認定に関するドイツ民法典 434 条 1 項 1 文、同 2 文を参照）。第 2 に、消費者契約の法的規律の根拠は、契約締結段階における各当事者の意思のみに還元されるわけではない。消費者法については、その競争法・市場法的性格を論じる見解が注目される（フィリップ・ストフェルーマンク（山城一真訳）「フランスにおける消費法の法典化」中田邦博ほか編『消費者法の現代化と集団的権利保護』（日本評論社、2016 年）227 頁）。齋藤由起「個人保証規制のあり方を考える（下）」法時 89 巻 11 号（2017 年）146 頁（本書 191 頁）による分析は、保証法に即してそのような視点を示す。

(3) 小 括

　法律行為の解釈に関する「通説」が形成された後には、契約の成立をめぐって生起する種々の問題につき[58]、それぞれの特性に応じた規律のあり方が考察され、それに伴って「表示」の意義も実質的に考察されるようになった。その結果、今日では、表示価値の有無という尺度だけで「表示」概念を捉えることはできなくなっている。本稿では、2つの典型的場面を念頭において、意思表示の解釈に関わる判断プロセスに関する試論を述べた。その内容を約言すると、次のとおりである。

　第1に、双方の当事者が自律的に契約交渉を行い、それを適切に契約書等に反映させることができる状況においては、当事者は、第三者によっても理解可能なかたちに自らの意思を「表示」したとみることが合理的である。したがって、この場面では、原則として、表示行為の客観的意味を尊重することが、当事者の意思を尊重することにもなる。また、解釈の対象としても、書面が作成された際の諸事情よりも書面そのものを尊重することに合理的な理由がある。そうすることが、当事者のコントロールの及ばない事情に基づいて解釈結果が帰結されることを回避し、「取引の安全」を保障することにつながるからである[59]。

　しかし、第2に、契約当事者間に情報・交渉力の格差がある状況では、以上の解決は貫徹し得ない。相手方の誤信を惹起する表示を行った者は、合意の瑕疵や取引的不法行為による無効・違法評価に先立ち、意思表示の解釈を通じて、当該表示内容に従った債務を負う余地がある。この場面では、意思表示の解釈は、両当事者による自律的な規範形成を尊重する結果としてではなく、一方の当事者の合理的な信頼を保護することを通じて、当該当事者による意思決定を司法的に支援する手段となる。そのためには、「表示行為」は、契約書にとどまらず、その外にある種々の事情をも含むものとして捉えられるべきであるし[60]、その解釈にあたっては、相手方による合理的な理解可能

---

58) 北川善太郎『民法の理論と体系』(一粒社、1987年) 183頁以下の指摘をも参照。
59) いわゆる完全合意条項は、こうした要請に応えるため生み出された手法だといえるだろう。
60) この場面では、解釈対象を限定する契約条項は、消費者契約法10条による有効性判断に服する余地があろう。

性こそが探究されるべきであろう[61]。

　このように、意思表示の解釈は、それが問題となる場に応じてさまざまな考慮を取り込みつつ行われる。ただし、古典的な民法理論が想定するように、契約規範の形成は、第一次的には各契約当事者による自律的な決定に委ねられると解するならば、優先的に適用されるのはあくまで第1の解釈方法だといえるであろう。したがって、これに反して第2の解釈方法が採用されるべきことを主張する者には、「表示からの逸脱[62]」を正当化する事情を示すことが求められる。意思表示の認定プロセスをこのように動態化するためにも、先述のとおり（4 **(4)** (a)）、意思表示の解釈を一種の評価的要件として構成することが有用であると考える。

6　おわりに

　以上の検討を通じて、本稿では、「表示」という法概念が、その時々の、それぞれの論者の関心に応じてさまざまな役割を担ってきたことを示そうと試みた。それら多様な表示概念は、各々の問題設定に規定されたものであって、その相互間に必然的な優劣があるわけではない。しかし、それらが扱う多様な性格の問題を適切に識別し、それぞれに応じた原理と判断手法を構想することが民法理論の課題であるとすれば、「表示」の問題は、契約締結過程における当事者の行為に対する評価の問題として構成されるべきであり、また、「意思表示の解釈」は、そのような観点から論じられる契約の内容確定法理と

61）意思表示の解釈において、相手方による理解可能性が問われた例として、最判平成17・12・16判時1921号61頁を挙げることができる。本件は、通常損耗に関する修繕費用の一部を敷金から控除する旨の条項を援用することの可否が問題となった事案であるが、判例は、そのような費用を賃借人に負担させるためには、「少なくとも、賃借人が補修費用を負担することになる通常損耗の範囲が賃貸借契約書の条項自体に具体的に明記されているか、仮に賃貸借契約書では明らかでない場合には、賃貸人が口頭により説明し、賃借人がその旨を明確に認識し、それを合意の内容としたものと認められるなど、その旨の特約……が明確に合意されていることが必要」だとした。本判決が「明確な合意」を問題としたことには、表示価値の有無のみならず、相手方の合理的な理解可能性の検証を促す点において、重要な意味があるように思われる。

62）中田裕康「裁判所による契約書の訂正」星野英一先生古稀祝賀『日本民法学の形成と課題　上』（有斐閣、1996年）571頁。

して純化されるべきである。以上が、本稿において示そうとした主張の要点であり、そこからは、次のような解釈論上の指針が導かれ得ると考える。

上述の意味における「表示」に対する評価は、précontractuel な規律に属するゆえに、契約締結行為の手続的適正性の確保という要請によって導かれる[63]。ところで、求められる手続的適正性の内容は、その表示が置かれる場に応じて多様であり得る。契約書を中心に表示を捉えることに正統性が認められる場合もあれば、より広い事情を表示に含めることが求められる場合もあろう。このように、表示をめぐる評価は、表示価値の有無に尽きるものではなく、その「質」をも射程に収めるべきものとなっている。そのような評価的判断を実現するためには、表示行為の解釈を――明示の意思表示の解釈も含めて――規範的要件として再構成することが有用であろう。

＊　　　＊　　　＊

以上のとおり、拙論においては、契約を創造する行為の側面に着目する契約規制の原理を構想してきた。これに対して、契約の解釈をめぐる近年の研究は、主としてその規範たる側面の解明に関心を向けてきたといえよう。「契約規範」という術語が学界の市民権を得つつあることも、そうした事情を物語っているように思われる。そのような問題設定から距離を取る点において、拙論は、たしかに「逆行」的な試みかもしれない[64]。しかし、民法理論の展開は、逆行という表現がいみじくも示すような直線的・一方向的なものではないだろう。拙論の成否は心許ないが、そこで扱われた主題は、民法学のなかにひとつの脈絡としていまなお存在するものだと考えている。

---

63) いいかえれば、それは、いまだ契約の存在しない段階における法的規律であるゆえに、契約規範の不可侵性の要請には服しない。このこともまた、意思表示の解釈に対する司法的介入のあり方を特徴づける要素であると考えられる。

64) 池田・前掲注5) 34頁。

代理権濫用規制の基礎にあるもの
── 一般理論としての権限濫用法理

髙　秀成

1　はじめに──権限と権限濫用

　筆者のこれまでの関心は、民法典内、ひいては各法分野に散在する「財産管理制度」に共通する規律を炙り出し、そこから抽出される共通項によって、財産管理制度の体系化のためのひとつの視座を獲得することにあった。

　「財産管理」という用語は、多くの論者の用法において「他人の財産の管理」を含意している。筆者は、拙稿「フランスにおける権限 (pouvoir) と財産管理制度」において、近年、財産管理制度の体系的理解が進むフランスの議論に注目し、「他人の財産の管理」制度の基礎に、目的的拘束を伴った「権限」(pouvoir) が据えられうることを確認した[1]。この点は、「他人の財産の管理」制度が、財産編のなかの単一の章に法典化されたケベック州の民法典をめぐる議論においても、極めて有力に主張されているところである[2]。フランスにおける代表的な「権限」の定義は、ガイヤールによる「他人を一方的に拘束する法律行為によって、少なくとも部分的には自らの利益とは区別された利益を表明することをその保持者に可能にする特権」[3] というものである。この権限は、「自らの固有の利益のためにその保持者に認められる特権」であ

---

1) 拙稿「フランス法における権限 (pouvoir) と財産管理制度」慶応ロー 23 号 (2012 年) 85 頁以下。

2) 拙稿「ケベック民法典における『他人の財産の管理』制度の法典化の意義について」金沢 59 巻 2 号 (2017 年) 117 頁以下。

3) E. Gaillard, *Le pouvoir en droit privé*, Economica, 1985 (préf. G. Cornu), p. 232.

る権利（droit subjectif）と対置される[4]。

　わが国の用語法として、「権限」に上述のような他益的な意味合いを持たせ、提唱することは、権限が本来、多義的であることから、困難を伴う[5]。しかし、一定の有用性が認められる限りにおいて、多様な用法と共存しつつ、「権限」というカテゴリーを確立することもあり得なくはない。ある法的カテゴリーを措定することの実践的意義のひとつは、法性決定の操作を通じて当該カテゴリーに対応するレジーム（法規範のまとまり）を導出する足掛かりとなる点に見出される[6]。そこに独自のレジームを見出しうるか否かは、あるカテゴリーの有用性の試金石のひとつともいいうる。

　事実、フランス法において「権限」というカテゴリーが見出されたのは、それに対応する「権限濫用法理」という特徴的レジームが認識されたことに起因する。筆者は、すでに拙稿においてフランス法に示唆を得た権限濫用法理について概述したところである[7]。フランス法において、権限は、権利との対比のもと、多くの『法学入門』のなかで基礎的カテゴリーとして取り上げられており、権限濫用法理が、行政法判例のなかに萌芽がみられ、私法の各分野に領域を拡げつつ一般理論として定着してきた点は興味深い。

　わが国においては、代理権濫用の本質についてなお議論がある一方、近年、日常家事代理権の範囲や信託法上の権限違反行為をめぐり、代理権濫用との関連に言及するものが散見される。本稿では、これら諸制度と代理権濫用との関連を視野に入れつつ、代理権濫用の規制構造の分析から出発して、一般理論という視座から、わが国における権限濫用法理の可能性について敷衍したかたちで述べていく。

4）法的カテゴリーとして「権限（pouvoir）」が独自性を有するか否かは、権利を「利益」というメルクマールのもと、いかに捉えるのかと相関関係にある。このような観点から照射すると、於保不二雄博士の「財産管理権」の構想は、権利論へと波及する、私法の根本的な体系理解を射程に収めたものであったことが明らかになる。この点につき、拙稿「財産管理と権利論」片山直也＝吉田克己編『財の多様化と民法学』（商事法務、2014年）520頁以下。財産管理権につき、於保不二雄『財産管理権論序説』（有信堂、1954年）。

5）本稿では煩雑さを避けるため、便宜上、権限を本文で述べた意味合いで用いていくこととする。

6）小粥太郎「法的カテゴリの機能に関する覚書」『民法学の行方』（商事法務、2004年）90頁以下。

7）拙稿「権限と権限濫用——フランス法からの示唆」NBL987号（2012年）40頁以下。

2 代理権濫用規制の構造

(1) 代理権濫用と一般理論—— 一般理論の必要性

わが国の権限濫用法理の可能性を模索するにあたり、まず取り上げるべきは代理権濫用の問題である。なお、代理権濫用の問題は、平成 29 年改正民法のもと 107 条が新設されたことによって立法的解決が図られたが、その背景にある基礎法理や規制根拠の探究の意義は減じるものではないであろう（以下、平成 29 年改正民法 107 条を「民法 107 条」と表記する）[8]。民法 107 条の評価および今後の解釈の展開いかんは、代理権濫用の本質をいかに捉えるか、その基礎法理や規制構造の理解と密接に関わるものと思われる。この点については、(4) 小括のなかで若干、検討を加えることとしたい。

以下、まず判例法理の分析を足掛かりとして、民法 107 条の背景にある権限濫用法理にアプローチしていくこととする。

判例の立場は、代表取締役の事例（最判昭和 38・9・5 民集 17 巻 8 号 909 頁）に端を発し、代理の事例（最判昭和 42・4・20 民集 21 巻 3 号 697 頁）を経て、親権の濫用の事例（最判平成 4・12・10 民集 46 巻 9 号 2727 頁）において確固たるものとなっていた。これら判例は、「代表取締役が、自己の利益のため表面上会社の代表者として法律行為をなした場合」（昭和 38 年判決）や、「代理人が自己または第三者の利益をはかるために権限内の行為をしたとき」（昭和 42 年判決）に、民法 93 条ただし書を類推適用するというものであった（平成 29 年改正によって民法 93 条 2 項が新設され、改正前民法 93 条ただし書は民法 93 条 1 項ただし書となった。以下、民法 107 条新設以前の議論であることに

8）吉永一行「判批：最判昭和 42・4・20 民集 21 巻 3 号 697 頁」潮見佳男＝道垣内弘人編『民法判例百選 I 総則・物権〔第 8 版〕』（有斐閣、2018 年）55 頁は、改正前の判決および学説理解が民法 107 条の趣旨の理解の基礎となることを説く。また、宮下修一「債権法判例の行方 (1) 代理権の濫用〔最高裁第一小法廷昭和 42・4・20 判決〕」法時 89 巻 8 号（2017 年）79 頁以下は、判例に照らして民法 107 条を定位しつつ、改正後も残された問題の解決にあたっての視点を提供する。なお、フランスにおいても 2016 年 2 月 10 日オルドナンス（131 号）によって民法典の契約法部分の改正が実現し、民法典 1157 条において代理権濫用に関する規定が設けられた。改正法のもと、一般理論としての権限濫用法理との関係性が注視される。

も鑑み「改正前93条ただし書」と表記する）。これら判例の蓄積を背景に、民法107条は、代理権濫用行為の要件について判例をリステイトメントしつつ、その効果については、より踏み込んで、「代理権を有しない者がした行為とみなす」という表現を採用した（なお、昭和38年判決は「その効力は生じない」、昭和42年判決は「本人はその行為につき責に任じない」、平成4年判決は「その行為の効果は子に及ばない」と表現する）。代理権濫用規制は明文で規定されるに至ったものの、民法107条の要件・効果の理解にあたっては、改正前民法93条ただし書類推適用の可否の前提として代理権濫用行為がいかなるものとして捉えられていたかについて、判例をめぐる議論が参照されるべきである。そのため、ひとまず、改正前の93条ただし書類推適用の可否の議論に立ち戻らざるをえない。

前掲昭和42年判決の大隅裁判官の意見は、「おそらく多数意見も、代理人の権限濫用行為が心裡留保になると解するのではなくして、相手方が代理人の権限濫用の意図を『知りまたは知ることをうべかりしときは、その代理行為は無効である、』という一般理論を〔改正前〕民法93条ただし書に仮託しようとするにとどまるのであろう。すでにして一般理論にその論拠を求めるのであるならば、前述のように、権利濫用の理論または信義則にこれを求めるのが適当ではないかと考える」というものである。ただし、ここで言う権利濫用や信義則は専ら相手方の行為態様に対する評価に根差したものである。そこでは背任的意図による代理行為に対する評価の視点が捨象されてしまっている。むしろ代理権濫用行為そのものの評価を主軸に据えた一般理論の可能性が模索されるべきであろう[9]。なお、代理権濫用行為の効果を本人に帰せしめない（以下、「代理権濫用規制」という）ための法的構成は多岐にわたるが、その対立軸として、問題を、代理人の背任的意図を①代理人の意思表示の効力との関係で捉えるのか、②代理権の範囲との関係で捉えるのか、という視点を据えることができる。後者（②）においては、代理権の無因性の問題を背景に、対内関係がいかに対外関係に波及するか、（背任的意図を前提と

---

9) 於保博士も「権限冒用行為」を「相手方が知りまたは知りうべきときは無効である」という一般法理を改正前民法93条ただし書に擬律したものとする（於保不二雄『民法著作集Ⅲ 判例研究』（新青出版、2006年）58頁〔初出：「判批」民商50巻4号（1964年）60頁〕）。

しない義務違反による）客観的濫用を対象とするか等が議論の俎上に載せられる[10]。本稿は、前者（①）の視点に立脚しつつ、判例による（動機に関する）要件設定を軸に代理権濫用規制を分析するものである。

(2) 動機に対する規制としての代理権濫用規制——「動機の不法」との比較

判例は改正前民法93条ただし書類推構成を打ち出すが、その類推の基礎に関し、「代理人が『自己または第三者の利益を図るという真意』をもって、『あたかも本人の利益を図っているような表示』をする、という不一致のあり方」を問題にするアプローチと、「本人の『自己（＝本人）の利益を図る真意』と代理人による『自己（＝代理人）または第三者の利益を図る内容の表示』をした、という不一致」を問題にするアプローチがありうる。しかし、この2つのアプローチは双方とも問題を抱えている[11]。このような代理権濫用における「自己または第三者の利益を図る」意図は、意思表示理論のなかで動機に位置づけられる。本来、民法93条は効果意思レベルの不一致の問題を対象とし、表示された動機と真の動機の不一致を対象とするものではない。それゆえ、代理権濫用事例には改正前民法93条ただし書の類推の基礎がないとの批判を被ってきた。「誰それの利益を図る」という動機が代理法のなかで、いかなる構造のもと法的効果につながる意味を持ちうるかが問題とされよう。このような観点からすれば、代理権濫用法理とは、権限保持者の一定の動機を法律効果に反映させる判例上の法理形成であったとの評価も可能である[12]。

動機を法律効果に反映させる仕組みとしては、動機の不法を挙げることができる。現在、動機の不法が民法90条の対象となるための要件として、表示をもって足りるとするか[13]、動機の違法性の程度と相手方の関与ないし認識

---

10) 代理権濫用に関する学説を総覧できるものとして、平山也寸志「代理論史——代理権濫用論を中心に」水本浩＝平井一雄編『日本民法学説史・各論』（信山社、1997年）41頁以下。本文の2つの視点については、臼井豊「代理権濫用法理に関する序章的考察——ヴェッダー（Vedder）による「本人の利益状況」分析アプローチを中心に」立命329号（2010年）27頁以下を参照。

11) 2つのアプローチおよび、それぞれが抱える問題につき、道垣内弘人「民法☆かゆいところ 代理に関する類推適用など（1）」法教299号（2015年）28頁。

の程度との相関関係において論じるか[14]など、学説が分かれている。いずれの学説も、違法結果抑止の観点から、行為の社会的価値を評価する際のメルクマールとして動機を問題とする点においては共通している。

たしかに一定の事例において、代理権濫用は、背任罪（刑法246条）を構成しうるため[15]、民法90条違反を問題とすることにも首肯できるところはある[16]。しかし、代理権濫用は、背任罪の成立や公序良俗違反の評価を必ずしも介在させているわけではなく、そこで問題とされる動機を端的に民法90条違反となる不法の動機と同一視することはできない。

親権の濫用に関する判例（前掲平成4年判決）においては、背任的意図以前に、第一次的には、むしろ「代理する権限を授与した法の趣旨に著しく反すると認められる特段の事情」を問題としている。

(3) 動機規制の法構造

ア 行政行為における動機の規制

権限を授与した法の趣旨に照らして動機を評価する手法は、行政法分野においても見られる。すなわち、「行政権の濫用」の問題である。最判昭和53・6・16刑集32巻4号605頁は、「本来、児童遊園は、児童に健全な遊びを与えてその健康を増進し、情操をゆたかにすることを目的とする施設（児童福祉法40条参照）なのであるから、児童遊園設置の認可申請、同認可処分もその

---

12) 北居功「民法改正と契約法（第5回）契約の前提」法セ691号（2012年）109頁、武川幸嗣「プラスアルファについて考える基本民法（第9回）『動機』の評価（その2）代理権の濫用・動機の不法」法セ731号（2015年）78頁。なお、近年において、田岡絵理子「受託者の忠実義務の本質的内容と信託事務遂行義務・善管注意義務との概念的関係についての一試論――信認関係の拡大現象を批判する見解から示唆を得て」『トラスト未来フォーラム研究叢書 信託の理念と活用』（トラスト未来フォーラム、2015年）103頁以下が、代理権濫用事例における本人と代理人の内部関係も例にとりつつ、忠実義務の内実を動機に関する義務であると定位する点が注目される。ただし、田岡論文は、この動機に根差した忠実義務違反が、代理権濫用事例において、いかに対外的効果へと波及するかについての分析については留保している。

13) 我妻栄『新訂 民法総則（民法講義Ⅰ）』（岩波書店、1965年）284頁以下。

14) 四宮和夫『民法総則〔第4版〕』（弘文堂、1986年）204頁。

15) 自己の目的のために行為する清算人の行為が背任罪を構成し、相手方がこれを幇助することから、無効とするものとして、毛戸勝元「判批」京都法学会雑誌11巻1号（1916年）86頁。

16) 公序良俗違反説につき、大西耕三『代理の研究』（弘文堂書房、1928年）274頁。

趣旨に沿ってなされるべきものであって、……被告会社のトルコぶろ営業の規制を主たる動機、目的とする……児童遊園設置の認可申請を容れた本件認可処分は、行政権の濫用に相当する違法性があり、被告会社の……営業に対しこれを規制しうる効力を有しないといわざるをえ」ない、と判示する。このような規制手法は、代理権濫用にとっても縁遠いものではない。

　フランスの権限濫用法理は、19世紀の行政法判例から発展し、学説上、労働法、会社法分野へと拡大していくなか、私法分野において一般理論として確立されたものである[17]。実にベルギーの法哲学者ダバンによる、「〔権限の濫用という〕この表現は行政法にその起源を有し、……それによって表わされる考えは極めて一般的な意義をもち、行政法の域を超え出て一切の法部門に拡大できるものである。……職分の担い手が自己に委ねられた行為の自由ないしは裁量権の余地を、その職分の目的（fin）とは違った目的に役立たせる度毎に、権限の濫用がある」との言明がこの経過の本質をよく言い表している[18]。そして、「権限濫用においては、立法の精神（l'esprit de la législation）を探求し、法の文言ではなく、法の精神（l'esprit et non de la lettre de la loi）に対する違背を制裁することが問題となる」[19]。このような拡大の背景には、行政庁の権限と私法上の権限の類比可能性が基礎にあった[20]。

　わが国においても、「行為としての行政行為」と「規律としての行政行為」という行政行為の2つの側面に即した分析が提唱されている。このような分析は、要件・効果からなる民事実体法体系を範にとったものであり、ここで「行為としての行政行為」は、行政の一種の精神作用（意思表示など）ともみなされ、行政上の法律関係における一定の法律効果の発生原因たる法律事実の一種と性格づけられる。この分析のもと、行政行為の効果とは、要件事実と

17）拙稿・前掲注1）98頁以下。フランスの行政権濫用については、近時のものとして、交告尚史「権限濫用の法理について」東大ロー4巻（2009年）162頁以下。

18）J. Dabin, *Le droit subjectif*, Dalloz, 1952, p. 249. 本文の訳はダバン（水波朗訳）『権利論』（創文社、1977年）を参考としている。水波訳は、Détournement de pouvoir を「権限の濫用」ではなく、「職権の歪曲」と訳する。権利の濫用（Abus de droit）との対比において、権限濫用法理の本質をよく言い伝えるものであるが、わが国における代理権濫用との接点を見出すべく、本稿では「権限の濫用」という訳を維持している。

19）M. Waline, *Droit administratif*, 9e éd., Sirey, 1963, n° 810, p. 489.

20）拙稿・前掲注1）107頁注105参照。

36

しての「行為としての行政行為」がされたことを前提として法律が与える効果であり、これが「規律としての行政行為」と呼ばれる[21]。さらに注目すべきは、以上の分析に続けて代理の構造分析が重ね合わせられる点である。

奥田昌道名誉教授は、①代理人の代理行為としての契約締結行為、②それにより成立した本人・相手方間の「契約」、③そこから生じる権利義務その他の法律関係の三本立ての構造によって、代理を説明する。そして、法律行為概念を2つに分け、代理人の契約締結行為を「行為（Akt）としての法律行為」、そこで形成された契約内容を「規律（Regelung）としての法律行為」とし、後者から権利義務などが法律効果として生じるとする。このような構造は、国の代表者による国家間の条約締結、国会議員の議会における議決行為によって成立した法律についても当て嵌まるとされる[22]。

イ　動機の規制と法の階層構造
（a）　二当事者間契約と行政行為の相違

規律という側面から二当事者間契約と行政行為を比較し、法の階層構造のなかに位置づけることで、両者の規制構造の相違が浮かび上がってくる。ケルゼン（H. Kelsen）によれば、法律行為は規範創造要件としての意味を有し、契約を例にとれば、「契約の締結」は規範創造の要件をなす行為を意味し、「契約の効力」という場合はこの要件によって創造された規範を意味する[23]。

ケルゼンの理解のもと、行政行為も私法上の法律行為と同様に規範創造要件に位置づけられ、そこでは公法・私法の区分は融和し、単に法技術的形態

---

21) 以上につき、人見剛「行政行為の意義と分類」髙木光＝宇賀克也編『行政法の争点』（有斐閣、2014年）35頁以下。

22) 奥田昌道（金山直樹＝松岡久和＝佐々木典子）「奥田先生に聞く・2——恩師、民法学、スポーツ」法時82巻11号（2010年）70頁以下。ただし、民法99条のもと、一次的に本人へ効果が帰せしめられるのは代理人の「意思表示」である。

23) ハンス・ケルゼン（長尾龍一訳）『純粋法学〔第2版〕』（岩波書店、2014年）247頁以下。なお、純粋法学において法の上下関係は授権関係を表すにすぎず、内容の整合性は意味しないという近年の議論が紹介されている（毛利透「ケルゼンを使って『憲法適合的解釈は憲法違反である』といえるのか」法時87巻12号（2016年）97頁）。本稿は純粋法学から権限濫用法理を基礎づけるものではなく、あくまで代理権濫用の規制構造の分析の足掛かりとするにとどめるものである。

を異にする２つの領域の相違でしかなくなる。ここでいう２つの法技術的形態の内実は次のとおりである。１つ目が、私法関係の典型である契約に代表される形態である。契約は個別規範を創造し、双方当事者をある行動へと義務づける。この形態において重要な点は、義務を課する規範の創造に、義務によって拘束される主体が参与していることであり、この点こそ「私的自治」を特徴づけるものであったとされる。２つ目が、公法上の行政命令に代表される形態である。そこでは拘束される主体が自分を拘束する規範の創造に参与しない。それゆえ、行政命令は典型的な専制的法創造方法とされる[24]。以上の２つの法技術的形態においては、対等な二当事者間の契約も法の階層構造のもと位置づけられ、たとえそこに私的自治の原則を語りうるとしても、それは法秩序が認める限りのものであり、自然法的なものではないことが明らかになる[25]。

(b) 契約制度と制度目的

近年の私法秩序の理解においても、二人のある行為を「契約の締結」と理解するためには、そこで観察しうる自然的な行為を法的な行為とするような契約制度を構成するルールが前提とされなければならないことを指摘するものがある。このような契約制度を構成するルールには、単にその契約の本質的な内容を規定するものだけでなく、その種の契約について一般的に問題となる事柄に関して形成されてきた多くのルールも含まれる。制度的行為としての契約をするとは、そのような契約制度を構成する諸ルールによって内容を規定された行為を行うことにほかならない[26]。

しかし、この見解においても、契約という制度のなかに、憲法13条の幸福追求権に属する自己決定権が結実しており、契約制度をいかに利用するかは、あくまでも個人の任意に委ねられており、なお自由を語りうる。憲法が市民に対して、実体的な価値の実現を命じていることを意味するわけではな

---

24) 以上につき、ケルゼン（長尾訳）・前掲注23) 272頁。
25) ケルゼンの法実証主義的な契約理解を独自に展開させたゲスタンの見解の紹介として、金山直樹＝山城一真＝齋藤哲志〔金山直樹執筆箇所〕「現代フランス契約法の動向——ゲスタンほか『契約の成立』に焦点を当てて」法研88巻7号（2015年）55頁以下。
26) 以上につき、山本敬三「契約の拘束力と契約責任論の展開」ジュリ1318号（2006年）101頁。

38

い[27]。換言すれば、上位法が私人に契約締結権限を授与するにあたり、特定の目的実現を指示しているわけではない。したがって、民法90条を通じた動機の不法の規制も、契約に期待される社会的効用の実現から外れるものに無効の制裁を課すという類ではない。この点こそ、権限濫用規制との最も重要な差異として現れる。

(c)　行政行為の場合──権限授与と目的の設定

これに対して行政行為など、規範の名宛人が規範設定に参与できない専制的法創造方法においては、行為主体が授与された権限をどのように利用するかについての自由を語ることは不適切であろう。このような類型の法創造方法においては、権限授与にあたっては常に法目的（ないし法の趣旨）が設定され[28]、例外は存在しない（少なくとも恣意的に他者を一方的に拘束する権限の授与は、憲法秩序のもと想定し難い）[29]。個別行政法規においては、必ず具体的な公益の実現が法目的として設定される。

(d)　代理権授与と目的の設定

代理によって締結される契約の場合はどうか。ケルゼンは明示こそしないものの、たとえば任意代理のもと締結された契約を「他者の負担における契約」であるとし、その法律行為者以外の者の義務を創造する法律行為と描写している[30]。この点からすると、2つの法技術的形態のなかでは行政行為と同じく規範の名宛人が規範設定に参与できない専制的法創造方法に分類され

---

27)　山本敬三「憲法システムにおける私法の役割」法時76巻2号（2004年）59頁以下。この意味において、筆者は、権限濫用を論じるうえで、あらゆる権利の目的論を説くジョスラン（L. Josserand, *De l'esprit des droits et de leur relativité*, 2e éd., Siley, 1939）の見解から距離を置き、権利─自由／権限─目的的拘束の定式を維持しようとするものである。

28)　この法目的ないし法の趣旨の発見は、法解釈作業によって見出されるものであり、常に明らかにされているとは限らない。

29)　神橋一彦『行政訴訟と権利論〔第1版改装新版〕』（信山社、2008年）185頁以下は、「行政権はその本来の目的に従って、これを行使しなければならない」という規範は、行政作用全般に妥当し、その根拠は憲法13条に求めることができ、行政権の濫用禁止は、（行政権の行使によって侵害を受ける）国民の自由に対する「最大の尊重」を受けることのコロラリーとして導かれると考える。

ることとなろう。

　法定代理においては、親権の濫用に関する判決（前掲平成 4 年判決）が述べるように、「代理する権限を授与した法の趣旨」が前提となり、それに照らして動機が評価される。任意代理においては、委任など各種契約による授権にあたり、明示的・黙示的に目的が設定されうる。ただし、任意代理における目的は、多くの場合、抽象的には「本人の利益を図る」ことに尽きるであろう[31]。

（4）　小　括

ア　権限濫用法理の構造

　権限濫用法理は、上位の権限授与規範と、授権に基づく下位規範創造行為との関係性を規律する法理であり、その規制は、権限授与規範の目的の解釈に依拠している。

　「動機の不法」と代理権濫用、それぞれに対する規制手法は、ある法規範を解釈し、その目的に照らして動機を評価し、法的効果に結びつける点において、極めて近似している。しかし、動機の不法においては、民法 90 条を媒介としてさまざまな規範によって動機が評価されるが、代理権濫用規制においては、動機を評価するのは代理権を授与した規範に限定される。また代理権濫用規制は、代理権行使にあたって代理権設定の目的に沿って行為することを積極的に動機づけ、行為者により厳格な要求をする。

　フランス法学に見られるように、行政法分野と私法分野に通底する権限濫

30）ケルゼン・前掲注 23）158-159 頁。本稿は基本的に代理人行為説に沿った叙述を行うものであるが、本人行為説においても、権限授与における目的設定と権限濫用規制を説くことは可能であろう。債権法改正に連なる代理学説の議論状況につき、森田修「第 12 回　第 6 講　代理制度：法律行為論への再定位（その 1）」法教 438 号（2017 年）60 頁以下。

31）もし代理人に経済的利益を帰することを許容する代理権授与が行われた場合、ある法規制を潜脱する意図いかんによっては民法 90 条違反あるいは 91 条違反とされたり、法性決定上の影響を被ることが考えられる。なお、委任の内部関係の問題ではあるが、受任者の事務処理の評価にあたり、「委任者の利益」と「委任者の意思」が有する意義とそれぞれの関係性について論じる大塚智見「委任者の指図と受任者の権限（3・完）」法協 134 巻 12 号 63 頁以下が注目される。本稿のように、対外効の問題として任意代理における権限濫用行為を論じるにあたっても、そこでいう「本人の利益」の概念の位相を明確にする必要があり、また「本人の意思」と「権限の目的」の観点からの構造化を検討する余地がありうる。

用法理は、規範の名宛人が規範創造に参与できない類型の法創造行為にかかる権限にとって本質的なものである。このような権限の授与にあたっては、必ず目的が設定され、権限は、その権限授与の目的に適っている限りにおいて存立基盤を有する。権限行使の合目的性を担保すべく権限濫用法理が見出される。

このような権限濫用法理は、一般理論としての性質上、権限濫用行為の効力を否定するために、本来的には根拠規定を不可欠としない[32]。ただ、相手方の主観的要件を具体化すべく、形式的に改正前民法93条ただし書などに仮託されていたのである。権限濫用法理そのものは、「自己又は第三者の利益を図る目的」などといった具体的な要件設定によって描写できる直接的規範ではなく、せいぜい権利濫用（民法1条3項）になぞらえて「権限の濫用は、これを許さない」と記述できるにとどまる。権限濫用法理は、それ自体が直ちに法規範（特に裁判規範）として効力を持つものではないが、その背後にあって、解釈による新たな法規範を形成し、あるいは法規範の適用をコントロールする機能を持つ命題たる、一般的法原則[33]としての性質を有するとも言えよう。

イ　民法107条の要件・効果に関して——権限濫用法理の観点

以上の権限濫用法理の構造に照らして、平成29年改正によって新設された民法107条について考察してみたい。民法107条は「代理人が自己又は第三者の利益を図る目的で代理権の範囲内の行為をした場合において、相手方がその目的を知り、又は知ることができたときは、その行為は、代理権を有しない者がした行為とみなす」と規定する。

---

32) 戦後の民法改正（昭和22年法律第222号）による民法1条3項創設以前から権利濫用法理が判例上認められてきた如くである。権限濫用法理と権利濫用法理との区別については次稿で言及したい。

33) 片山直也「法典と一般的法原則」岩谷十郎＝片山直也＝北居功編『法典とは何か？』（慶應義塾大学出版会、2014年）65頁以下。また、行政法分野における一段抽象化された解釈手法としての「仕組み解釈」が示唆的である。とりわけ、法の趣旨目的の合理的解釈に照らした目的・動機違反を理由とした裁量統制につき、橋本博之『行政判例と仕組み解釈』（弘文堂、2009年）156頁。

まず行為者の動機に関する要件面について。代理権濫用法理は、権限授与規範の目的に照らして、代理権行使の際の動機を評価するものである。任意代理の場合は、代理権授与の目的は、究極的には本人の利益を図るものであるといえ、端的に「自己又は第三者の利益を図る目的」を問題とすることが可能となる。ただし、法定代理の場合には、第一次的には「代理権を授与した法の趣旨」に反するかが問題となる。親権の濫用に関する前掲平成4年判決の「自己又は第三者の利益を図ることのみ〔傍点筆者〕」という限定の評価は、ひとえに「代理権を授与した法」の解釈いかんに依拠する[34]。法定代理も視野に入れると、民法107条の「自己又は第三者の利益を図る目的」という要件設定は、やや問題を単純化してしまうきらいがある[35]。

　効果面に関して。代理権濫用法理にとって、代理人によって設定された筈の個別規範が、代理権授与規範の目的に照らして、個別・例外的に本人との関係で効力が生じないという点が本質的である。代理権濫用の効果もまた、代理権授与規範の目的に即して合目的的に定められることが望ましい。たとえば任意代理においては、専ら本人の利益が問題となるため、本人にイニシアティブが認められる必要がある。このような効果を具体化する手立てとして、立法上、民法113条から117条までの無権代理に関する規定を準用することは十分に考えられる。しかし、民法107条の「代理権を有しない者がした行為とみなす」の文言は、代理権濫用の効果の表現としてはあまりに迂遠であり、本質を見誤らせるおそれがある。そもそも無権代理や自己契約・双方代理からは原則、本人を規律する規範は生じない。他方、代理権濫用行為は権限範囲内にあるが、例外的に、権限濫用法理のもと、本人の主張を待って、裁量統制に服するものである[36]。

　このような観点からすると、「本人は、自己に対してその行為の効力が生じないことを主張できる」とする債権法改正の基本方針【1.5.33】〈1〉の方が、代理権濫用規制の本質により適合的であると思われる[37]。そのうえで、多少

---

34) 民法（債権法）改正検討委員会編『詳解 債権法改正の基本方針 Ⅰ 序論・総則』（商事法務、2009年）243頁においては、この点への配慮が示されていた。

35) 相手方の主観的要件について、民法107条は、代理権濫用の意図について相手方が「知り、又は知ることができたとき」と規定する。この点に関し、代表権の内部的制限や信託法27条との均衡が問題となりうる。

煩雑であろうと、適宜、民法113条以下の準用条文を示すこともあり得た。

次に、信託法における受託者の権限などの財産管理に関する諸制度を素材に、代理権濫用にとどまらない、わが国における権限濫用法理の可能性を提示する。付随して、客観的濫用の問題、権利濫用法理などの隣接法理との相違についても検討を加えることとする。

3　権限濫用法理の拡がり

(1)　受託者の権限違反行為と代理権濫用規制

ア　信託法27条の権限違反行為の理解

これまで検討してきた代理権濫用規制は、「本人の名義で行われる」代理行為によって、本人と相手方に規範が設定される代理制度を対象としている。

権限濫用法理に一般理論としての性格を認める場合、その妥当範囲は代理制度のほか、いかなる分野において認められるか。夙に受託者の背信的処分が代理権濫用と類似した現象であることが指摘されてきたが[38]、近年においても信託法27条の権限違反行為の取消制度と代理権濫用規制が比較されている[39]。しかし、信託は、受託者が財産権の名義人となる点、そして受託者の行為が受益者を直接拘束するものではない点で、代理と異なる[40]。信託に権限濫用法理が妥当するならば（あるいは権限濫用法理が信託法27条に結実しているとすれば）、信託と代理とのいかなる共通要素が、権限濫用法理につながるのであろうか。本号では、代理と信託との比較から、権限濫用法理の妥

---

36) 代理権濫用の主張立証責任は本人にある一方、たとえば、相手方から本人への履行請求の場面を例にとると、無権代理行為に基づく場合は主張自体失当となり、自己契約・双方代理は請求原因段階で明らかになる（追認や許諾の主張立証責任は相手方にある）。この点に加え、山野目章夫『新しい債権法を読みとく』（商事法務、2017年）52頁以下は、登記の場面を視野に入れて、原則・例外則における無権代理・利益相反行為と代理権濫用行為との違いを描き出す。

37) 提案および提案趣旨につき、民法（債権法）改正検討委員会編・前掲注34）238頁以下。

38) 辻正美「受託者の背信的処分の効力」信託法5号（1981年）27頁以下。

39) 道垣内弘人「さみしがりやの信託法（15）　ぼろは着ても心の錦（その2）」法教347号（2009年）71頁、佐久間毅「受託者の『権限』の意味と権限違反行為の効果」信託法34号（2009年）31頁。

40) 四宮・前掲注14）227頁。

当範囲について検討する。

　まずは前提作業として、代理行為について検討したように、受託者の処分行為の規範構造の分析を行うこととする。

　イ　受託者の処分権の構造把握

　信託法上の受託者の地位については議論があるが、ひとまずここでは「委託者から信託財産に関する完全権の移転（所有権ほか＋名義の移転）を受けるとともに、その後、委託者によって設定された信託目的に従って、この信託財産の管理ないし処分を遂行する義務を負い、他者のために財産管理人として信託事務を実行する」地位[41] という説明を前提とすることとしよう。この地位に基づき、受託者は信託財産を売却したり、信託財産のために財産を取得したり、信託財産責任負担債務を創出することができる。

　ここで、受託者による信託財産の売却を基礎づけているのは、法的処分権である。受託者の処分権は代理と異なり、自己の名で行使されるものである。（権利義務その他の法律関係を発生させる）契約とは別平面において、受託者の信託財産の法的処分を「行為（Akt）としての処分行為」―「規律（Regelung）としての処分行為」という構造のもと捉えることができるだろうか。

　受託者に移転された完全権のうち、所有権に含まれる権能を分析してみることとしよう。この点に関して、近年、所有権の内容を当該権利の客体からの排他的な利益享受であると考えた場合、民法 206 条の「処分」権能のなかには、消費や毀滅などの物理的処分のみが含まれ、法的処分権は含まれ得ないことが指摘されている。このような理解は、法的処分権を、所有権の内容とレベルの異なる（より上位の）財産権一般の問題と捉えることに基づく。ここでの法的処分権とは、所有者がその所有する物または権利をその意思に基づいて新たな法的地位に置く権限、つまり、その法的地位を変更する権限であると捉えられる。さらに言えば、法的処分とは、自己と対象物との排他的関係を終了させて、取得者のために排他的関係を生まれさせることであり、法的処分によって移転するのは、人と財産との帰属関係である所有権（主観

41）新井誠『信託法〔第 4 版〕』（有斐閣、2014 年）207 頁。

的所有権)ではなく、物または財産権であるとされる[42]。

以上の分析をもとにすれば、受託者が行う信託財産の処分もまた、受託者と相手方との間において、法的地位の変更、あるいは「自己と対象物との排他的関係を終了させて、取得者のために排他的関係を生まれさせる」という規律(Regelung)または規範の設定行為にほかならないと考えられる[43]。

　ウ　受託者の権限の他律性

受託者と信託財産の帰属をめぐるジレンマは、私法学上のアポリアをもたらす。受託者に信託財産について制約のない所有権とともに法的処分権などの権能が付与されていると見るならば、信託財産の処分によって設定される規範の名宛人は、ほかならぬ受託者自身、ということになる。しかし、受託者は忠実義務を負い、その権能は目的的拘束を帯び、本来的な意味で受託者に完全権が帰属しているとは言えない。このような、「受託者」―「目的的拘束」の両極に分かたれる完全権の帰属先の問題の打開策として、四宮和夫博士は、信託財産に実質的法主体性を仮構し、この法主体を信託事務における「他人」と措定した[44]。

受託者の権能の目的的拘束は信託法27条において顕著に現れる。信託法27条1項は、「受託者が信託財産のためにした行為がその権限に属しない場合において、…(略)…受益者は、当該行為を取り消すことができる」と規定している。

信託法27条の規制と代理権濫用規制を比較する見解は次のように説く。受託者は、制約のない処分権を伴う(筈の)所有権を有するため、信託財産の処分や信託財産のための財産取得行為にあたり、個別の「権限」授与を要し

---

42) 以上につき、森田宏樹「処分権の法的構造について」『星野英一先生追悼　日本民法学の新たな時代』(有斐閣、2015年)501-509頁参照。また、横山美夏「フランス法における所有(propriété)概念:財産と所有に関する序論的考察」新世代法政策学研究12号(2011年)287頁も参照。

43) 佐久間・前掲注39)40頁は、このほか、信託財産のために代金債務を信託財産責任債務として負う点についても、信託債権者に信託財産への強力な優先権を付与することを、法律関係の変動とみれば、信託財産の処分の一種とみることができるとする。

44) 四宮和夫『信託法〔新版〕』(有斐閣、1989年)47頁。

ない。しかし、代金着服目的での信託財産の売却や、明らかに必要のない、あるいは不利な取引をした場合など、信託財産との内部関係で「してはならない」行為をした場合には、「権限違反行為」として、信託財産を保護すべく、相手方の主観的態様を要件として、特別の保護が認められているのである。この「権限違反行為」は、行為の実質も考慮したうえで判断される、「権限＝義務」違反行為と理解される。この点で、無権代理とは性格の異なるものであり、受託者の「権限」違反の対外的行為は、代理権濫用と同じ次元に位置づけられる問題であるというのである[45]。

さきの検討においては、行政行為や代理によって締結される契約は、規範の名宛人が規範創設の場に参与できない専制的法創造方法であることに着目して、当該行為の動機が権限授与の目的に照らして評価されることを説いた。しかし、権限の目的的拘束の根拠を、厳密な意味で専制的法創造方法であることにのみ求める必要はないであろう。信託の設定は、（受託者がこれにより唯一の名義人かつ処分権者となり、委託者の処分権との競合を許さない）排他的管理権を受託者に付与するものと考えられている。排他的管理権の付与もまた、法的処分と同様の構造にあり、「その財産に属する権利のわく内で権利者の有する自由（規範論的にいえば、権利の枠内における規範設定権能）を、自らについて制限しつつ他人に付与すること」にほかならない[46]。委託者（＝元の権利者）は自己の自由の制限と引き換えに、目的を設定して受託者に排他的管理権を付与するのである。

このような目的の保護が信託法のなかで制度的に結実している。受託者による行為が、権利ではなく（信託財産の処分の効果そのものの帰属ではなく、間接的に受益権に反映される形で）「利益」のレベルで一方的に「他者＝受益者」の地位を決定する点に、専制的法創造性を見て取ることもできよう。しかし、利益は、純主観的・非法的なものから、権利として明確な帰属割当てがなさ

45）とりわけ、佐久間・前掲注39）41-48頁参照。他方、道垣内・前掲注39）71頁は、信託法26条の解釈から受託者の権限は信託目的によって画されうることを指摘し、信託目的に主観的に違背した権限違反行為を、権限範囲外の行為として捉えることを示唆する。

46）純粋法学の強い影響を受けたスイスの私法学者 Eugen Bucher の権利概念を参照しつつ、以上のように説明される（四宮和夫「財産管理制度としての信託について」『四宮和夫民法論集』（弘文堂、1990年）67頁）。また、Bucher の権利概念については、神橋・前掲注29）213頁以下。

れているものまで、その法的保護の段階においてさまざまである。ある権限の行使が「他者の利益」を決定しているか否かの判断自体が、法制度（ないし権限に法が付与した目的）の観点を抜きに出来ないものである。たとえば、一般債権者は究極的には共同担保として債務者の財産に利害関係を有するが、債務者は詐害行為取消権の規制に服するほか、一般債権者の利益に動機づけられて財産を処分しなくてはならないわけではないし、この処分権は目的的拘束を帯びているわけでも、一般債権者の利益を一方的に決定するわけでもない。ただし、このことは一義的に決まるものではなく、ある処分権の目的に債権者の利益が組み込まれていないという理解を前提としているに過ぎない。結局のところ、権限の目的と「他者の利益に対する介入の有無」は、相互依存的な視点というほかない。権限の目的と利益概念は表裏一体の関係にある[47]。

　エ　権利―利益―権限

　受託者に与えられた所有権（以下、「受託者所有権」という）は、目的的拘束を伴う限りにおいて、自由な所有権ではないと考えるほかない。通常の所有権にも、その所有権の行使にあたり、譲渡人が譲受人に内部関係においてさまざまな義務を課すことができるであろう。信託財産に対する目的的拘束を、受益者の受託者に対する債権的拘束と捉える限りにおいて、対内的義務を課された所有権と受託者所有権に大きな差異はない。

　しかし、一般に、所有権の行使にあたり「譲受人の利益」や一定の目的に反する動機を形成したことが理由となって、その所有権行使に法的効果が認められないという事態は生じない。受託者の権限行使における動機が対外的効果として波及する点こそ、受託者所有権の最も重要かつ本質的な特徴と言えよう。対内的義務を通じてのみならず、「自己の利益を図る動機」など「信託目的と関係のない利益を追及する動機」による行為が取り消されうること

47）この点に関し、専制的法創造方法の代表格である行政処分においては、利益帰属主体は不特定多数であり、抽象的に言えば、その目的は公益に尽きるが、個別法規によってその目的は具体化されている。そして、行政処分の取消訴訟の原告適格が「法律上の利益を有する者」に限定されていること（行訴9条1項）を想起されたい。

を通じて、受託者に利益を帰属させることが排除されている。このように、受託者所有権においては、古典的な権利の構成要素である「利益」・「意思」が分離されているのである。この「利益」的要素を捨象した抽象的概念こそ「財産管理権」と呼ばれるものであった[48]。なお、筆者は、この「財産管理権」が自己以外の利益のために目的的に拘束される場合、それを「権限（pouvoir）」というカテゴリーをもって認識することが有用と考えている。この「利益」が権限行使者以外にも帰属するところの「権限（pouvoir）」に課せられる、最低限の規制は権限濫用法理である。そして、権限濫用法理による規制こそ、「利益」と「意思」の分属の最も顕著な現れと言えよう。

(2)　共通利益を目的とする権限

　権限濫用法理を、特定法人格の利益の保護に限定しない場合、多様かつ対立を含みうる諸利益を把捉することが可能となり、さまざまな財産管理に課せられる規制の認識への途が開かれる。

　たとえば、民法761条は、日常家事債務について他方配偶者に連帯債務を負わすのみならず、相互に日常家事代理権を付与しているものと理解されている。この日常家事代理権についても、権限濫用法理の適用を考えることができよう。ただし、ここでの代理権は専ら他方配偶者の利益のためにあるものではなく、いわば夫婦共通の利益のためのものである。そのため、権限濫用の成否にあたっては、「自己または第三者の利益を図る」という要件設定は不適合である（「もっぱら自己または第三者の利益を図る」場合は権限濫用に含まれるが、それが全てではない）。ただし、最判昭和44・12・18民集23巻12号2476頁では、日常の家事に関する法律行為の範囲につき、「行為の個別的な目的のみを重視すべきではなく」、客観的に判断すべきと述べる。逆から見れば、権限濫用法理で考慮されるべき主観的目的が、日常家事の範囲（権限の範囲）の確定段階ですでに加味されているともいえる。そのため、通常の代理法と異なった外観保護の枠組みにあると指摘される[49]。この点については、

48）拙稿・前掲注4）525頁以下。

49）吉政知広「判批」水野紀子＝大村敦志＝窪田充見編『家族法判例百選〔第7版〕』（有斐閣、2008年）19頁。

代理権濫用規制を参酌しつつ、主張立証責任を適切に配分することがあり得よう。

　日常家事代理と同様の構造は、一部の組合員が代理権授与を受け、その者が代理行為を行う場合の組合代理にも見られる。この場合、組合代理人は一方で代理人として、他方で本人としての地位を併有する点で一般の代理と異なる性格を有する[50]。この組合代理においては行為にあたって、組合員の共通の利益を追及すべき、あるいは自己および他の組合員の利益を公平に参酌すべきであろう。ここでは、内部的な利益の分配の局面だけでなく、特定の組合員の利益のみを過大に見積もった組合代理行為が権限濫用法理に服するという意味での公平義務を問題にする余地があろう。このような観点は、共有における管理行為の濫用や、区分所有における多数決の濫用の場面における権限濫用法理の適用の可否と併せて検討されるべきである。

　このほか、集合動産譲渡担保における設定者の処分権に目的的拘束が課されていると見るか否かは、設定契約における処分権授与の趣旨や、集合動産譲渡担保の構造のなかで担保権者の利益をいかに位置づけるかにかかっている。仮に設定者の処分権が（対象物の循環による利潤創出や債権回収といった）設定者—担保権者の共通利益のために与えられていると解するならば、「通常の営業の範囲内」（最判平成18・7・20民集60巻6号2499頁）という制約を、目的違背の動機に着目した権限濫用法理の現れと見ることもありうる。

4　他の一般理論に関する若干の言及

(1)　権利濫用法理

　権利濫用（民法1条3項）には実に多様な機能が認められている。そのなかで、権利濫用法理もまた一般理論として裁判を通じて新たな規範を創造する機能を有している。特に取り上げたいのが、所有権の濫用である。判例では、権利濫用の認定にあたり、双方利益の衡量に基づく枠組みを採用しており、事案によっては公益となまの形で衡量されることにより、私益が必ず後退を

50）清水元『債権各論I』（成文堂、2012年）261頁〔このような組合代理を民法108条の例外とみる〕。

余儀なくされかねない（最判昭和 40・3・9 民集 19 巻 2 号 233 頁〔板付基地事件〕について、指摘されるところである）。

ある権能が、権利濫用法理に服するか、権限濫用法理に服するかは、究極的には当該権能を授与した法規範の目的の解釈に依存する。法解釈を通じて、ある時代に権利とされていたものが、権限（＝義務）へと変質することもあり得、その逆もまた然りである。たとえば、所有観念の変遷のもと、所有は社会的有用性に合致する限りで認められるとして、所有者に対する拘束が説かれることがありうる[51]。権利であるか、権限であるかの判断は、ある法制度をめぐる態度決定にほかならない。所有権における原則的自由を堅持し、その行使が特定の目的のために方向づけられているという理解を回避する限りにおいては、主観的要件によって権利濫用に絞りをかけることが重要であろう（大判昭和 10・10・5 民集 14 巻 1965 頁〔宇奈月温泉事件〕における要件設定を参照。なお、同判決では所有権を「不当ナル利得ノ攫得」の手段とすることが「所有権ノ目的ニ違背シ其ノ機能トシテ許サルヘキ範囲ヲ超脱スル」という）[52]。

また、共有における保存・管理などに見られるように、自己の利益と同時に他人（他の共有権者）の利益が問題となる場合もあり、権限濫用法理と権利濫用法理の中間領域が存するとの考えもありえよう。しかし、先に述べたように、このような場合、権限行使者が自己の利益と同時に他人の利益を公平に見積もるべく積極的に動機づけられていると見て、権利濫用法理ではなく権限濫用法理が妥当すると考える余地があろう[53]。

(2) 詐害法理

本稿では、権限濫用法理の適用の前提として、権限行使者の義務違反という法性決定を敢えて据えていない。その限りで、代理権濫用に関する判例に比較的近い発想のもと、代理人の意思表示の効力の問題に引きつけて考察し

---

51) 水林翔「フランスにおける権利概念の展開：フランス革命から第三共和政を中心に」一法 15 巻 2 号（2016 年）391 頁以下参照。

52) 大村敦志「判批」潮見佳男＝道垣内弘人編『民法判例百選Ⅰ　総則・物権〔第 8 版〕』（有斐閣、2018 年）5 頁。

53) 共有における保存行為を権限の観点から分析するものとして、松下朋弘「共有持分権論：保存行為の権限からの再検討」慶応ロー 36 号（2016 年）409 頁以下。

てきた。それでもなお、権限濫用法理が、権限行使者の義務違反の視点を完全に不要とするかは、なお慎重な検討が必要であると考えている。

わが国において、権限濫用行為を義務違反と捉えたうえで、本人などへの効果不帰属につながると考える場合、次の点が問題となる。まず、義務違反のなかでも何故、動機違背なのか。また、この義務違反は着服などの具体的結果や損害の発生を必要とするのか否か。

動機違背を義務違反とみるにしても、義務違反が対外的効力に結びつくためには、一定の説明が必要となる。たとえば、損害賠償請求レベルで、相手方の不法行為を主張するにあたり、第三者による債権侵害を考えることができる。しかし、この場合、代理人による義務違反に起因する本人の損害発生はもとより、相手方の故意が少なくとも必要とされる（大判大正 4・3・10 刑録 21 輯 279 頁）。

詐害行為取消権（民法 424 条）の転用を広く活用する考えもあり得よう[54]。フランス法で認められている詐害（＝フロード〔fraude〕）法理が詐害行為取消権の基礎にあるとみる見解が存する。詐害（＝フロード）は、「実定法の領域においてはその結果を攻撃し得なくなるような有効な手段を意図的に用いることによって、法主体が義務的規範の履行を免れようとすること」と定義される[55]。実際、フランス法において、判例は、受任者の権限濫用事例について、繰り返しフロードの存在を説いてきた[56]。このほか、フランス民法 1421 条 1 項は配偶者の共通財産に対する管理権限の行使をフロードの文言をもって規制しているが、同条は本質的には権限濫用に関する規定と説かれている[57]。

詐害法理に基づけば、権限行使者の本人などに対する忠実義務を直視したうえで、その潜脱が対外的効力へと波及することの説明が可能となる。ただ

---

54) 本稿は信託法 27 条を権限濫用法理の具体化とみたが、民法 424 条類似の制度とみる見解も存する（松尾弘「信託法理における債権者取消権制度の展開——詐害行為取消権と受益者取消権」米倉明編『信託法の新展開』（商事法務、2008 年）118 頁以下）。

55) 片山直也「新たな自由社会における詐害的な行為に対する私法上の法規制——フランスの『詐害（fraude）法理』からの示唆」NBL986 号（2012 年）11 頁。

56) 柳勝司『委任による代理』（成文堂、2012 年）235 頁以下。

57) 拙稿・前掲注 7) 45 頁。

し、詐害法理では、あくまで自由裁量の行使によって、義務の履行を回避することが問題となるため、義務違反を対外的効力につなげる視点とは若干の距離が存する。

5 おわりに

(1) 本稿の帰結

ごく簡潔に本稿の帰結をまとめると次のようになる。

代理権濫用規制や信託法27条の権限違反行為の取消権の基礎には権限濫用法理が存する。権限濫用法理は、権限授与規範の目的に照らして、権限行使に際しての動機を評価し、その法的効果を（効果不帰属や無効主張、取消しなどにより）覆滅する権能を一定の者に与えるものである。この権限濫用法理は、それ自体が直ちに具体的法規範としての効力をもつものではなく、個々の権限授与規範の解釈を通じて要件などが明らかとなる。

個別立法はないが権限濫用法理が妥当する領域については、今後、民法107条の背景にある一般理論を基礎として、同条の類推適用が検討されてしかるべきである。たとえば、組合代理や遺言執行者の権限濫用などである。

なお、（権限濫用法理の対象となる）権限は主観的権利と異なり、利益と行使の分属形態である点に特徴がある。先に述べたように、目的とされる利益はその法的保護の程度において実に多様であり、帰属形態においても個別的利益・集合的利益・公共的利益とさまざまである[58]。また、複数人の利益が権限の目的の対象となっている場合には、その者らの間で利益が対立している場合もありうる。このような利益のあり方は、権限濫用法理を通じて、権限の目的的拘束にそのまま反映される。したがって、なるべく利益の実態に照らして、権限の目的を確定すべきであろう[59]。

---

58) 吉田克己「保護法益としての利益と民法学──個別的利益・集合的利益・公共的利益」民商148
巻6号（2013年）572頁以下。

59) 権限の目的を特定法人格の利益に凝集することなく、多様な利益の対立をそのまま反映できる
点で、破産管財人に関する職務説、遺言執行者に関する任務説を再評価する余地があるものと
思われる。この点については、拙稿・前掲注1) 136頁以下。

(2) 残された課題

ア 何故、動機なのか

最後に、残された課題について言及する。

これまで、権限濫用法理は動機に着目して設定された規範を覆滅する点を縷々述べてきた。しかしながら、何故、動機なのか、について明らかにしていない。動機違背だけでなく、さまざまな義務違反を権限濫用に結び付けて、効果の覆滅をもたらすという考え方がありうる。後者は、信託法27条の権限違反行為に著しい善管注意義務違反を含むとする考えや[60]、内部的制限として権限範囲内で権限行使すべき義務違反を客観的濫用として規制する考えと親和的である。これらを権限濫用に含むか否かは、まさに権限濫用法理の本質をいかに考えるかに関わる。

権限行使者に与えられた裁量を発揮させるべく、単なる善管注意義務違反の効果を後知恵で覆滅しないことも権限の目的に含まれている[61]。このような権限の目的のなかでの調和点として、権限の目的に対する故意的な違背のみを規制するものを権限濫用法理と捉えることもできる。著しい善管注意義務違反は、故意と同視しうべき重過失として動機違背に引きつけて考え、内部的制限を超えた権限行使は故意的な違背または重過失として理解することも可能であろう。

権限濫用法理が動機に着目する理由としては、動機の不法になぞらえれば、法目的に違反する結果を抑止する観点なども挙げることができよう。しかし、判例が代理権濫用につき心裡留保に関する改正前民法93条ただし書を類推適用してきたことに対して、動機の不法は民法90条に依拠することから、それぞれの比較において問題を残す。心裡留保は相手方の悪意・有過失を要件に意思欠缺無効をもたらす。動機の不法が無効のサンクションにつながるためには、（たとえば動機表示説によれば）動機が表示されて法律行為の内容になっていることを要する。単純に比較すれば、心裡留保は相手方保護の問題であり、動機の不法は法律行為の評価の問題である。代理行為は意思表示の問題であるから（民法99条1項）、形式面から見れば、意思表示に関する規定が

---

60) 四宮・前掲注44) 230頁。

61) 道垣内・前掲注39) 74頁。

類推適用されたとも見うる。

イ 相手方の主観的要件──相手方保護の問題か否か

相手方の主観的要件について、平成 29 年改正以前の判例および民法 107 条では、代理権濫用の意図について相手方が「知り、又は知ることができたとき」となっている。もし表示にあらわれない内心の代理権濫用意図についての相手方保護を問題にしていると見る限りにおいては、民法 107 条が、改正前民法 93 条ただし書の要件をトレースしたことには相応の理由があることとなろう[62]。

これに対し、権限濫用法理が具体化したとみられる信託法 27 条の権限違反行為の取消しの相手方の主観的要件は悪意・重過失である。

一般論としては、代理権濫用の規制は、本人の動機の評価に根差した規制である点に本質があるところ、相手方の信頼や取引の安全との調整問題は柔構造のもとにあり、相手方にどの程度の注意義務を課すかは取引種別に応じて可変的と考えることもできよう。従来から、代表者の権限の事項的範囲に加えられた制限を善意の相手方にのみ対抗できない規定（一般社団財団 77 条 5 項・197 条、会社 349 条 5 項）に比して、判例の要件設定は均衡を欠くという批判がなされてきた[63] ことを踏まえれば、むしろ信託法 27 条の要件設定に理があると考えることも可能であろう。ただし、判例の要件設定が均衡を欠くか否かに関し、代理権濫用規制において相手方の悪意・有過失の対象は、代理人のまさに主観的意図・動機であるため、実際のところ比較はやや困難と思われる。

相手方の主観的要件を如何に定めるかという問題は、本人保護と相手方保護に関する政策的な落としどころの決定にとどまるものであろうか。この問題もまた、なぜ目的違背の動機による権限行使が（理論上、損害発生を俟たずに）規制されるべきなのか、という問題との関連のもと検討される必要があ

---

62) ただし、狭義の心裡留保については、民法 93 条〔1 項〕ただし書の相手方の主観的要件がそもそも悪意・有過失であることに批判が投げかけられている（山本敬三『民法講義Ⅰ 総則〔第 3 版〕』（有斐閣、2011 年）149 頁）。

63) 佐久間毅『民法の基礎Ⅰ 総則〔第 4 版〕』（有斐閣、2018 年）294 頁。

る。ここで、心裡留保のような意思欠缺の理屈を持ち出すことはできない。また、義務違反を問題にするにしても、一般的な意味における債務不履行とは異なり、（効果不帰属や取消しなどの対外効につながる）特殊な意味での義務違反であることを留意する必要がある。

　たとえば、動機の不法に関する認識可能性説[64]は、相手方保護という視点および善意・無過失という要件設定の面で改正前民法 93 条ただし書類推構成に近似する。反対に、「違法の助長・促進的モメント」を「契約内容」とする旨の自己決定を不法の評価の本体とし、その限りで動機の表示が問題となり、当事者の主観的要件（「知」）は副次的・補充的機能を営むにとどまるとする見解もある[65]。権限濫用について言えば、（任意—法定代理、商事—民事、法人代表、信託など）権限行使が問題となる取引種別ごとに、相手方の主観（悪意—重過失—過失）は「契約内容化」における規範的評価を通じてさまざまな帰結につながるものと思われる。

　民法 107 条や信託法 27 条などの成文を前提としてもなお、法目的に照らした規制価値の有無と「契約（ないし法律行為）の内容化」という観点から、権限濫用法理における権限行使者の動機と相手方の主観的要件の関係を検証する意義は失われていないものと思われる[66]。

64）川島武宜『民法総則』（有斐閣、1965 年）131 頁。
65）川角由和「判批：大判昭和 13・3・30 民集 17 巻 578 頁」中田裕康＝潮見佳男＝道垣内弘人編『民法判例百選Ⅰ　総則・物権〔第 6 版〕』（有斐閣、2009 年）32 頁。
66）この点につき、対象とする問題局面は異なるものの、山城一真『契約締結過程における正当な信頼』（有斐閣、2014 年）―とりわけ 442 頁以下―から多大な示唆を得た。

差止請求権理論の課題と展望

根本尚徳

1 序——本稿の目的

理論は、学説相互の真摯な対話を通じて創造される。また、そのような対話を継続するためには、折りに触れて、その現状を確認することが必要である。すなわち、これまでの対話によって何がすでに明らかにされたのか、そして、いかなる事柄がすべての学説にとって（各々の見解の相違に関わらず）ともに取り組むべき課題としてなお残されているのか、を整理し、それらに関する認識を共有することで、新たな対話を生み出すための土台が築かれるものと思われる。

本稿は、このような認識に立脚して、差止請求権に関する上述のような課題の一端を確認しようとするものである。そのための素材として、本稿では、差止請求権の発生根拠および発生要件・効果の基本枠組みについて考察した拙著[1]とその内容に対して示された各種の疑問あるいは批判とを取り上げる。具体的には、拙著の概要を整理した後（→ 2）、上記の疑問や批判に対する応答に努めながら（→ 3）、差止請求権をめぐる今後の課題の一部を確認したい（→ 4）。

---

1) 根本尚徳『差止請求権の理論』（有斐閣、2011 年）。以下、拙著・前掲とする。

56

2 拙著の概要

はじめに、拙著の概要を整理しよう。

(1) 問題意識、課題、分析方法、最終目標

ある法益が違法に侵害された場合、それによって損害を被った私人は、不法行為法（709条以下）に基づき、その賠償を請求することができる。では、当該法益の帰属主体たる私人は、さらに差止請求権を行使して、現に生じている侵害を排除し、あるいはいままさに生じようとしている侵害を予防しうるか。日本の現行民法典には、この点に関する一般的な明文規定は存在しない。そのため、差止請求権の発生根拠や発生要件あるいは効果について、従来、さまざまな学説が唱えられてきた。しかし、今日なお、それらの間に見解の一致は見られない。

また、1990年代の終わり頃から、以上のような「古典的な問題」とは異なる「新たな問題」が注目を集め始めた。それは、いわゆる競争秩序違反行為や環境破壊行為に対する私人の差止請求権をいかに基礎づけるべきか、という問題である。たとえば、ある事業者が不特定・多数の消費者を対象として不当な勧誘行為を行っている場合において、そのような違法行為を一度は「放置」しておき、それに基づく不利益の回復を個々の被害者による事後的な損害賠償請求に委ねることとしたのでは、消費者の利益を十全に保護することはできない。そのため、一定の消費者あるいは消費者団体に、上記違法行為に対する差止請求権の帰属と行使とを承認することが必要である。だが、他方において、前記勧誘行為が行われても、それによってそれら消費者・消費者団体の「権利」＝排他的支配権は侵害されない。それゆえ、伝統的な差止請求権理論（差止請求権は、私人の「権利」＝排他的支配権が違法に侵害されること、またはいままさに侵害されようとしていることに基づき、当該「権利」自体の効力として生ずる、と説く権利的構成）によれば、上述のような競争秩序違反行為に対する私人の差止請求権を認めることは不可能である。したがって、にもかかわらずそのような差止請求権を基礎づけるためには、上記権利的構

成に代わる新しい理論、なかんずく「権利」への侵害を差止請求権の必須の発生要件としない新理論を構築しなければならない[2]。

　拙著は、以上のような問題意識を基にして、差止請求権に関する上記2つの問題——「古典的な問題」と「新たな問題」と——をともに克服しうる理論を開拓すべく、わが国の現行民法典における差止請求権の一般的な発生原理の解明に取り組むものである。すなわち、民法上の差止請求権は、いかなる根拠に基づき、どのような要件の下で、そしていかなる効果を持つものとして発生するのか、を明らかにしようと試みる。

　具体的には、「物権に基づく差止請求権」[3]あるいは「差止請求権の一典型ないし基礎」[4]として現行民法典の下で長らく、また判例・学説の異論なくその存在を肯定されてきた物権的請求権という法形象に着目し、その発生根拠の再検討を通じて差止請求権の一般的な発生原理を追究する。

　また、このような考察を進める際には、差止請求権（および物権的請求権。この段落において以下、同じ）の「発生根拠」という概念を、①実質的発生根拠＝「差止請求権という法的保護手段の存在ないし発生を実質的に正当なものたらしめている要素あるいは事情」[5]と、②形式的発生根拠＝「差止請求権が形式論理上、そこから派生するものと考えられる法的概念あるいは法制度」[6]（伝統的に差止請求権の法的構成や法的根拠あるいは法律構成に関する事柄として論じられてきたもの）とに区別をした上で、拙著の最終目標を現行民法典における差止請求権の形式的発生根拠（上記②）の究明に置く。ただし、上述のような形式的発生根拠（差止請求権の法律構成）の内容は、実質的発生根拠のそれに最も良く適合するものでなければならない[7]。それゆえ、形式的発生根拠のあるべき姿を明らかにするためには、差止請求権の実質的発生根拠の実

2）いわゆる消費者団体訴訟制度（消費者契約法12条以下など）の導入によっても、そのような新理論を構築することの重要性（その前提として差止請求権の一般的な発生原理を考究すべき必要性）が失われないことにつき、拙著・前掲（注1）18頁注7を参照。

3）広中俊雄『物権法〔第2版増補〕』（青林書院、1987年）229頁、236頁。

4）玉樹智文「妨害除去請求権の機能に関する一考察」林良平先生還暦記念論文集『現代私法学の課題と展望（中）』（有斐閣、1982年）127頁以下、130頁。

5）拙著・前掲（注1）14頁。

6）拙著・前掲（注1）13頁。

58

体を解明することが不可欠である。このような認識に基づき、拙著は、形式的発生根拠に関する分析の一環として、実質的発生根拠に関する検討をも行う。

(2)　内容

では、以上のような考察から、いかなる帰結が導かれるか。次に、その要点を整理しよう。

（a）　結論

まず、拙著の最終的な結論、つまりは差止請求権の形式的発生根拠に関する私見を示すならば、それは以下のとおりである[8]。

ア　差止請求権制度の発動に基づく差止請求権の発生

日本の現行民法典における差止請求権の形式的発生根拠は、「差止請求権制度」とでも呼ぶべき1つの法制度である。すなわち、差止請求権は、当該法制度によって私人に付与される法的保護手段である。

このような差止請求権制度は、次のような特徴を備えている。

第1に、この法制度は、物権その他の「権利」＝排他的支配権のみならず、広く法益一般をその保護対象とするものである。すなわち、「権利」以外の法益であっても、それが違法に侵害され（ようとし）ている場合には、これを契機として上記法制度が発動され、当該法益の帰属主体たる私人に差止請求権が与えられる。したがって、この法制度の下では、「権利」＝排他的支配権の侵害は、差止請求権の必須の発生要件とはならない。

第2に、この法制度によれば、ある法益に対する侵害が違法と評価されるか否かは、諸事情を総合衡量しつつ、その法益の内容や性質に則して個別に判断される。言い換えるならば、侵害の違法性に関する判断基準は、法益ごとに変化する。具体的には、各法益の性質に最も良く適合する形で（その法

7）この点をつとに示唆するものとして、藤岡康宏『法の国際化と民法』（信山社、2012年）107頁〔当該箇所の初出は2006年〕。なお、同書では、拙著における実質的発生根拠に相当する用語として「存在根拠」という言葉が、また形式的発生根拠に当たる用語として「法的根拠」という言葉がそれぞれ用いられている。

8）以下につき詳しくは、拙著・前掲（注1）95-112頁。

益を最も的確に保護しうるように）上記判断基準の内容が特定される。たとえば、物権を典型とする「権利」＝排他的支配権については、──まさしく当該「権利」の性質たる排他的支配性のゆえに──上記「権利」が形式的・客観的に侵害されれば、原則として直ちにその侵害は違法と評価される。他方、「権利」には当たらない法益のうち、たとえば名誉やプライバシーなどの人格的利益に関しては、それらと対立する諸利益（報道機関に認められる言論の自由など）との衡量を経て（場合によっては、侵害者の主観的態様をも顧慮しながら）、これらに対する侵害の違法性の有無が決定される。

　第3に、差止請求権制度は、保護対象たる法益にとって外在的な存在を成す。換言すれば、差止請求権は、上記法制度によって、当該法益（の帰属主体）に、その外から付与されるものである。他方において、この法制度は、不法行為法のそれとは異なる固有の機能を発揮するものとして、民法体系上にその独自の位置を占めている。

　イ　違法侵害説の再評価

　また、以上に要約した私見の意義を、これまでにわが国において提唱された諸学説との関係如何という観点から把握し直すとすると、私見は、いわゆる違法侵害説の主張を、それに一定の再構成を施した上で支持するものである、と言うことができる。

　さらに、このような私見＝違法侵害説の立場が日本の現行民法典に関する解釈論として採用されるべき理由は、差止請求権の一典型たる物権的請求権の実質的発生根拠および形式的発生根拠に関する分析によって基礎づけられる。以下、この点を敷衍しよう。

　（b）　論証

　ア　物権的請求権の実質的発生根拠に関する分析

　まず、①物権的請求権の母国たるドイツおよび同国からこれを継承した日本におけるそれぞれの代表的な物権的請求権理論、ならびに②ドイツ民法典1004条1項の制定史（所有権に基づく妨害排除請求権・妨害予防請求権について規定する同条の制定過程における議論）を手がかりとして考察すると、物権的請求権の実質的発生根拠に関して、次のように解することが可能である[9]。

（ア）権利割当規範としての法秩序の存在意義による正当化

第1に、物権的請求権の実質的発生根拠は、究極的に、権利割当規範としての法秩序の存在意義に求められる。

すなわち、民法その他の法秩序は、権利[10]割当規範として、何人にいかなる権利（法益）が帰属し、その行使（享受）が許されるのか、を定めている。このような私人間における本来あるべき規範的な法益分配状態と現在または将来における現実の事実状態との間に齟齬が生ずるとき（ある法益が、その本来の帰属主体以外の者によって正当な理由なく享受されているとき）、当該事実状態は違法と評価される。また、もしこの場合に民法その他の法秩序がそのような違法状態を黙認し、これを放置するならば、それらの法秩序によって私人に配分された法益は、事実上、その存在を否定されることとなる。これは、法秩序が権利割当規範としての自らの存在意義を自分自身の手で否認することに他ならない。そこで、このような自己矛盾に陥ることを回避するためには、法秩序は、自らが法益を割り当てた私人に対して、その者が上記違法状態を排除、さらには予防することのできる法的手段を認めなければならない。そして、このような「ひとつの一般的原理」――「民法は、それにより私人に与えられた『実質権』を『保護権』によって保障する」[11]――が物権という法益において具体化したものこそ、すなわち物権的請求権である。

（イ）あらゆる法益への、その内容に即した同様の保護手段の承認

また、このように物権的請求権の実質的発生根拠が権利割当規範としての法秩序の存在意義そのものに求められるとすれば、第2に、物権的請求権と同様の保護手段（妨害排除請求権や妨害予防請求権）は、物権以外の法益にも等しくこれを肯定することができる、否、より正確には、肯定しなければなら

---

9) 以下に述べる事柄の詳細については、拙著・前掲（注1）179-220頁、255-274頁、283-296頁、329-388頁を参照。

10) ここにいわゆる権利には、「権利」＝排他的支配権の他、それ以外の権利（例えば債権）や法益もまた含まれる。以下、権利という言葉をこのような広い意味で用いるときには、この言葉に括弧を付けずにそのまま使用することとする。これに対して、権利という言葉で物権その他の排他的支配権のみを指す場合には、従前どおり、それに括弧を付して――つまりは「権利」という形で――これを用いる。

11) 拙著・前掲（注1）202頁。そこにいわゆる「実質権」、「保護権」の各意義については、同書201頁および234頁注144を参照されたい。

ない。なぜなら、物権以外の法益もまた、物権と全く同様に、権利割当規範
としての法秩序によって、それぞれの正当な帰属主体たる私人に対して規範
的に分配されており、したがって、それらの法益にも前記「ひとつの一般的
原理」が、やはり物権についてと同じように妥当するからである。

　他方において、このとき、妨害排除請求権や妨害予防請求権の発生要件の
内容、すなわち違法とされるべき侵害の具体的態様は、各法益の内容や性質
に即して法益ごとに個別化される。というのも、すでに述べたとおり、妨害
排除請求権等は、本来あるべき規範的な法益分配状態の維持または実現をそ
の目的とするところ、そのような「本来あるべき規範的な法益分配状態」の
ありようは、各々の法益の内容や性質に応じて異なるからである。すなわち、
そのような内容あるいは性質上の違いに基づき、それに反する違法な侵害の
態様もまた——つまりは、当該侵害の有無を判定するための基準もまた——
個々の法益ごとに変化すべきこととなる。

　（ウ）物権的請求権と不法行為損害賠償請求権との峻別

　第3に、妨害排除請求権等は、その制度目的あるいは機能において、不法
行為損害賠償請求権とは本質的に異なる。すなわち、すでに述べたように、
妨害排除請求権等の目的は、法秩序がその実現を予定している本来あるべき
規範的な法益分配状態を現在または将来に向けて実際に維持・復原すること
にある。これに対して、不法行為損害賠償請求権は、過去においてすでに生
じた財産的不利益の回復をその目的とする。

　また、このような制度目的の違いを反映して、両請求権の発生要件および
効果の具体的内容もそれぞれ相違する。すなわち、妨害排除請求権等は、不
法行為損害賠償請求権とは異なり、「損害」や侵害者の帰責事由（709条が定め
るような故意、過失等）をその要件としない。また、妨害排除請求権等の効果
である「差止（妨害排除）」は、不法行為損害賠償請求権の効果である「原状
回復（損害賠償)」にまでは及ばない。

　そこで、両請求権の間に存在するこれらの違いを直視するならば、妨害排
除請求権等と不法行為損害賠償請求権とは、それぞれ、互いに他方から峻別
された独立の請求権である、と解することが妥当である。

イ　差止請求権の形式的発生根拠に関する分析（違法侵害説の解釈論的基礎
　　づけ）

そして、以上のような物権的請求権の実質的発生根拠に関する分析結果を
総合すると、差止請求権の形式的発生根拠について、次のような帰結を導く
ことが可能である[12]。

第1に、物権的請求権の実質的発生根拠が究極的には権利割当規範として
の法秩序の存在意義に求められ、またそれゆえに、これと同様の保護手段が
物権以外の法益にも等しく承認されるべきであるとすれば、物権的請求権を
物権そのもの、特にその排他的支配性から内在的に派生する効力と把握する
ことは許されない。言い換えるならば、物権的請求権の形式的発生根拠は物
権それ自体である、と解することはできないものと思われる。なぜなら、そ
のような法律構成の下では、論理必然的に、排他的支配性を有しない法益
（たとえば、各種の人格的利益や環境的利益）に妨害排除請求権等による保護を
認めることは困難となるからである。したがって、物権的請求権は、物権の
内部から生ずるものではなく、むしろその外部から一定の法制度によって当
該物権に付与されるものである、と考えなければならない。

第2に、すでに述べたとおり、物権的請求権と不法行為損害賠償請求権と
は、各々の目的および発生要件・効果の具体的内容に関する違いに鑑み、こ
れらを峻別すべきである。そのため、にもかかわらず、物権的請求権を——
不法行為損害賠償請求権と同様に——不法行為法（709条）に基づく効果と捉
えることは合理的ではない。換言すれば、物権的請求権の形式的発生根拠と
して観念される上記物権外在的な法制度は、不法行為法とは区別をされた独
自の存在を成すものと解すべきである。

第3に、では、なぜそのような独自の法制度が民法体系上に用意されてい
る（用意されるべきである）のか。それは、——これもやはり物権的請求権の
実質的発生根拠としてすでに指摘したように——権利割当規範としての法秩
序は、その存在意義に照らして論理必然的に、自らが私人に分配した法益を
違法な侵害から保護しなければならないからである。すなわち、当該法制度

---

12) 拙著・前掲（注1）388-394頁。

は、ひとり物権にのみ妨害排除請求権等による保護を与えようとするものではなく、あらゆる法益にこれと同様の保護手段、つまりは差止請求権を（それぞれの内容・性質に適合的な要件の下で）付与することをその目的とするものである、と考えられる。このような法制度が、すでに詳述した——違法侵害説が差止請求権の形式的発生根拠であると主張するところの——差止請求権制度そのものであることは、多言を要しないところであると思われる。

　以上要するに、権利割当規範としての法秩序の存在意義に根ざし、またしたがって、これと同様の保護手段が物権以外の法益にも等しく認められるべき物権的請求権の存在は、それを物権その他の「権利」に基づく効力と捉えること（わが国の伝統的な通説たる権利的構成の立場）によっても、あるいはそれを不法行為法（709条）の効果と位置づけること（近時の有力説たる不法行為法的構成の立場）によっても、これを合理的に基礎づけることは困難である。言い換えるならば、違法侵害説の主張する理論構成（物権の外から付与される、不法行為法とは区別された独自の法制度＝差止請求権制度に基づく、違法な侵害に対する法的保護手段）を採ることによって初めて、上述のような物権的請求権の発生を正当化することが可能となる。そうであるとすれば（物権的請求権の存在自体を否定するのでない限り）、そのことこそ、まさしくわが国の現行民法典に関する解釈論としてこの説が支持されるべき積極的理由に他ならないものと解される。

3　拙著への疑問・批判とこれに対する応答

　以上のような考察を展開する拙著（その基になった論考を含む。以下、同じ）に対しては、その公表後、多くの疑問や批判が寄せられた[13]。すでに応接したもの[14]を除くとすると、それらの疑問・批判は、大きく分けて次の3つに整理することができる。

---

13) 他方、違法侵害説に好意的なものとして、たとえば、吉田克己「保護法益としての利益と民法学」民商148巻6号（2013年）82頁以下、114頁注（55）、平野裕之『民法総合6　不法行為法〔第3版〕』（信山社、2013年）337頁注562、462-464頁、松尾弘「財の多様化と救済論」吉田克己＝片山直也編『財の多様化と民法学』（商事法務、2014年）145頁以下、159-160頁。
14) それらについては、拙著・前掲（注1）73-75頁、221-224頁、428-429頁の参照を乞う。

第1に、違法侵害説の内容に関する疑問や批判である。

第2に、違法侵害説は、差止請求権をめぐる「新たな問題」を真に克服しえたのか、との疑問である。

そして、第3に、違法侵害説やこの説に関する拙著の分析が現行民法典に関する解釈論として本当に成り立ちうるのか、との疑問・批判である。

以下、それぞれに対して、順に応答しよう。

(1) 違法侵害説の内容に関する疑問・批判

（a）吉村良一教授による分析

吉村良一教授は、拙著が採った分析方法のうち、差止請求権の実質的発生根拠と形式的発生根拠とを区別することに関して、次のように述べられる。

すなわち、拙著は、上記2つの発生根拠を切り離すことで、一方では、「多様な法益に対する統一的な差止請求権の根拠付けに成功した」[15]。

しかし、他方において、そのような切離しが行われた結果、拙著が唱える「「根拠」論からは、〔個々の差止請求権に関する〕具体的な〔発生〕要件や〔侵害の違法性に関する〕判断基準を考える手がかりが無くなってしまっ」[16]た。すなわち、違法侵害説が差止請求権の形式的発生根拠であると主張するところの差止請求権制度が一体いかなる場合に実際に発動されるのかについて、当該制度それ自体からこれを決定することはできない。かえって、そのような決定を行うためには、「「所有権法（物権法）、契約法、人格権法、競争法、環境法などの法規範の内容を分析し、それぞれによって私人に分配される利益の内容や性質を明らかにすること」というはるかな道のり」[17]を辿ることが必要になった。言い換えるならば、違法侵害説は「全法秩序にわたる法益論の探究という遠大な課題」[18]を抱え込むこととなった。

また、違法侵害説によれば、「権利」＝排他的支配権に対する侵害を除去す

---

15) 吉村良一「民法学のあゆみ　根本尚徳著『差止請求権の理論』」法時85巻8号（2013年）104頁以下（以下、吉村・前掲書評とする）、108頁。

16) 吉村・前掲（注15）書評108頁。ただし、亀甲括弧にくくられた部分は、引用者によるものである（以下、同じ）。

17) 吉村・前掲（注15）書評108頁。

18) 吉村・前掲（注15）書評109頁。

るための差止請求権も、あくまで差止請求権制度によって「権利」の外から
与えられる「権利」外在的な保護手段として把握される。すなわち、前記権
利的構成においてとは異なり、違法侵害説では、「差止請求権は……権利侵害
の効果として位置づけられていない」[19]。だが、そのため、この説には「権利
侵害即差止という判断」[20] が内在化されておらず、したがって、その下では、
二元的な違法性判断（①「権利」が侵害されているときには、それだけを理由に直
ちに当該侵害の違法性を認め、これに対する差止請求権の発生を肯定しつつ、②そ
れ以外の法益については、各法益の性質に配慮しながら柔軟な判断を行うこと）は、
論理必然のものとしては帰結しない[21]。そのような意味で、違法侵害説は、
「権利論を軽視し、権利侵害の場合とそうでない場合の区別を相対化する主
張でもあるとは見れないであろうか」[22]。また、もし違法侵害説の実体がそ
のようなものであるとすると、我々は、むしろ、例えば澤井裕博士の複合構
造説[23] や大塚直教授の二元説[24] のような、権利的構成の論理を自説の一部と
する学説——そのような形で「実質的〔発生〕根拠」論を組み込んだ……法
的構成論」——の意義を再評価すべきではないか[25]。

（b）　応答
　以上のような吉村教授の疑問あるいは批判に対する応答は、以下のとおり
である。
　ア　2つの発生根拠の切離しの有無
　第1に、拙著においては、確かに、差止請求権の実質的発生根拠と形式的

---

19) 吉村良一『環境法の現代的課題』（有斐閣、2011年）（以下、吉村・前掲書とする）226頁。
20) 吉村・前掲書（注19）226頁。
21) 以上につき、吉村・前掲書（注19）226頁。
22) 吉村・前掲書（注19）226頁。
23) 複合構造説とは、①「権利」＝排他的支配権の侵害については権利的構成の説く論理に依拠して、また②「権利」以外の法益が侵害される場合に関しては違法侵害説の理論構成を採ることによって、それぞれの場合における被侵害法益に差止請求権による保護を与えることができる、と説く見解である。なお、この説についてはさらに、後述する本稿の補説をも参照されたい。
24) 二元説は、①「権利」＝排他的支配権が侵害される場合においては権利的構成の主張に、他方、②それ以外の法益の侵害については不法行為法的構成の主張にそれぞれ従うことで、各侵害に対する差止請求権を基礎づけることができる、とする。
25) 引用部分をも含めて、以上につき、吉村・前掲（注15）書評108-109頁。

発生根拠とが区別されている。しかし、それらを、相互に無関係なものとして切り離しているわけではない。その反対に、拙著では、実質的発生根拠の内容は、形式的発生根拠のそれに決定的な影響を与える（べきである）との認識を、その考察の基礎に据えている（上記２つの発生根拠は、区別されつつも、いままさに述べたような形で互いに密接な関係にある、と解している）。すなわち、差止請求権の形式的発生根拠（法律構成）は、その実質的発生根拠の内実に即したものでなければならないと考えるからこそ、形式的発生根拠のあるべき姿を追究する拙著において、そのために不可欠の作業として、実質的発生根拠に関する検討に取り組むのである。このような意味で、拙著もまた「実質的〔発生〕根拠」論を組み込んだ……法的構成論」の探究を志向している。具体的には、物権的請求権、さらには差止請求権の実質的発生根拠に関する考察から、①当該実質的発生根拠が究極的には権利割当規範としての法秩序の存在意義——換言すれば、法秩序がその実現を予定している本来あるべき規範的な法状態を維持あるいは回復すべき必要性——に求められること、さらにこのような実質的発生根拠に照らして論理必然的に、②差止請求権による保護は、物権その他の「権利」に限られず、あらゆる法益に（それぞれの性質に最も良く適合する個別の違法性判断基準の下で）保障されるべきであること、そして、③上述のような差止請求権の機能に鑑みると、これを不法行為損害賠償請求権と同視することは妥当ではないことという３つの知見を導き出した上で、これらの知見すべてに整合しうる唯一の理論構成として、違法侵害説の立論、つまりはこの説が唱える形式的発生根拠（差止請求権制度の発動による差止請求権の発生）を支持すべきであることを主張するのである。

　イ　違法性判断の手がかり

　第２に、違法侵害説が提示する差止請求権の発生根拠および発生要件（その充足の有無を判断するための基準）に関する考え方（以下、このような差止請求権の発生根拠および発生要件に関する考え方のことを、それぞれ「発生根拠論」、「要件論」と呼ぶ）もまた、密接に関連し合うものである。特に、この説においては、差止請求権の実質的発生根拠に基づき、その発生要件に関する基本枠組みが決定される。

　すなわち、すでに論じたように、違法侵害説によれば、差止請求権は、法

秩序が規範的に定める、私人間における本来あるべき法状態と現実の事実状態とが乖離を来したときに、そのような違法状態を除去するために（実質的発生根拠）、差止請求権制度の発動（形式的発生根拠）によって生ずるものである。また、したがって、差止請求権の発生要件に関する基本枠組み（統一的発生要件）は、現実の事実状態が本来あるべき法状態と合致しないこと、あるいはそのような不一致の生ずる危険が現に存在することである、と考えられる。言い換えるならば、上記不一致（の発生するおそれ）が認められるか否かが、差止請求権の具体的な成否を判定するための一般的な基準である、ということになる。私人に帰属する個人的法益の保護が問題となる局面においては、当該法益の内容や性質を基礎としてこの法益の私人間における本来あるべき分配状態を確定した後、実際の事実状態がそのような規範的な分配状態に合致するか否かを精査する。そして、この点が否定される場合に、上記事実状態は違法な侵害に当たるものと判断され、差止請求権によって除去されるべきこととなる。すなわち、このとき、差止請求権制度が発動され、当該法益の帰属主体たる私人に差止請求権が付与される。たとえば、「権利」＝排他的支配権の本質は、その権利者に「権利」の処分に関する完全な自由が保障されることにある。また、それゆえ、第三者は、上記権利者による意思決定を、その内容がいかなるものであれ尊重しなければならず、これに干渉することは許されない。このような「権利」の内容・性質に鑑みれば、「権利」が第三者によって形式的・客観的に侵害されている場合には、原則としてそれだけで直ちに――たとえそれが第三者の故意や過失によるものではなくとも――その侵害は違法なものと評価され、これに対する差止請求権の発生が正当化される。

　このように、違法侵害説の下では、その発生根拠論からその要件論の内容が基礎づけられる。また、この要件論を基に、個々の法益の内容や性質に迫ることで、差止請求権の成否を具体的に判定することができる。したがって、吉村教授による前記分析に反して、この説の説く発生根拠論から「〔個々の差止請求権に関する〕具体的な〔発生〕要件や〔侵害の違法性に関する〕判断基準を考える手がかり」を得ることは可能である、と思われる。

ウ 「全法秩序にわたる法益論の探究」の必要性

上記の応答に関連して、吉村教授は、あるいは、上述のような差止請求権の統一的発生要件を超えて、さらに、たとえばある特定の人格的利益にのみ妥当しうる個別の、そして（いわば数学における方程式のように）一定の事実をそこに代入すれば直ちにある侵害の違法性の有無を決定することができるような具体的な判断基準が違法侵害説の発生根拠論からは導かれないことを指摘されているのかもしれない。そうであるとすれば、①違法侵害説がそのような個別的・具体的な判断基準を直接に提供しうるものではないこと、さらに、この説の下で②当該個別的・具体的な判断基準を定立するためには１つ１つの法益の内容や性質を究明しなければならないことは、いずれも吉村教授の言われるとおりである。私見としても、これらの点を自覚しており、特に②に関しては、上記具体的な判断基準を明らかにすべく、今後、分析を進めていきたい、と考えている。

だが、他方において、本稿の見るところ、上記①および②の各事柄は、違法侵害説以外の学説、特に不法行為法的構成（をその一部とする二元説）および複合構造説においても同様である、と解される。たとえば、これらの説の下で、とりわけ「権利」（＝排他的支配権）以外の法益に関する個別的・具体的な発生要件は、どのようにして析出されるのであろうか。それは、不法行為法的構成（二元説）や複合構造説が主張する形式的発生根拠自体から導き出されるものではないであろう。両説においても、違法侵害説の下で行われるのと何ら変わらず、個々の法益の内容や性質を、さまざまな事情を総合衡量しながら分析することによって、初めて前記個別的・具体的な発生要件（各法益に特有の違法性判断基準）の内容が確定されるものと思われる[26]。また、実際にも、このような方法以外に合理的かつ現実的な手法など存在しないであろう。まさしく吉村教授自身が述べられるように、「差止の具体的な要件や判断基準を明らかにするには、侵害された（あるいはされる恐れがある）利益が

---

26) たとえば、澤井裕『公害差止の法理』（日本評論社、1976 年）（以下、澤井・前掲『法理』とする）98-110 頁、同「不法行為差止裁判例の複合構造説的アプローチ」関法 28 巻 4=5=6 号（1979 年）21 頁以下、26-42 頁、あるいは大塚直「生活妨害の差止に関する基礎的考察（8・完）」法協 107 巻 4 号（1990 年）1 頁、26-98 頁、同「人格権に基づく差止請求」民商 116 巻 4=5 号（1997 年）1 頁以下、25-33 頁において行われているのは、いずれもそのような作業であると言えよう。

どのような性質を持っているのか、それは現在の秩序においてどのようにかつどの程度保護されるのか、当該法益保護の社会的要請はどうかといった考察が不可欠」[27] なのである。

　そこで、以上の分析に大きな誤りがないとすると、それに基づき次のように結論づけることが許されよう。すなわち、吉村教授がその必要性を（正当にも）強調された「全法秩序にわたる法益論の探究」という作業は、ひとり違法侵害説にのみ課されたものではなく、他の学説（不法行為法的構成〔二元説〕・複合構造説）においても――差止請求権の具体的な成否を実際に判定するためにはおよそ避けて通ることのできない作業として――等しく行われなければならないものである、と。言い換えるならば、それは、すべての学説がともに取り組むべき共通の課題である、と解されるのである。

　むしろ、私見によれば、①このような分析作業の重要性を――すでに述べたとおり――自らの発生根拠論（特に差止請求権の実質的発生根拠に関する考察）から基礎づけ、上記作業をその要件論の中核に据えることが可能である点、さらには、②そのための前提として、そもそも差止請求権の発生要件の本質は、――たとえば不法行為法的構成が主張するような、侵害者の帰責事由（故意、過失）の有無や「損害」の存否にではなく――侵害の「違法性」に存することを、やはりその発生根拠論自体によって正当化しうる点（そのような形で、差止請求権の発生根拠論とあるべき要件論とを有機的に結び付け、後者に対して原理的基盤を提供することができる点）に、違法侵害説の１つの積極的意義が肯定されるべきであると思われる（さらに、③その結果として、この説の下で、差止請求権の発生要件に関する基本枠組みと個々の事案ごとに為されるべき具体的な判断に対する統一的指針――「〔個々の差止請求権に関する〕具体的な〔発生〕要件や〔侵害の違法性に関する〕判断基準を考える手がかり」――が与えられることについては、すでに前述した）。

　エ　違法侵害説と類型論との類似性

　また、以上のように考えてくると、違法侵害説が差止請求権について説くところは、不当利得法に関する類型論のそれに類似している、と言うことも

---

27) 吉村・前掲（注15）書評108頁。

できよう[28]。

　すなわち、類型論は、不当利得返還請求権の機能（「法秩序の予定する配分の法則に反するような財産的利益の移動（ゆるやかな意味における）の存する場合に……、そのような財産的利益の移動を是正する」[29]こと）に鑑み、その発生要件たる「利得の不当性」の内容および当該利得の回復方法は、各利益の帰属や流通のあり方を第一義的に決定している各種の法規範（広義の所有権法と契約法、これらの補完法としての事務管理法）に即して類型的に異なることを主張した。換言すれば、ある利益の帰属または流通が不当なものとして矯正されるべきか否か（その判断基準）、およびそれがどのようにして回復されるべきか（その方法）は、それぞれの法制度が定める規律内容を吟味することによってこそ、これを解き明かすことができること——より正確に表現すれば、そのような方法を通じてしか明らかにしえないこと——を（説得的に）論じた[30]。たとえば、広い意味における所有権法によって私人に分配されている権利については、その「割当内容」を形成する利益が権利者以外の者によって利得されているときに、当該利得は——まさしく上記所有権法がそれを権利者に対して、その者のみが享受すべきものとして割り当てていること（そのような所有権法の規律内容）に反するがゆえに——直ちに不当なものとされ、原則として、利得者の善意・悪意の別を問わずに、その全部（原物の返還が困難であるときには、その客観的価値）の返還を求める請求権（＝侵害利得返還請求権）が発生する、というように[31]。

　このような類型論の下では、確かに、それ以上の判断（たとえば、ある利益が上記「割当内容」に実際に含まれるか否かの検討）は、具体的な紛争ごとに個

---

28) わが国の違法侵害説とその基盤を共有するドイツの権利簒奪理論（物権的請求権・差止請求権の一般理論。この理論の詳細については、拙著・前掲（注1）177-220頁を参照）と不当利得法に関する類型論との間における発想の本質的同一性を指摘するものとして、E. Picker „Das Deliktsrecht im Zivilrechtssystem" Zeitschrift für die gesamte Privatrechtswissenschaft 2015 S. 385 ff., S. 391.

29) 四宮和夫『事務管理・不当利得』（青林書院、1981年）53頁。

30) 以上につき、藤原正則『不当利得法』（信山社、2002年）11-12頁を参照。

31) 周知のとおり、侵害利得返還請求権の効果については、学説間に見解の対立が見られる。ここでは、その細部に立ち入ることは避け、藤原・前掲（注30）254-257頁および川角由和「侵害利得請求権論の到達点と課題」ジュリ1428号（2011年）14頁以下、18-20頁に従うこととする。

別に行われなければならない[32]。すなわち、ここでもまた、「全法秩序にわたる法益論の探究」と類似する作業が必要となる。しかし、そうであるからといって、この説の有用性が否定されるわけではない。なぜなら、類型論の主張に依拠することで、不当利得法という1つの法制度に一定の輪郭が与えられ、その目的・機能の本質や他の法制度との関係などが明らかになるとともに、不当利得返還請求権に関する類型ごとの基本的な要件・効果（これらに関する統一的指針）が導出されるからである。そして、違法侵害説（拙著）が差止請求権に関して企図することの1つは、これと同種の事柄に他ならない。

オ　権利論の軽視？

第3に、違法侵害説が権利論を軽視する（おそれのある）見解である、との疑問・批判について。もし吉村教授の言われる「権利論」がいわゆる古典的権利論を指すのであれば、上記疑問あるいは批判が当たらないことは、これまでの論述からもすでに明らかであろう[33]。

すなわち、違法侵害説によれば、侵害の違法性に関する判断においては、当該侵害を受けている法益の内容や性質がその基準を成す。したがって、すでに詳述したように、「権利」＝排他的支配権が侵害されている場合には、この「権利」の性質（排他的支配性）のゆえに、その侵害は原則として直ちに違法と評価される[34]。これは、私人に各々の自由領域を「権利」として承認し、その「法的保護の絶対性」[35]を肯定する古典的権利論の立場そのものであ

32）藤原・前掲（注30）209-214頁。

33）さらに、このような疑問・批判の当否に関しては、拙著・前掲（注1）106-110頁をも合わせて参照。

34）このように「権利」＝排他的支配権が侵害されたときには、原則として、直ちにその違法性が推定されることは、従来、不法行為損害賠償請求権との関連において一般に肯定されてきた事柄である（「権利」の違法性徴表機能）。また、これは「権利」の性質から基礎づけられるものである、と考えられている（この点をドイツ民法典823条1項所定の「権利」＝排他的支配権に即して明確に指摘する文献として、錦織成史「ドイツにおける営業保護の法発展（下）」判タ353号（1977年）11頁以下、18-19頁）。これらの事実に照らしても、「権利侵害即違法＝差止」という定式は、被侵害法益たる「権利」の内容や性質自体によって正当化されるものであり、差止請求権を「権利」の効力と法律構成するか否かとは無関係であることが理解されよう（不法行為損害賠償請求権が「権利」自体から派生するものではないとしても、上記違法性徴表機能は認められるから）。

35）原島重義『市民法の理論』（創文社、2011年）62頁。

る[36]。また、本稿の見るところ、不法行為法的構成や複合構造説において「権利」が以上のような保護を受けるのも、まさしく上述のような「権利」の内容・性質によるものである。それは、差止請求権が「権利」の効果として法律構成される、あるいは、「差止請求権は、『権利』そのものに基づく効果である。」と記述される（そのような言葉使いが行われる）からではない。すでに強調したとおり、違法侵害説は、以上の理を可視化し、またそうであるからこそ侵害の違法性判断の重要性（その際に「権利」の意義を尊重すべき必要性）を強く訴える。この点を超えて、もし吉村教授がさらに、差止請求権を「権利」そのものから内在的に派生する効果と法律構成しなければ（そのような言葉使いをしなければ）、「権利」の保護態様が不当に弱まる——差止請求権を「権利」自体の効力と法律構成する（そのような言葉使いをする）ことによってこそ、当該請求権による保護は、初めて「権利」の性質にふさわしい強固なものとなる——と解されるのであれば、それは、法解釈論としては、——ある法益に「〇〇権」という名前を付ければ、その保護を厚くすることができるといった主張と同じように——「権利」という概念ないしは言葉に対する過度の期待に支えられたものであり、これによって実際に「権利」の保護がより一層強化されると見るか否かは感じ方の問題に過ぎない、との念を禁じえない。

(2) 「新たな問題」の全面的解決の成否

次に、同じく吉村教授より、拙著の分析に対する第2の疑問として、当該分析（違法侵害説）によって差止請求権をめぐる「新たな問題」がどれほど良く解決されたのか、との疑問が提示されている。

(a) 吉村教授の疑問

すなわち、違法侵害説によれば、差止請求権の形式的発生根拠は、法益の侵害それ自体にではなく、あくまで当該法益の外に存在する差止請求権制度の発動に求められる。そのため、この説においては、たとえば競争秩序違反

---

36) 原島・前掲（注35）513頁。「権利侵害は、違法阻却事由なき限り、ただちに違法であり、差止請求の理由となる。……これが、権利論が内包する射程距離である」。

行為や環境破壊行為が行われ、公正な競争や適切な環境利用が阻害され（ようとし）ている場合には、そのような違法状態を除去してあるべき競争秩序・環境利用秩序を維持あるいは回復するために、それら違法行為に対する差止請求権が、差止請求権制度に基づき、団体をも含めた一定の私人に――たとえ上記違法行為によってその者の個人的法益が侵害されていなくとも――付与される、と解することができる。

だが、他方において、「これによって『新たな問題』が完全に解決されたわけではない。なぜなら、このようにして違法状態の是正（ないし予防）手段として発生した差止請求権の行使を、（他の誰でもない）当該私人や団体に認めることができるのはなぜかという問題（当該私人や団体の差止請求権行使資格の問題）が残るからである」[37]。この点に関して、拙著は、競争秩序（競争法）や環境利用秩序（環境法）を「法制度」と捉えた上で、これら法制度の機能の維持あるいは回復（＝「制度保護」）について正当な関心と能力とを持つ私人に当該法制度の守り手としての資格を認め、上記差止請求権の帰属と行使とを承認すべきことを示唆している。しかし、そのような立場においても、ある私人に競争法や環境法などの守り手たる資格を実際に肯定し、差止請求権の行使を許容するためには、それらの法制度が保護しようとしている各種の利益（たとえば、消費者や一定の地域に居住する住民が公正な競争や良好な環境から集団として享受する利益）と当該私人との関係如何が問われることとなろう。すなわち、「結局ここでも、……法益の性質論に踏み込まざるをえなくなるのではないか」[38]。

（b）　応答

まず、私見によれば、差止請求権をめぐる「新たな問題」には複数の論点が含まれており、これらを区別すべきである。すなわち、この問題を解決するには、第1に、①競争秩序違反行為や環境破壊行為に対する差止請求権の形式的発生根拠を明らかにしなければならない。違法侵害説の理論構成に依拠するならば、この点については、吉村教授が指摘されるとおり、差止請求

---

37) 吉村・前掲（注15）書評109頁。
38) 吉村・前掲（注15）書評109頁。

権制度の発動によってそのような差止請求権が基礎づけられる（当該請求権が一定の私人に対して付与される）と解することができる。その上で第2に問われるべきは、②そのような形で発生する差止請求権は、実体法上、具体的に誰の下に帰属するのか、ということである。拙著においては、前記「新たな問題」を全面的に克服するためには、このような第2の論点をも究明する必要があることを認識しつつも、それは差止請求権の（形式的）発生根拠如何という問題とはその性質を異にする「別の重要な問題」[39]であると考えて、これを考察対象から外すこととした。なぜなら、上記第2の論点は、差止請求権に固有のものではないからである。すなわち、同様の事柄は、たとえばドイツにおいて認められている、競争秩序違反行為に関する私人の利益剥奪請求権[40]などについても同じく問われうる——特に、この請求権をわが国にも導入しようとする際には切実な問題となりうる——ものであり、そのような意味で、差止請求権に関連しながらも、それ自体としてはより広い射程を備えたものである[41]（したがって、これを別途、独立に検討することが適切である）と解されるからである。ただし、拙著では、将来このような「問題に取り組むための1つの手がかり」[42]を与える見解として、ライザー（L. Raiser）の提唱する制度保護論について概観し、この見解に基づく解決の可能性を探った（その内容は、吉村教授が的確に要約されるとおりである）。

　そして、以上のような「新たな問題」の構造および拙著における当該問題（特にその一部たる上記②の論点）の位置づけに照らすならば、吉村教授が指摘されるように、拙著は「新たな問題」を完全には克服していない。拙著は、

39）拙著・前掲（注1）170頁注）364。

40）ドイツでは、たとえば、ある事業者が一定の不正競争行為を故意に行い、それによって経済的利益を取得した場合には、消費者団体などの一定の私人が、上記事業者に対して——当該行為がこの私人の個人的法益を侵害していなくとも——上記経済的利益を国庫に返還するよう請求することができる（不正競争防止法〔UWG〕10条）。また、一定の独占禁止法違反行為についても、同様の請求権が規定されている（独占禁止法〔GWB〕34a条）。

41）さらに、その背後には、私法は、私人に個別に帰属しない利益（不特定・多数の私人が集団として享受する利益）を（いかにして）保護すべきか、という、より大きな問題が控えている。この点をつとに指摘した論考として、森田修「差止請求と民法」総合研究開発機構＝高橋宏志編『差止請求権の基本構造』（商事法務研究会、2001年）111頁以下、124頁。

42）拙著・前掲（注1）170頁。

あくまで前記①の論点について検討したに止まる（だが、そのことは、当該検討の結果として示された、違法侵害説に基づく上記①の解決方法の提案が「新たな問題」の克服にとって無意味なものであることを意味しない[43]。というのも、たとえば伝統的な差止請求権理論たる権利的構成の下では、前記①の壁を乗り越えることさえ困難だからである）。

　そのことを確認した上で、あらためて上記②の論点について一言するならば、現時点における私見としては、なお、前記制度保護論に基づき当該問題を解決する可能性を突き詰めたい、と考えている[44][45]。なぜなら、現時点では、この問題に関して、多くの見解が一致して支持しうる克服方法は未だ存在せず、またそれゆえに、そのような方法を求めてさまざまな分析[46]が試みられている状況にあるものと思われるからである。このような状況の下では、まずは、できる限り多くの可能性を広く探究することが肝要であろう。

　また、もし前記②の論点に関する議論の状況が事実このようなものである

43）吉村教授も、この点に関する違法侵害説の意義は「小さなものではない」と評価される。吉村・前掲（注15）書評109頁。

44）なお、競争法に関する同種の問題を、同様の発想（法制度としての市場を保護するために、当該市場に参加する私人に差止請求権などの行使を認める、との考え）によって解決しうる、と主張する最近の独語文献として、vgl. D. Poelzig „Normdurchsetzung durch Privatrecht" (Mohr Siebeck, 2012) S. 593 ff.. また、C. Alexander „Schadensersatz und Abschöpfung im Lauterkeits- und Kartellrecht" (Mohr Siebeck, 2010) S. 55 ff. (insb. S. 59 ff.), S. 487 f. における分析も、特に利益剥奪請求権（これについては本稿注40を参照）に関しては——「制度保護」という概念を用いることについては消極的な態度を示しつつも (A.a.O. S. 63 f.)——実質的に同様の構想を志向するものである、と解される。

45）また、このような制度保護論に依拠した立場の下でも、各種の法制度（競争法や環境法）が擁護しようと企図する法益（競争利益・環境的利益）の性質は、重要な意義を有する（それゆえ、この点に関する吉村教授の指摘もまた正当である）。すなわち、それは、ある私人に「差止請求権行使資格」を認めるべきか否か、つまりは、その私人が実際に差止請求権を的確に行使して、当該法制度、そしてこの法制度が守ろうとしている法益を実効的に保護しうる能力を備えているか否かを判断する際の考慮要素となる（べき）ものである。

46）消費者が享受する競争利益について、たとえば、山城一真「集団的消費者利益」吉田克己＝片山直也編『財の多様化と民法学』（商事法務、2014年）478頁以下、495-496頁、497-498頁、500-501頁。環境的利益に関して、たとえば、大塚直「環境訴訟と差止の法理」平井宜雄先生古稀記念『民法学における法と政策』（有斐閣、2007年）701頁以下、特に739-740頁、同「環境訴訟における保護法益の主観性と公共性・序説」法時82巻11号（2010年）116頁以下、119-124頁、同「公害・環境分野での民事差止訴訟と団体訴訟」加藤一郎先生追悼論文集『変動する日本社会と法』（有斐閣、2011年）623頁以下、特に649-655頁。

76

とすると、まさしくそのような議論状況自体がいみじくも示しているように、当該論点の検討は、今後さらに追究されるべき、違法侵害説をも含めたすべての学説にとって残された課題である、と言うことができる。

(3)　日本の現行民法典に関する解釈論としての成否に関する疑問・批判

　次に、拙著に対する第3の疑問あるいは批判、すなわち、拙著の分析およびこれに基づく違法侵害説の主張は、果たして、日本の現行民法典に関する解釈論として成り立ちうるものであるか、との疑問・批判に応答しよう。このような批判には、各々の重点を異にする（それゆえ互いに区別されるべき）次のような2つの批判が含まれている。

　(a)　709条に関する解釈論を展開していない、との批判
　第1に、拙著は、現行民法典に関する解釈論を標榜しながら、709条という明文規定について何らの解釈をも行おうとしない、との批判[47]である。
　しかし、このような批判は、妥当ではない。なぜなら、拙著（違法侵害説）は、「709条は、差止請求権をその効果として予定していない。」との命題を、まさしく同条の規範内容に関するあるべき理解＝解釈として主張するものだからである。このような主張は、たとえば不法行為法的構成が「差止請求権は、709条に基づき発生する。」と説く（＝同条の意義をそのように解釈する）のと全く同じ意味において、現行民法典に関する解釈論を提示するものであると言えよう。もしこのような拙著の「解釈論」をそれ自体として不当なものと考え、「差止請求権は、いかなる形であれ、必ずこれを709条の効果として把握しなければならない。それ以外の立場は、そもそも民法典に関する解釈論として成り立ちえない。」と解するのであれば、そのこと自体の合理性こそ、まず論証されるべきである。

---

47)　大山直樹「公害・環境訴訟における差止請求権の理論的根拠」東洋大学大学院紀要49集（2013年）1頁以下、16頁は、このような批判を述べるものであると解される。

（b）　明文規定に根拠が存在しないことに関する疑問・批判

ア　応答

第2に、拙著の分析には、その主張（違法侵害説）を根拠づけることのできる制定法上の手がかり、特に明文規定が見当たらない。そのため、当該主張はこの点においてすでに現行民法典の解釈論としての資格を失っているのではないか、との疑問あるいは批判[48]の声が上がっている。

このような疑問・批判に対しては、次のように答えたい。すなわち、ある主張を明示的に支持する条文が法典上に存在しなくても、そのことから直ちに上記主張がその法典に関する解釈論として成り立たなくなるわけではない、と。以下、この点について詳述する。

イ　1つの法解釈方法論

私見によれば、わが国では現在、次のような（私）法解釈方法論（その基礎を成す制定法観や、これをふまえた裁判官、さらには学説の果たすべき役割に関する認識）が——必ずしも一般的にではないものの、またその細部については差異を残しつつ、しかし——有力に唱えられている[49]。

すなわち、制定法は、完全無欠ではない。それぞれの立法者が立法当時、ある紛争が将来、新たに発生すべきこと、そしてその解決が当該制定法の下で必要とされることを予想しえなかったがために、またはそれを過誤で見過

48）大塚直「差止根拠論の新展開について」前田庸先生喜寿記念『企業法の変遷』（有斐閣、2009年）45頁以下、62頁。拙著（違法侵害説）が差止請求権の形式的発生根拠を差止請求権制度と捉える点に関連して曰く、このような立論が「条文上も、概念上も手がかりのない「制度」なるものを根拠とするのであれば、立法論か制度設計論をしていることになってしまうのではないか」。

49）以下に関しては、磯村哲「法解釈方法論の諸問題」磯村哲編『現代法学講義』（有斐閣、1978年）85頁以下、広中俊雄『民法解釈方法に関する十二講』（有斐閣、1997年。初出は主として1994-1995年）、能見善久「法律学・法解釈の基礎研究」星野英一先生古稀祝賀論文集『日本民法学の形成と課題　上』（有斐閣、1996年）41頁以下、藤原正則「法ドグマーティクの伝統と発展」瀬川信久編『私法学の再構築』（北海道大学図書刊行会、1999年）35頁以下、原島重義『法的判断とは何か』（創文社、2002年）274-286頁、田中成明『現代法理学』（有斐閣、2011年）463-473頁、さらに、K. Larenz / C-W. Canaris „Methodenlehre der Rechtswissenschaft"(3. Auflage, Springer, 1995)S. 187 ff. を参照。

　また、法学（法解釈論）にとって条文が持つ意義については、小川浩三「幾度もサヴィニーの名を」法時82巻10号（2010年）23頁以下、23-24頁、同「論証の論証」グンター・トイブナー編（村上淳一＝小川浩三訳）『結果志向の法思考』（東京大学出版会、2011年）189頁以下、220-221頁における各分析が示唆に富む。

ごしてしまったがために、上記紛争（における法的問題）に関する具体的な規律（明文規定）が制定法の中に全くあるいは不十分な形でしか用意されていない事態（＝法律の欠缺）も起りうる。また、このような事態に直面した裁判官には、それでもなお、その目の前に存在する紛争を法に基づき解決するために、当該欠缺を自ら補充することが許される。

　では、その際、裁判官は、何を基準あるいは基礎として欠缺の補充を為すべきであるか。逆説的ながら、その基準・基礎たるべきものの第一は、当該制定法それ自体である。すなわち、その制定法の背後ないしは基底にある法的評価を抽出した上で、これと不整合を来さないように上記欠缺は補充されるべきである。さらに、このような形で欠缺の補充が行われることで、その結果として導かれる具体的な帰結は、たとえそれが明文規定の適用によるものではなくとも（もちろん、裁判官個人の単なる主観としてでもなく）当該制定法に即した解決として、その正当性を主張することができる[50]。そして、裁判官が以上のような制定法の法的評価を合理的に明らかにしうる一般的方法を構築することも、広い意味における法解釈論の、したがってまた、その一翼を担う学説の重要な任務である[51]。また、具体的な欠缺補充の方法としては、一般に、①既存の法規の類推適用、②反対推論（反対解釈）、③目的論的制限、④一般条項の利用による欠缺補充、⑤法規の操作によらない欠缺補充などの手法[52]が認められている。

　ウ　拙著の考察方法（違法侵害説に関する基礎づけ）の法解釈論的特徴

　そこで、以上のような法解釈方法論に鑑みれば、拙著にて展開した考察の意義を次のように把握することが可能であると思われる。すなわち、拙著は、「現行民法典には、差止請求権に関する法律の欠缺が存在する。」との認識に基づき、物権的請求権の実質的発生根拠の再検討を通じた、法規の操作によらない欠缺補充（上記⑤）を行うものである、と[53]。具体的には、すでに確認

50）この点を示唆する記述として、磯村・前掲（注49）105頁、Larenz / Canaris a.a.O.(Fn. 49) S. 187.

51）Vgl. Larenz / Canaris a.a.O.(Fn. 49) S. 187.

52）これらの手法の分類方法（および各手法の命名の仕方）にはさまざまなものがある。ここでは、最も詳細な広中・前掲（注49）40-91頁による分類および命名に拠ることとする。各々の詳しい内容については、同書を参照。

したように、今日の日本において（現行民法典の下で）その存在を異論なく承認されている物権的請求権（物権を保護するために生ずる差止請求権）に注目し、それによる保護が物権に認められるべき理由を分析することで、①物権的請求権と同様の保護手段、つまりは差止請求権が法益一般に等しく肯定されるべきであること、および②差止請求権が追求すべき機能（現在または将来における、本来あるべき規範的な法益分配状態の実現）は、不法行為損害賠償請求権のそれ（過去に生じた財産的不利益の「原状回復」）とは異なることを明らかにし、これらの帰結を最も整合的に説明しうる法律構成（差止請求権の形式的発生根拠）として、法益外在的で、不法行為法とも区別をされた独自の法制度たる差止請求権制度の存在を民法体系上に観念すべきであることを主張するものである（＝違法侵害説の立場）。また、このような作業を、その内容に即して性格づけるとすると、それは、「制定法の中に横たわっている諸原理へと立ち返ること」[54] による欠缺補充の試みである、と言えよう。すなわち、拙著は、物権的請求権による保護が物権に認められることの根底には、権利割当規範としての法秩序の存在意義に根ざした「ひとつの一般的原理」（「民法は、それにより私人に与えられた『実質権』を『保護権』によって保障する」。）が存在することを論証し、この原理を他の法益にも及ぼすことによって上記主張（違法侵害説の立場）の正当性を根拠づけようとするものである。もちろん、その内容の当否に関しては、これを諸賢の批判的検討に委ねるしかない。しかし、そうであるからと言って、以上のような拙著の分析（これに基づく違法侵害説の立論）が現行民法典の解釈論としての資格までをも失うわけではないと解される。

　エ　不法行為法的構成に関する疑問

　なお、ある論者によれば、広い意味における法解釈（条文の意味を確定する狭義の法解釈および前述のような法律の欠缺の補充）を行う際には、その解釈が

53）なお、人格権（としての名誉権）侵害に基づく差止請求権を肯定した北方ジャーナル事件（最大判昭和61・6・11民集40巻4号872頁）の立論を「法規の操作によらない欠缺補充」の具体例──「人格権をそれ自体の価値において把握しつつ欠缺補充として人格権に基づく差止請求権を認める見地」によるもの──と捉えるのは、広中・前掲（注49）85-87頁（上記引用は、同書87頁からのものである）。

54）Larenz / Canaris a.a.O.（Fn. 49）S. 202.

「憲法をはじめ関連法規・判例など実定法規準全体と原理整合的」なものであることを目指すべきである[55]。また、より積極的に、そのような既存の法制度・法概念・法規範との間における整合性の有無を「ある見解が解釈論としての説得力（妥当性）を（どれほど）備えているか。」を判定するための（1つの）基準とすべきである、との考えが——そのことを一般的な形で明言する者こそ多くはないものの——わが国では有力な立場として支持を集めているものと思われる[56]。そして、上記「実定法規準全体」の一部に物権的請求権（制度）が含まれることは——たとえば「実定法規準」の1つとして「判例」が挙げられていることからも——疑いのないところであろう（あらためて指摘するまでもなく、わが国において、物権的請求権の存在は、学説のみならず、判例によっても長く、また深く受容されている）。

　そこで、このように考えてくると、差止請求権は不法行為法、とりわけ709条の効果として発生する、と説く不法行為法的構成に対して、次のような疑問を投げかけることも許されよう。すなわち、この説は、物権的請求権（という法形象）——より正確に言えば、侵害者の帰責事由（故意・過失など）を要件とせずに、物権に対する客観的・形式的侵害のみを契機として生ずる差止請求権という存在——と自らが唱える上記発生根拠論とをどのように整合させるのか、と。本稿の見るところ、不法行為法的構成がその立場を貫徹しようとする限り、「差止請求権の一典型ないし基礎」としての物権的請求権の発生には、侵害者の（帰責事由としての）故意または過失の存在と、「侵害」とは区別されるべき「損害」[57]の発生とが常に要求されざるをえないはずである。換言すれば、判例・学説によって一致して肯定されている上記のような物権的請求権の存在と不法行為法的構成の発生根拠論とは不整合を来すこととなる。この説を、それこそわが国の現行民法典に関する解釈論として主張するのであれば、これを支持する論者は、まず何よりも、以上のような疑問に答えなければならないのではないか。管見の限り、不法行為法的構成の支持者は、この点を未だ十分に検討していない。ここに、この説の法解釈論として

55）田中・前掲（注49）473頁。

56）同旨の指摘として、亀本洋『法的思考』（有斐閣、2006年）296-297頁。

57）この点につき詳しくは、拙著・前掲（注1）52-58頁、73-75頁を参照されたい。

の問題点を見出すことができるものと思われる。

4　結び

　本稿におけるこれまでの分析作業をふまえて、今後、諸説がともに立ち向かうべき差止請求権に関する共通の課題の一部をまとめるならば、それらは次の2つである。

　第1に、私人の個人的法益が侵害される場合において、これに対する差止請求が実際に認容されるか否かを判定する際には、諸事情を総合衡量した上で、当該法益の内容・性質に即した違法性判断を行わなければならない。そのためには、「全法秩序にわたる法益論の探究」が求められる。

　第2に、差止請求権に関する「新たな問題」に最終的な解決を与えるべく、たとえば競争秩序違反行為や環境破壊行為に対する差止請求権の実体法上の帰属と行使とを認められるべき私人を特定するための基準について——差止請求権の形式的発生根拠如何という問題とは区別した形で——分析を進めることが必要である。

　本稿が、差止請求権理論をめぐるさらなる対話と創造とを生み出すための捨て石ともなれば、望外の幸せである。

補説——吉村良一教授とのさらなる対話——

1　序

　本稿の基となった論説（以下、旧稿という）の公表後、吉村良一教授は、ある論考[58]において、旧稿の分析（拙著や違法侵害説に関する吉村教授の疑問あるいは批判に対する旧稿の応接[59]）を踏まえつつ、拙著・違法侵害説に関するさ

58）吉村良一「差止請求権の「根拠」に関する一考察」瀬川信久先生・吉田克己先生古稀記念論文集『社会の変容と民法の課題　下巻』（成文堂、2018年）243頁以下。以下、吉村・前掲「一考察」とする。

82

らなる疑問を提示された。

　そこで、以下、本稿の補説として、吉村教授が新たに示された疑問の内容を整理し、これについて卑見を述べることとしたい。

2　吉村教授のさらなる疑問

(1)　整理

　本稿の見るところ、吉村教授のさらなる疑問は、拙著あるいは違法侵害説が、生命・身体や所有権などの「権利」（絶対権・排他的支配権）が侵害される場合（以下、これを「権利」侵害類型という）の意義をどのように捉えているか、という点に関わるものである。

　すなわち、本稿でもすでに詳述したとおり（→ 3 (1) (b) イ）、違法侵害説によれば、まず、①「権利」侵害類型においては、「権利」が形式的・客観的に侵害されれば、原則として直ちにその侵害の違法性が肯定されるべきである（「権利侵害即違法＝差止」という定式の承認）。これに対して、②「権利」以外の法益が侵害される場合（以下、これを利益侵害類型と呼ぶ）には、各法益の形式的・客観的侵害のみから直ちに当該侵害の違法性を認めることはできず、諸事情を総合衡量した上で、各法益の内容や性質に即して違法性の有無を決定しなければならない。このように、違法侵害説の下でも、「権利」侵害類型は、この類型に妥当すべき違法性判断基準の内容に関して、利益侵害類型とは異なる特徴を示す。また、この点においては、違法侵害説とその他の学説、とりわけ不法行為法的構成（をその一部とする二元説）や複合構造説との間に

---

59)　吉村教授は、旧稿における応接を基本的には了承されたものと思われる。すなわち、教授もまた、たとえば①「権利」（排他的支配権）以外の法益が侵害される場合には、違法侵害説のみならず、不法行為法的構成（二元説）や複合構造説においても、「全法秩序にわたる法益論の探求」が必要であること（そのような作業は、すべての学説にとって共通の課題であること）、そして、②差止請求権をめぐる「新たな問題」に関して、ⓐ競争秩序違反行為・環境破壊行為に対する私人の差止請求権の形式的発生根拠如何、ⓑ上記差止請求権の実体法上の帰属と行使とを肯定されるべき私人の確定基準如何という 2 つの問題を区別すべきであること、その上で後者の問題（ⓑ）は、それ自体として独立に──前者の問題（ⓐ）とは別個の論点として──議論されるべきであること（そのような議論もまた、学説すべてに課された共通の課題を成していること）を認められる（①につき吉村・前掲（注58）「一考察」248 頁、249 頁を、②につき同論文 249 頁をそれぞれ参照）。

相違は存しない。

　だが、そうであるとすれば、違法侵害説にとっても、「権利」侵害類型は特別の意義を有するのではないか。これが、吉村教授の第1の疑問である。さらに、もし「権利」侵害類型に関する違法性判断基準の内容が、違法侵害説による場合とそれ以外の学説による場合とで何ら異ならないとすると、にもかかわらず、拙著が——これまで我が国の判例・学説が積み重ねてきた差止請求権の法的構成に関する議論の「到達点」[60]とも言うべき複合構造説ではなく——違法侵害説をあえて支持する理由とは何か。これが、吉村教授の第2の疑問である。教授自身の言葉を借りるならば、「せめて、生命・身体や絶対権については、〔これらを〕「あるべき分配状況」が確定した利益として取り出して、それ以外の「新しい法益」とあらかじめ区別するという考え方（複合構造説はそのようなものと理解することができるのではないか）が、なお、支持されるべきではないのか」[61]、「排他的支配権とされる法益は、すでにその意義が全法秩序の中で明らかにされているので、それが侵害されれば（全法秩序的判断を媒介にすることなく）違法であり差止請求の対象となると考え、それ以外の法益について、総合的な判断をするという複合構造説で特段の問題がないのではないか」[62]ということになる。

(2)　分析——吉村教授の見解と私見との違い——

　結論として、——これもやはり本稿ですでに強調したように〔→ 3 (1) (b) イ〕——私見もまた、「権利」侵害類型がその違法性判断基準の内容において、つまりは差止請求権の「要件論」において特別な地位を占めること（それゆえ、この類型と利益侵害類型とは区別されるべきであること）を肯定する（この点に関する古典的権利論の主張に賛成する）。しかし、そうであるからといって、吉村教授とは異なり、私見は、複合構造説に与するものではない。このように、吉村教授の疑問あるいは吉村教授と拙著との違いは、煎じ詰めれば、複合構造説という学説の内容をどのようなものと捉え、またその意義をいかに評価すべきか——拙著のように、この説を「「論理矛盾」とまで論難する必要はな

---

60)　吉村・前掲（注58)「一考察」243頁。
61)　吉村・前掲（注58)「一考察」248頁。
62)　吉村・前掲（注58)「一考察」248-249頁。

いのではないか」[63] ——という点に帰着するものと言えよう。そのため、以下、この点について検討する。その際には、①1つの言説・理論として提示された複合構造説それ自体の性格および内容如何（下記②のようなその提唱者の意図・目的から切り離された、1つの言明としての当該学説そのものの意義如何）、②複合構造説を初めて主張された澤井裕博士がこの説の提唱に込められた主観的意図・実践的目的如何という2つの観点を区別し、各々の観点から順に分析することとする[64]。

3 複合構造説自体の性格・内容

はじめに、1つの言説あるいは理論としての複合構造説それ自体の内容および性格について。

(1) 発生根拠論としての複合構造説

複合構造説は、もともと差止請求権の形式的発生根拠に関する学説の1つとして唱えられたものである。すなわち、この説は、それ自体としては、上記発生根拠に関する他の学説（権利的構成、不法行為法的構成、二元説、違法侵害説など）と同じく、あくまで「発生根拠論」として提示された。現に澤井博士自身も、ある論考[65]において、複合構造説を他の発生根拠論と並列すべきものとして（同一の論理的平面の上に）位置付けられている。また、その内容として、この説は、権利的構成と違法侵害説とを複合構造関係（＝前者を中心として後者がその外延を取り巻く関係）において「併存すべきもの」[66][67]と把握した上で、「権利」侵害に対する差止請求権の形式的発生根拠は権利的構成の説く法律構成によって、それ以外の法益侵害に対する差止請求権の形式的発生根拠は違法侵害説の主張する法律構成によってそれぞれ説明されうる、と唱える[68]。

---

63) 吉村・前掲（注58）「一考察」248頁。

64) ただし、以下の分析は、本質的には、拙著・前掲（注1）112-118頁においてすでに論じた事柄の要点を再説するものである。そのため、より詳しくは、上記拙著の当該箇所における検討を参照されたい。

65) 澤井裕「公害の差止請求」加藤一郎＝米倉明編『民法の争点Ⅱ（債権総論・債権各論）』（有斐閣、1985年）210頁以下（以下、澤井・前掲「差止請求」とする）、211頁。

(2) 二律背反

しかし、私見によれば、以上のような複合構造説の立論、なかんずく──拙著がその考察の直接の対象として狙いを定めた──差止請求権の形式的発生根拠に関する法律構成には、およそ合理的には解消しえない論理矛盾が内包されている。すなわち、差止請求権の「形式的発生根拠」に関する権利的構成の主張とこの点に関する違法侵害説の主張とは二律背反の関係に立つものと思われる。

具体的に論じよう。まず、①もし権利的構成が唱えるように、差止請求権が私人の「権利」＝排他的支配権の一効力として、当該「権利」それ自体から、その侵害を契機として内在的に派生するものであるとすれば、論理必然的に、「権利」以外の法益は──それが「権利」ではなく、排他的支配性という性質を持たない以上──どのように侵害されたとしても、その結果として差止請求権を生み出すことはできないはずである。それゆえ、この場合に、他方において、違法侵害説が主張するように、「これらの法益にも、「権利」についてと同じように、差止請求権による保護を認めることが可能である。」と解することはできない。

これとは逆に、②もし違法侵害説の見解に従って、差止請求権は、「権利」をも含めたあらゆる法益に等しく（各々の内容・性質に合致する個別的要件の下で）保障される（べきである）とするならば、差止請求権を「権利」から派生する内在的効力と捉えること（＝権利的構成の立場を維持すること）は許されない。というのも、そのような把握の下では、いままさしく述べたとおり、「権利」以外の法益を差止請求権によって保護することはおよそできなくなってしまうからである。

66）澤井・前掲（注65）「差止請求」211頁。なお、当該箇所においては、「権利説」（＝権利的構成）と併存すべき学説として、「生活利益説」なる学説が挙げられている。しかし、澤井・前掲（注26）『法理』50頁および258頁で、澤井博士が自説（＝複合構造説）として権利的構成とともに違法侵害説をも合わせて支持する旨を述べられていること（なお、博士曰く「私のいうこの違法侵害説は、決して不法行為説ではない。」同書258頁）からすれば、上記「生活利益説」は違法侵害説のことを指しているものと解される。

67）さらに、澤井博士は、「権利説と違法侵害説とは矛盾するものではない」とも言われる。澤井・前掲（注26）『法理』258頁。

68）以上につき、澤井・前掲（注26）『法理』50頁、258頁。

86

　以上要するに、本稿の見るところ、権利的構成の法律構成（上記①。差止請求権の形式的発生根拠＝「権利」）と違法侵害説の見解（上記②。差止請求権の形式的発生根拠≠「権利」）とは、一方を支持しようとすれば、他方を支持することが困難となる関係、つまりは二律背反の関係に立つものと考えられる。それゆえ、これら2つの発生根拠論を併存させることで、「権利」侵害類型、利益侵害類型の双方における差止請求権の発生（の機序）をそれぞれ同時に、そして統一的に基礎付けようと試みる複合構造説の法律構成には論理矛盾が含まれている、と言わざるをえない。また、まさしくこのような二律背反の関係が成り立つからこそ、複合構造説の──「発生根拠論」としての──法律構成（権利的構成と違法侵害説の複合構造関係）を突き詰めていくと（権利的構成、違法侵害説それぞれによる主張のいずれかを徹底していくと）、この説は、結局のところ、権利的構成か違法侵害説かのいずれかに解消される、より正確に言えば、それら2つに分解してしまうのである（前記①および②は、そのような分解過程を示すものに他ならない）。そして、このことの意味を「複合構造説は、1つの言説・学説としてどのような内容や意義を有するか。」との観点から把握し直すとすると、それはすなわち、複合構造説という1つの学説が、権利的構成および違法侵害説という2つの学説の双方から区別されうる、差止請求権の「形式的発生根拠」に関する1つの独立した理論としては存立しえないことを示しているものと言えよう。

(3)　結論

　そこで、以上の分析に基づく本稿の結論は、以下のとおりである。すなわち、──拙著[69]においてすでに述べたように──複合構造説は、差止請求権の形式的発生根拠に関するその主張に論理矛盾を含み、またまさしくそれゆえに独立の「発生根拠論」として成立しえないものである。そのため、私見は、この説を支持することはできない（なお、これまでの検討からもすでに明らかなように、以上のような私見は、拙著が「統一的根拠にこだわる」[70]ものであるがゆえに導き出されたものではない。それは単に、差止請求権の形式的発生根拠に関する複合構造説の主張をその言説に忠実に、客観的・内在的に捉えようする限り、

---

69)　拙著・前掲（注1）117-118頁。
70)　吉村・前掲（注58）「一考察」248頁。

前述のようなこの説の法律構成上の論理矛盾（権利的構成と違法侵害説との二律背反）およびこれに由来する複合構造説の解体という難点に逢着せざるをえないこと、したがって、この説に与することはできないことを述べているに過ぎない〔その内部に論理矛盾を抱えている学説は、すでにそれだけで、その「理論」としての妥当性を否定されるべきであろう〕。吉村教授の示唆されるとおり、拙著あるいは私見は、確かに「統一的根拠」の探求に対する——それ自体としてはむしろ健全な[71]——「こだわり」を持っている。しかし、仮に私見がそのような「こだわり」を捨て去ったとしても、それによって複合構造説の上記難点が消え去るわけではないであろう）。

4　澤井裕博士の主観的意図・実践的目的

　次に、澤井博士が複合構造説の提唱に込められた主観的意図あるいは実践的目的について。博士は、この説を主張することによって何を実現しようとされたのか。

　私見によれば、澤井博士が複合構造説を唱えられた意図・目的は、公害・生活妨害の事例に関するあるべき違法性判断基準を提示すること（そして、当該判断基準が差止請求権の形式的発生根拠に関する複合構造説の法律構成によって正当化されうることを論証すること）にあったものと思われる[72]。すなわち、澤井博士は、いわゆる受忍限度論の主張——特に、この立場によれば、生命や身体などの「権利」が現に公害・生活妨害によって侵害されている（あるいは侵害されようとしている）場合にも、それだけでは直ちに当該侵害が違法と評価されず、諸事情の総合衡量によってその違法性が否定される可能性が広く残される点——などを踏まえて、このような見解に反省を迫るべく、①「権利」侵害類型においては「権利侵害即違法＝差止め」という定式が堅持されるべきこと（そして、当該定式＝「要件論」は、権利的構成の主張する法律構成によって基礎付けられること）、さらに②利益侵害類型においては、個々の

71）この点については、本書に収録された座談会における本稿筆者の発言（321頁）を参照。

72）複合構造説がこのような違法性判断基準を明示する点にその大きな特徴を有することは、吉村教授もつとに強調されている。吉村良一「公害・環境法理論の発展に果たした学者（研究者）の役割」淡路剛久先生古稀祝賀論文集『社会の発展と権利の創造』（有斐閣、2012年）587頁以下（以下、吉村・前掲「役割」とする）、606頁。

88

法益の内容や侵害者の側に認められる事情が多種多様であることから、むしろ侵害の違法性の有無を柔軟に、きめ細かく判定すべきであること（このような違法性判断基準＝「要件論」は、違法侵害説の説く法律構成によって正当化されうること）をそれぞれ主張する点にあったものと推測される[73]（また、もしこのような推測が的を射ているとすると、澤井博士の主観的意図および実践的意図の重点は、差止請求権の形式的発生根拠に関して新生面を開くような「発生根拠論」を構築し、展開することよりも、主として、公害・生活妨害という特定の紛争類型に妥当すべき「要件論」を確立することに置かれていた、と解することが許されよう[74]）。そして、このような違法性判断基準に関する二元的構成が、差止請求権の「要件論」に関する1つの枠組みとして、公害・生活妨害の類型の

73) 以上については、澤井・前掲（注26）『法理』1-2頁、50頁を参照されたい。
74) 以上の分析に関連して、さらに、澤井博士が——本稿においても分析したような複合構造説の「発生根拠論」としての理論的難点（権利的構成と違法侵害説とを併存させることの困難性）を指摘する声（淡路剛久「書評 沢井裕著 公害差止の法理」民商77巻3号〔1977年〕127頁以下、131頁）を踏まえつつ——後に自らの見解について次のような「釈明」を行われた事実も注目される（澤井裕「著者からの釈明」民商77巻3号〔1977年〕139頁以下、139-140頁〔下記ⓐ～ⓒの引用もすべて当該箇所からのものである〕）。すなわち、まず、ⓐ澤井博士は、「①権利のみでなく、利益一般に差止の根拠を拡大すること、②被害立証の不十分さを侵害行為の悪質さの立証で補完すること……の二点から、はっきりと違法侵害説をとっている」。そして、ⓑ博士の言われる「複合構造は、違法類型を権利侵害と利益侵害の二つに分けているにすぎない」（それは「違法侵害をはっきり複合構造的に二類型化する」ものである）。さらに、その前提として、ⓒ博士は「違法性判断における相関的衡量の考え方を支持する」立場に立たれている、と（なお、同「不法行為の差止請求の法理と実際」日本弁護士連合会編『特別研修叢書 昭和52年度』〔日本弁護士連合会、1977年〕449頁以下、458頁においても、澤井博士は、「私のように違法侵害説に立つならば」と述べられている）。上記ⓐ～ⓒの「釈明」が全体として違法侵害説一元論を説くものに他ならないことについては、拙著・前掲（注1）115-116頁においてすでに指摘した。それゆえ、本稿は、この点に関する吉村教授の分析、すなわち、上述のような「釈明」に鑑みれば、「沢井の複合構造説は、違法性の複合論であり、差止めの根拠を違法性に求める違法侵害説の一種と見ることができるのではないか」との分析（吉村・前掲（注58）「一考察」245頁脚注5）に、もとより賛成である。しかし、他方において、複合構造説の実態が以上のような「違法性〔判断基準〕を権利侵害とそれ以外の場合に類型化する説」（同論文248頁）であるとすると（そのことを承認するとすれば）、複合構造説は、「発生根拠論」としてはもちろんのこと、さらに「要件論」としても、違法侵害説に完全に同化してしまうこととなろう（この点に関して、上述のように澤井博士が自らの立場を「違法侵害説」と規定されていることは象徴的である）。なぜなら、後の本文において述べるように、違法侵害説もまた、差止請求権の実質的発生根拠に関する自らの見解からして積極的に、違法性判断基準の「権利」侵害類型、利益侵害類型ごとの類型化（違法性判断基準に関する二元的構成）を支持するからである。

みならず、その他の紛争類型においても広く用いられるべき適切なものであることは、澤井博士および吉村教授の力説されるとおりである。私見としても、この点について全く異論はない。また、違法侵害説の下でも、まさしく差止請求権の実質的発生根拠に関するその基本的立場（差止請求権は、権利割当規範としての法秩序によって私人に分配される法益を、その内容や性質に即した個別的要件・効果の下で保護するために発生するものである、との理解）に照らして、そのような違法性判断基準の二元的構成を、あるべき「要件論」として積極的に正当化しうることも、拙著や本稿においてすでに繰り返して指摘したところである。

5 結語

そこで、これまでに展開した分析の要点およびこれに基づく吉村教授のさらなる疑問に対する本稿の応答をまとめるならば、以下のとおりである。

第1に、本稿の見るところ、差止請求権の「形式的発生根拠」に関する複合構造説の主張には、容易に取り除くことのできない論理矛盾が内包されている。また、そのために、この説は、権利的構成あるいは違法侵害説から自らを区別しえず、1つの独立した学説として成り立ちえない。それゆえ、私見としては、これら2つの理由より、複合構造説を支持することはできない（吉村教授の第2の疑問に対する回答）。吉村教授によるこの度の新たな論評を契機として再考を重ねてみても、この点に関する旧来の見解をいま直ちに変更すべき必要性は認められない。さらに、複合構造説に関する吉村教授の一連の分析[75]に照らすならば、吉村教授が複合構造説の意義として高く評価される点も、この説の「発生根拠論」としての主張（前記法律構成それ自体）ではないものと思われる（その「要件論」であろう）。

第2に、複合構造説が唱える「要件論」の内容、すなわち、様々な紛争を「権利」侵害類型と利益侵害類型との2つに大別した上で、前者に関しては「権利侵害即違法＝差止」という定式を原則とし、後者については諸事情の総

---

75) 吉村・前掲書（注18）211-214頁、同・前掲（注63）「役割」606-607頁、同『不法行為法〔第5版〕』（有斐閣、2017年）127-128頁、同『公害・環境訴訟講義』（法律文化社、2018年）106-107頁。

合衡量に基づく違法性判断を行うこと（違法性判断基準に関する二元的構成）については、違法侵害説もまたこれを共有するものである。言い換えるならば、違法侵害説においても、「権利」侵害類型は、その「要件論」にとって特別の意義を有している（吉村教授の第1の疑問に対する回答。なお、誤解を防ぐために付言しておくと、本稿は、以上のような「要件論」のゆえに——その「発生根拠論」としての上記難点にはいわば目をつぶって——複合構造説を支持しようとする〔あるいは第三者がこれを支持することが可能である、と解する〕ものではない。すでに詳述したとおり、この説は、そもそも1つの学説として独立しえず、また、差止請求権の「形式的発生根拠」に関するその主張は論理矛盾を犯している。それゆえ、すでにそのことのみを理由として、複合構造説の存在〔の可能性〕あるいはその主張の合理性は否定されるべきである、と考えている。また、私見によれば、澤井博士および吉村教授が追求される上記「要件論」〔違法性判断基準の二元的構成〕は、違法侵害説の下で——この説が説く差止請求権の「発生根拠論」と有機的に結合され、その真の意味での確固たる原理的基盤を与えられた上で——実現されるべきものである。すなわち、このような形で、澤井博士の〔それ自体として適切な〕前記主観的意図・実践的目的を継承し、発展させることが可能であり、そのような方向に今後の議論をより一層明確に推し進めていくべきである）。

　また、以上のような本稿の立場からすると、吉村教授が、差止請求権の「要件論」に関する複合構造説の見解に（早くから）注目され、これを一貫して称揚されていることは、誠に正当である。そして、もし（複合構造説あるいは差止請求権の形式的発生根拠および要件に関する）吉村教授の立場が本稿の推測するところ——吉村教授は、複合構造説の「発生根拠論」としての側面よりも、その「要件論」としての側面に重きを置いて、この説を「好意的に」[76]評価されているのではないか——から大きく外れていないとすれば、差止請求権の発生根拠と要件と（さらには効果と）について、吉村教授の見解と私見との間には、実質的には大きな隔たりは存在しない、とも思われるのである。

　最後の点についてはいずれにしても、吉村教授には、今回、拙著および私見に対するさらなるご教示を賜ったことに、心からのお礼を申し上げる次第

---

76) 吉村・前掲（注58）「一考察」248頁。

である[77]。

* 本稿は、2015 年度〜科学研究費補助金・基盤研究（A）（課題番号：15H01924、研究代表者：中原太郎）および 2018 年度〜科学研究費補助金・基盤研究（C）（課題番号：18K0132808、研究代表者：根本尚徳）に基づく研究成果の一部である。

77）なお、最近、川角由和「物権的妨害排除請求権・再論（1）〜（3・未完）」龍谷 50 巻 1 号 347 頁以下、50 巻 2 号 867 頁以下（以上、2017 年）、50 巻 3 号（2018 年）469 頁以下が拙著と私見とに関する分析を開始した。しかし、本稿を脱稿する時点においては未だにその検討が続いているため、まずは、その行方を見守ることとしたい。

区分所有の構造に関する議論と展開
──共有論における区分所有

伊藤栄寿

1 はじめに──本稿の目的

　本稿の目的は2つある。第1に、区分所有の法構造に関する学説史を振り返り、筆者が2011年に公表した『所有法と団体法の交錯──区分所有者に対する団体的拘束の根拠と限界』（成文堂）（以下、「原著」という）の位置づけを明らかにすることである[1]。第2に、第1の検討によって明らかになる原著の問題点、検討不足の点について、考察を加えることである。

　原著の内容を簡潔に述べるならば、区分所有者に対して団体的拘束を行う諸制度について検討するものである。その際、民法の共有規定との関係に留意しながら、ドイツ法との比較を行う。そして、マンションに関する現代的諸問題へのアプローチを行い、区分所有の法構造を明らかにする。ところで、区分所有については、紛争の当事者・内容が多様であることから、実務的な問題の検討が重要であり、かつ、必要である。それゆえ、従来、マンション実務における問題、とりわけ、裁判例の検討が積極的になされてきた。これに対して、民法学の理論との関係に着目した検討は少ない。このような問題意識から、区分所有の法構造について理論的検討を試みたものが、原著である。

---

1) 原著は、筆者が2009年3月に名古屋大学に提出した博士論文をもとにして、2010年に公表した「区分所有者に対する団体的拘束の根拠と限界」と題する論文（愛学51巻1号・2号）に加筆・修正を施し、一書にまとめたものである。

94

この原著が、区分所有に関する法的議論の中でいかなる意味を持ちうるのか。原著以前の議論、また、その後の議論との関係について、可能な限り客観的に明らかにすることとしたい。本稿では議論の拡散を防ぐため、区分所有の構造論、すなわち、区分所有権がいかなる所有権であるのか、共有論にどのように位置づけられるのか、団体法的な制度をどのように理解するのか、という点を詳しく論じる見解のみを検討対象とする。

以上の検討によって、原著の問題点、検討課題を明らかにしたうえで、考察を一歩進めることを試みる[2]。

2 原著以前の区分所有の構造に関する議論

(1) 1962 年法制定前

区分所有の構造に関する議論は、法制度の制定・改正とともに生じ、また、変遷している。

区分所有法が制定される 1962 年より前、区分所有権は民法旧 208 条に規定されていた。民法旧 208 条は、数人が建物の一部を所有することができること、この場合に建物・付属物の共用部分が共有に属すると推定されることを規定していた[3]。区分所有権者は、建物の一部に対する所有権と、共用部分の共有持分権という 2 つの権利を基本的に有することとなる。区分所有の構造について、区分所有権は一物一権主義の例外を認めるものとの理解はな

---

2) 区分所有については、理論的にも実務的にも大きな問題が多数存在するにもかかわらず、議論がじゅうぶんではない。たとえば、内田貴＝飯島正＝升田純＝元木周二＝森島宏樹＝吉田徹「座談会 区分所有法等の改正と今後のマンション管理」ジュリ 1249 号（2003 年）42 頁〔森島宏樹発言〕は、区分所有法についていろいろな理論的問題があり、学界全体で、建替え決議などの根本的問題について、継続的に議論すべきであるとしている。鎌田薫＝始関正光＝寺田逸郎＝道垣内弘人＝松岡久和＝安永正昭＝戎正晴＝新納清栄「分譲マンションをめぐる諸問題（下）」ジュリ 1310 号（2006 年）108 頁〔松岡久和発言〕は、「マンション問題の専門家だけが議論に関わっていて……民法学者一般にこの問題に対する関心があまり高くないところが、ある意味で非常に大きな問題なのではないか」との指摘を行う。また、吉田邦彦『所有法（物権法）・担保物権法講義録』（信山社、2010 年）136 頁以下も、マンションが住宅問題として重要であるにもかかわらず、民法学からの検討が少ないことの問題性を指摘する。
3) 民法旧 208 条の制定過程については、新田敏「民法制定過程における区分所有権」手塚豊教授退職記念論文集『明治法制史・政治史の諸問題』（慶應通信、1977 年）825 頁参照。

されていたが、その他の点について特に議論はなかった。たとえば、区分所有者間の法律関係については、共用部分の共有から生じる共有関係であることが指摘されるのみである。民法旧257条は、旧208条の共有物について、256条（共有物の分割請求）の規定の適用を排除していたが、この点についても特に議論はなかった。

　民法制定から、区分所有法制定に関する議論がなされるまで、区分所有の実例はあまり多くなく、区分所有の構造に関する議論は低調であった[4]。区分所有権と共有持分権の関係、共有論における区分所有の位置づけ、区分所有者相互の法律関係等について、検討されることはほとんどなかった。

　区分所有の構造に関する議論が活発化することになったのは、1960年頃に区分所有法制定の動きが生じたことによる。区分所有法の立法に際して、もっとも問題となったのは、区分所有をどのように権利構成するか、ということである[5]。民法旧208条は、専有部分に対する所有権と共用部分に対する共有持分権の2つから成り立つという二元的構成を採用していた。これに対して、一棟の建物全体が共同所有されており、専有部分に対する専用利用権と共用部分に対する共同利用権が認められるという一元的構成をとるべきだとの見解が主張された。一元的構成のメリットとして、実務的に、専有部分と共用部分とを容易に区別することができること、理論的に、専有部分に対する団体法的制約を明快に説明することができることがあげられる。

(2)　1962年区分所有法制定後の議論

　区分所有法の立法に際しては、基本的に民法旧規定の考え方が継承された。ただ、民法とは異なり、軽微変更については要件が緩和され、また、集会・規約・管理者制度などが用意された。権利構造については二元的構成が採用され、一元的構成は採用されなかった。

　しかし、その後も、一元的構成と同様の考え方は存在し続けることとなる。

---

4) 民法の立法過程において、区分所有に関して活発に議論がなされていたのは、区分所有の規定を置くか否か、という点であった。詳しくは、原著17頁以下参照。

5) 詳しくは、遠藤厚之介「区分所有建物の所有・利用」遠藤浩＝林良平＝水本浩監修『現代契約法大系 第4巻 商品売買・消費者契約・区分所有建物』（有斐閣、1985年）400頁以下、玉田弘毅「区分所有権の法的構成」ジュリ増刊『民法の争点Ⅰ』（有斐閣、1985年）146頁など参照。

区分所有の構造に関する議論を、あえて二極化する（ことが許される）ならば、一方の極として、二元的構成に親和的な、単独所有権という個人主義的な権利を中心に構成する考え方がある。対極に、一元的構成に親和的な、団体法的な権利を中心に構成する考え方がある。区分所有法は、二元的構成という個人主義的な権利構成を採用した。そのため、区分所有法制定後は、実質的に一元的構成に近づけることが試みられることとなる。すなわち、団体法的な側面をどこまで重視するのか、そして、どのような権利として構成するか、という点に議論の対象が移行する。

　区分所有の構造理解に関して、区分所有法制定後、2つの研究書が刊行された。1つが、丸山英気『区分所有建物の法律問題』（三省堂、1980年)[6] であり、もう1つが、玉田弘毅『建物区分所有法の現代的課題』（商事法務、1981年）である。

　丸山説は、区分所有権を、①専有部分への所有権、②共用部分への共有持分権、③区分所有者団体の構成員権、以上の三位一体の権利であると理解する[7]。丸山説の特徴は、第1に、ドイツ法への傾倒である。ドイツで著名な住居所有権法（日本の区分所有法に相当）の学者である、ベアマンの見解から大きな影響を受けている。しかしながら、日独において、区分所有を構成する権利が異なることについて、十分な注意が払われていないようにも思われる。第2に、管理問題への着目である。日独いずれにおいても、区分所有の管理紛争について団体法的解決を行う必要性があることから、団体法的側面を権利構成に反映させようとしている。第3に、区分所有独自の理論の模索である。民法の共有規定との関係よりも、区分所有権という新しい権利をいかにして理論構成すべきか、という点が重視されている。第4に、曖昧さである。二元的構成を全面否定するわけではなく、「構成員権」を付加するにすぎないので、立法論ではなく、解釈論として機能しうる[8]。しかしながら、肝

6）丸山論文・著作の量は膨大であるため、本稿では、初期の代表的な文献として、前掲書をあげた。その他、『区分所有法の理論と動態』（三省堂、1985年）は、ドイツ法についての詳細な紹介を含む貴重な先駆的文献である。

7）丸山・前掲書3頁以下など。

8）近時、河上正二『物権法講義』（日本評論社、2012年）317頁が、丸山説と同様の見解を採用している。

心の「構成員権」の中身が明確にされていないという問題を有している。その結果、三位一体構成が、各論的問題に対してどのような意味を持ちうるのかが不明であり、解釈指針として機能していないようにみえる。丸山説は、理論としての曖昧さに、その意義があると同時に問題点がある。

玉田説は、建物全体を管理することが重要であるとして、建物全体が共同所有であることを前面に押し出すべきであるとする[9]。玉田説の特徴は、第1に、管理問題への着目である。共用部分・専有部分の区別、管理等を団体的に行うことの必要性、悪質区分所有者に対する権利の剥奪などの問題解決を志向する。第2に、これらの問題を解決するため、解釈論として一元的構成を目指すことである。第3に、民法の一般法理、特に共有規定との関係を重視し、理論構成を試みる点である。建物区分所有を、共有の変種として理解把握すべきとする。たとえば、区分所有関係を「共有建物の現物分割の結果」との見方が示されている。しかしながら、共有であることを強調することの裏返しとして、区分所有権が所有権であることの位置づけ、意味が明確ではなくなっている。区分所有権と建物全体を共有することとの理論的関係が曖昧である。

丸山説・玉田説は、同時期に登場し、管理問題を中心とした実務的問題の解決を志向し、団体法的側面を強めようとする点で共通する。他方、丸山説は、区分所有独自の理論を模索するのに対し、玉田説は民法の共有理論との関係を重要視して構成する点が大きく異なる。

(3) 1983年区分所有法改正後の議論

1983年の区分所有法の改正に際しては、多くの団体法的規律が導入された。共用部分の変更、復旧、さらに区分所有権や敷地をも規律することとなる競売請求、規約の設定・変更・廃止、建替えなど多様な事項について、多数決決議によることが認められることとなった。

区分所有法改正後、区分所有法・共有法のその後の議論に大きな影響を及ぼす論文が登場する。山田誠一「共有者間の法律関係——共有法再構成の試

---

9) 玉田・前掲書4頁。

み（1）〜（4・完）」[10]、「建物の区分所有等に関する法律と共有物の管理」[11]、「マンション法の理論的諸問題」[12] である。山田説は、直接的に区分所有の構造を明らかにするものではない。しかし、区分所有法と民法の共有規定とを比較検討し、区分所有法の規定が民法の共有規定と基本的に共通する内容を有していること、そして、区分所有法と民法の共有論について再考する必要があることを論じている。山田説の特徴は、第1に、民法の共有論について、新たな立場をとっていることである。従来の伝統的な共有3類型（狭義の共有・合有・総有）[13] を否定し、分割請求権の可否により類型化することを提示する。すなわち、分割請求により物の一部を取得したうえで処分換価する方法と、分割請求ができないため持分処分する方法のいずれに重点がおかれているかを基準として、共有を2つに類型化する。第2に、民法の共有論との関係で、区分所有法の位置づけを検討する点である。区分所有は持分処分型の共有であるとされ、管理制度について、共有法と区分所有法の共通性を指摘する。区分所有の構造論ではなく、区分所有法の規定と民法規定との異同を明確化し、区分所有法の特徴をあぶり出そうとする。

　山田説以降、区分所有の構造論に関する議論は下火となる。その理由は、第1に、改正された区分所有法の個別規定が多く、それぞれについて精緻な解釈論を展開することが必要とされたからである。個別規定研究の代表格として、稲本洋之助＝鎌野邦樹『コンメンタールマンション区分所有法』（日本評論社、1997年）[14] があげられよう。第2に、阪神淡路大震災をきっかけとして、区分所有法の建替えをはじめとする制度についての立法論的研究が必要となったからである。代表的なものとして、鎌野邦樹「マンション建替え論序説（1）（2・完）——阪神淡路大震災の経験と区分所有法の課題」[15]、山野目章夫『建物区分所有の構造と動態——被災マンションの復興』（日本評論社、

10）法協101巻12号（1984年）1855頁、102巻1号74頁、3号492頁、7号（以上、1985年）1292頁。

11）民商93巻臨時増刊（2）『特別法から見た民法』（有斐閣、1986年）158頁。

12）ジュリ828号（1985年）82頁。

13）我妻栄＝有泉亨補訂『新訂物権法（民法講義II）』（岩波書店、1983年）315頁以下。

14）その後、2004年に第2版が、2015年に第3版が刊行されている。

15）千葉13巻2号（1998年）23頁、14巻4号（2000年）215頁。

区分所有の構造に関する議論と展開　99

1999 年）があげられる[16]。第 3 に、山田説の登場により、区分所有の構造を議論するためには、共有論との関係についての考察が求められると考えられるようになったことである。言い換えるならば、山田説によって、議論の主たる対象が、区分所有の構造論から解釈論、立法論に移行したと評価することもできる。ところで、解釈論、立法論は、区分所有の構造に対する一定の理解の下でなされるはずである。それゆえ、解釈論、立法論を展開する代表的研究者が、区分所有の構造について論じるのが望ましい。しかしながら、代表的研究者は、区分所有の構造論について正面から論じていない。区分所有・共有法学における今後の大きな課題である[17]。

　山田説以降、区分所有の構造を検討した数少ない研究書として、鷹巣信孝『財産法における権利の構造』（成文堂、1996 年）があげられる。鷹巣説は、区分所有者の権利を、専有部分に対する区分所有権と、団体構成員としての権利（利用持分と管理参加権）からなるとする。鷹巣説の特徴は、第 1 に、極めてドグマティックである点である。意図的に、実用法学から一定の距離が置かれている[18]。所有権という権利、共同所有の構造を明らかにするという観点から、区分所有の法構造が検討されている。第 2 に、独自の共有論を前提にする点である。民法上の狭義の共有について、共有物の管理共同体が擬制されているとする。共有者は広義の管理に必要な限度で、共有持分権に内在する管理権能を出資し、管理共同体から脱退（共有物分割請求）をしない限り、団体的制約に服するという[19]。鷹巣説は、過去の見解の理論的問題を指摘し、自らの共有理論を提示したうえで、区分所有の構造を検討しており、高く評価されるべきである。ただ、著者自らが指摘するように、区分所有の法構造の理論的解明に主眼があり、実務的問題の検討はなされていない。また、そ

16）その他、たとえば、鎌野邦樹「わが国の区分所有法──その発展と比較法的考察」半田正夫先生古稀記念論集『著作権法と民法の現代的課題』（法学書院、2003 年）584 頁は、区分所有の法構造に着目するのではなく、比較法的視点から、区分所有の法制度のあり方を検討する。

17）丸山英気「マンションと法──歴史と課題」丸山英気＝折田泰宏編『これからのマンションと法』（日本評論社、2008 年）28 頁は、区分所有制度の本格的研究が行われていないことの問題性を指摘する。

18）鷹巣・前掲書 17 頁。

19）鷹巣・前掲書 75 頁以下。

100

の共有理論は、一般的な理解とは大きく異なっている。

(4) 2002 年区分所有法改正前後の議論

2002 年の区分所有法改正においては、団体法的な拘束がさらに押し進められた。大規模修繕の要件緩和、建替え決議の客観的要件削除などが行われた。とりわけ、建替え決議の客観的要件の削除については、法制審議会で激しい議論がなされた。功利主義的な立場に立ち、多数決決議のみによって少数者の所有権が奪われることも構わない、と主張する見解[20] の主導によって、従来の客観的要件が削除されるに至った。

立法担当者は、「絶対性の強い単独所有権に近いものという性質は薄められ、共同所有形態の特殊性を色濃く反映した団体的拘束の権利としての性質が新たに付与されたものといえる」と評価する[21]。しかし、「特殊性」があるからといって、ただちに団体的拘束が許されることにはならないはずである。そこで、多くの見解は、建替え決議に客観的要件が不要であることを問題視する[22]。団体的拘束（規制）の限界を認識し、区分所有権が浸食される領域ではストップをかける必要性があるとの指摘もある[23]。また、区分所有権に、構成員権という団体的な権利を認める丸山説からも、団体法的思考のウェイトがあまりに大きくなることは避けなくてはならない、との指摘がなされている[24]。

---

20) 福井秀夫『司法政策の法と経済学』（日本評論社、2006 年）160 頁以下〔初出・ESP364 号（2002 年）〕、久米良昭「老朽マンション建て替え 住民の 5 分の 4 多数決だけでよい」エコノミスト 2002 年 6 月 18 日号 54 頁以下など。

21) 吉田徹「建物区分所有法の改正」細川清編『進展する民事立法と民事法務行政』（テイハン、2005 年）79 頁。また、丸山英気編『改訂版 区分所有法』（大成出版社、2007 年）41 頁以下〔同執筆部分〕は、区分所有者の有する区分所有権、共有持分権という権利よりも、構成員権という権利が優越することを認める立法であると評価する。

22) 山野目章夫「マンションの建替えをめぐる法律改正の評価」ジュリ 1249 号（2003 年）49 頁以下、千葉恵美子「検証・新マンション建替え決議制度──理論的視点から」ジュリ 1249 号（2003 年）55 頁以下など。

23) 鎌野邦樹「マンション法の現状と課題──区分所有法の功績・限界・課題・展開」司法書士 415 号（2006 年）10 頁。

24) 丸山編・前掲注21) 6 頁〔同執筆部分〕。

3 原著の概要とその後の議論

(1) 原著の概要と特徴

原著は、2002年の改正法に対して、多くの学説が指摘する理論的問題に取り組むものである。すなわち、法改正によって導入された新しい建替え決議要件を正当化できるかを検討する。その前提として、区分所有者に対する団体的拘束の根拠とは一体何か、区分所有は共有の中にどのように位置づけられるかを明らかにすることを試みる。

区分所有建物の管理のためには、区分所有者の多数決決議によらざるをえない場合が少なくない。しかし、多数決決議によって、反対者は自己の意思ではなく団体の意思に拘束されることとなる。従来の一般的な理解を前提にするならば、区分所有権は民法上の単独所有権である。区分所有者の所有権の内容が制限されるためには、所有権絶対の原則、所有権の自由との関係で、区分所有者が団体的拘束に服さなければならないとする根拠を明らかにすることが必要である。

従来の区分所有法・共有法の議論を確認すると、民法旧208条で規定されている時代、また、区分所有法制定後は、共有法の観点から解釈を行おうとする共有法的アプローチが主流であった。その後、1983年改正による団体法的規律の導入により、団体法の側面から解釈を試みる団体法的アプローチが主流となる。しかし、団体法的アプローチの根拠は、区分所有の「特殊性」のみに求められていた。具体的に、どこがどのように特殊なために、どのような団体的拘束を正当化しうるのかは明らかにされていない。そこで、原著ではこの問題を考えるために、同様の議論が行われているドイツ法の議論を参照した。

日本とドイツでは法制度が大きく異なるものの、団体的拘束をどのように、どこまで認めるのかという議論が行われている点で共通する。ドイツでは、伝統的に、共有法的なアプローチがとられていたが、団体法的なアプローチをとる有力な見解が登場した。しかし、近時の判例は、共有法か団体法かという性質決定をしたうえでの検討をしていない、すなわち、演繹的なアプロ

ーチをとっていない。問題が生じている場面に限定して検討を行っており、いわば帰納的なアプローチを採用している。

　日本法においても、団体的拘束を行う制度は多様であり、それぞれの制度趣旨は異なる。そのため、演繹的なアプローチではなく、帰納的なアプローチによって検討を行うことが有意義であり、適切である。原著は、管理、変更、復旧、競売請求、規約の各制度について、それぞれの沿革、ドイツ法との比較を行いながら、団体的拘束の根拠を探る。制度によってその内容は異なるが、いずれについても、①所有権の自由を侵害しないという実体的要件、②集会決議を経ることという手続的要件が必要とされている。他方、所有権に対してもっとも重大な侵害をもたらすおそれのある建替え制度についてのみ、①の要件が用意されていない。2002年の法改正は、重大な理論的問題を生み出していると評価できる。これに対して、有力な見解は、②について詳細な手続が用意されていることから、①の実体的要件が不要であるとする。しかしながら、②の手続がただちに①の実体的要件を充足させるわけではない。そこで、現行法上、②の手続として規定されている要件を①の要件として理解すべきである。すなわち、建替えに必要な理由、効用の維持回復に必要な費用などの内容が正当であることが求められ、これを充足しない場合に、建替え決議は正当化根拠を有せず無効である。2002年の法改正は、建替えに必要な客観的要件充足の立証責任を、多数者から少数者に転換したものと理解できる。

　区分所有者に対して団体的拘束を行うことができる根拠となる区分所有の「特殊性」は、①区分所有者が共用部分および敷地利用権を共有しており、この共有関係を解消することができないこと、さらに、競売請求、規約、建替えについては、②共用部分・敷地利用権に対する共有持分権と専有部分に対する区分所有権が分離処分できないことにある。区分所有者が共有関係を解消することができず、専有部分と共用部分を分離して処分することができないという財産帰属関係が、区分所有者間の団体的結合関係を規律している。この点、団体の意思（団体的結合関係）が財産帰属関係を規律すると考える従来の共有3類型は、区分所有に妥当しない。

　以上の原著の特徴は、第1に、そのアプローチ方法である。日独における

区分所有の構造論について検討を加えた結果として、区分所有権の性質論から各論的問題を考える演繹的アプローチをとらない。個別の制度から、区分所有の構造を明らかにしようと試みる帰納的アプローチをとる。第2に、第1の手法、また、各種制度について、ドイツ法を比較検討の対象とする。その理由は、ドイツで団体法的な権利構成をとる見解が登場していたこと、日独で同様の管理問題が生じていたこと、新しい判例により一部団体的構成がとられていることなどが、日本法の相対化に役立つからである。第3に、建替え決議要件を正当化するために、解釈論として客観的要件を設定することである。その手法として、管理をはじめとする他の団体法的規律との比較を行っている。第4に、伝統的な共有3類型の否定である。区分所有を従来の共有3類型の中に位置づけることは適切ではなく、また、それが不可能であることを示す[25]。第1、第4については、山田説以降の一般的な考え方と合致するものである。

(2) その後の議論

原著のもととなった論文とほぼ同時期に公表されたのが、藤巻梓「区分所有者とその団体の法的関係に関する一考察——ドイツ法における最近の議論の展開を中心に (1) (2・完)」[26]である。藤巻説は、ドイツ法との比較検討から、区分所有者の団体に対して、積極的に法的位置づけを与えようとする。すなわち、区分所有者の団体は、建物等の管理を行うことを目的としているものであり、基本的に区分所有者内部の関係を規律するためのものであるが、第三者との外部関係においても、権利主体として認められるべきであるとする。藤巻説の特徴の第1は、ドイツ法への興味関心である。ドイツ法の理論的・実務的問題についての検討が中心となっており、日本法についての検討はあまりなされていない。第2は、区分所有者の団体の外部関係、すなわち、団体が権利行使する場面を念頭に置いて、区分所有者の団体の分析がなされていることである[27]。実際のマンション管理の現場では、団体 (管理組合) の

---

25) 近時の共同所有論については、武川幸嗣「共同所有論」吉田克己＝片山直也編『財の多様化と民法学』(商事法務、2014年) 712頁参照。

26) 早法83巻4号 (2008年) 141頁、84巻2号 (2009年) 193頁。

権利行使の可否がよく問題となる。第3は、区分所有独自の理論の模索である。日本法の共有理論との関係について、ほとんど言及がないのが特徴的である。他方、区分所有権に、構成員権（人法的要素ともよばれている）を取り入れることを志向している。この点、丸山説と一定の共通性を有する。

　原著と藤巻説は、同時期に区分所有の構造、とりわけ、区分所有の「団体」の意味内容についての検討を加える点で共通する。他方、問題関心が、原著は建替え決議制度など法改正の限界づけにあるのに対し、藤巻説は、マンション管理の実務的問題にある。その結果、原著は、区分所有者の内部関係における団体法的規律の分析に向かうのに対し、藤巻説は、区分所有者の団体と第三者の関係の分析に主眼が置かれる。

(3)　まとめ

　冒頭でも指摘し、また、以上の検討からも明らかなように、区分所有の構造の分析を試みる学説は、区分所有の実務的・理論的重要性に比して少ない。1962年の区分所有法は、先取り立法として規定されており、基本的に民法の共有規定の延長線上で考えることができた。しかし、制定時に比べると、区分所有を取り巻く環境は大きく変わっている。第1に、区分所有の法制度が複雑化したこと、第2に、区分所有者の属性が多様化していること、第3に、区分所有建物の物理的構造が複雑化していること、第4に、高齢化・人口減少等の社会情勢が変化していることなどである。検討課題は増加し、考慮要素も増加し続けている。それゆえ、多様な着眼点から、区分所有の構造を考え、法制度を考える必要がある。鷹巣説は理論面から、原著は法制度の限界という観点から、藤巻説は実務的問題から出発し、それぞれ区分所有の構造へのアプローチを試みる。

　原著は、法改正による建替え要件の問題性、その解決策を示すことに主眼があった。そのため、区分所有の構造を正面から捉えるのではなく、①解消

---

27)　藤巻梓「ドイツ住居所有権法における規約制度の検討（1）〜（5・完）」早研112号126頁、113号152頁、114号134頁、115号108頁、117号146頁（以上、2004〜2006年）は、ドイツ法の規約制度について検討するが、日本法における区分所有者の団体の内部関係の分析が行われているわけではない。

できない共有であることから、管理規律が必要となること、②区分所有権と共有持分権を分離して処分できないことから、共有持分権についての①の規律が、区分所有権にも及ぶことを明らかにするにすぎない。区分所有権に対して拘束が認められる根拠は①である。そして、その限界は①から導かれる。すなわち、共有持分権に対して許されること以上の措置を、区分所有権に対して行うことはできない。最終的に、区分所有権の剥奪という結果を導きうる建替え決議についても、共有法の規律から限界を考える必要がある、ということとなる。

　原著の第1の問題であり、最大の問題は、理論面の検討不足にある。すなわち、共有法理、所有法理、団体法理との関係が明確にされていない。伝統的な共有3類型を否定しているものの、共有法についてどのように考えるべきかまでは明らかにできていない。所有・契約・団体の関係については、区分所有以外の共有制度についての各論的制度を考察する必要がある。この点は、今後の大きな課題である[28]。

　第2は、第1の点とも関わるが、区分所有者の「団体」の内容が明確にされていないことである。原著は、区分所有者に対して団体的拘束を行う諸制度を検討した。それにもかかわらず、区分所有法3条に規定されている「団体」をどのように考えるか、他の法制度における団体との関係はどうなっているのか、といった点について、検討がなされていない。藤巻説との相違を明らかにするという意味で、この点は重要である。

　第3は、建替え決議制度について、共有法の規律に照らした検討がなされていないことである。原著では、管理の規律等他の多数決決議制度との比較が行われているものの、共有物分割との関係が検討されていない。それゆえ、共有物分割における全面的価格賠償の要件と、区分所有の建替え決議要件を比較検討する必要がある[29]。区分所有と共有法の連続性を認める場合に、この点の検討は不可欠である。

　以下では、第2、第3の点について、検討を試みる。

---

28) 原著251頁、伊藤栄寿「共同所有理論の現状と課題」民研674号（2013年）2頁。
29) 山野目・前掲注22）49頁、千葉・前掲注22）57頁。

4 区分所有者の「団体」とは何か

(1) はじめに

区分所有者の団体は、建物・敷地・附属施設の「管理」を目的とした団体である（区分所有法〔以下、「法」という〕3条）。この団体の内容を明らかにするためには、次の3点を検討する必要がある。第1に、区分所有者の団体が、いかなる根拠に基づき成立するかという問題（団体の成立根拠）である。第2に、区分所有者相互を規律する団体が、各区分所有者の権利をどの程度まで制限できるのかという問題（団体の内部関係）である。第3に、区分所有者の団体が、第三者にいかなる権利を行使できるのかという問題（団体の外部関係）である。

第1の問題は、第2の問題に影響を及ぼしうる。なぜなら、団体の成立根拠によって、団体の内容、すなわち、区分所有者の権利を制限できる範囲も異なりうるからである。また、第2の問題は、第3の問題に影響を及ぼす。団体が区分所有者の権利を広く制限できるのであれば、団体は第三者に対して広く権利行使を許されることになるからである。そこで、以下では、第1から第3の順に、検討を行う。

(2) 団体の成立根拠

区分所有法3条は、区分所有者が全員で、建物・敷地・附属施設の管理を行うための団体を構成することを定めている。区分所有者の団体は、区分所有者の意思に関わりなく成立するとされている[30]。問題は、団体がこの規定に基づいて成立するのか[31]、それとも、この規定によらずに成立するのか[32]、ということにある。結論を先取りしていえば、後者が正当である。

---

[30] もちろん、区分所有者全員が、団体を構成する意思を有していることもある。水津太郎＝宍戸常寿＝曾我部真裕＝山本龍彦「憲法上の財産権保障と民法（後篇）」法時87巻3号（2015年）104頁〔水津太郎発言〕は、自らの意思に基づいて構成員となった場合に近づけて構成することも考えられると指摘する。

[31] 稲本洋之助＝鎌野邦樹『コンメンタールマンション区分所有法〔第3版〕』（日本評論社、2015年）27頁。

区分所有法 3 条は、1983 年の改正により新設された規定である。改正で議論されたのは、区分所有者の団体（管理組合）を正面から規定するべきか、規定するとした場合どのような内容とすべきか、ということであった。改正前、管理組合に関する規定はまったく置かれていなかった。そのため、現実に存在する管理組合と区分所有法との関係を明らかにする必要があると指摘されていた[33]。法制審議会民法部会（財産法小委員会）での審議を経て 1982 年にとりまとめられた改正要綱試案では、「区分所有者は、建物並びにその敷地及び附属施設の管理に関する事業を行うことを目的とする団体の構成員である」とされていた[34]。これについて、団体が権利義務の帰属主体となることを認めるかのように読めてしまい、区分所有者が権利義務の主体であることとの矛盾があるとの指摘がなされた。さらに、区分所有者が団体構成員であるとの規定を置かなくとも、区分所有者は共同管理等のための一定の団体的拘束に服し、建物管理等のために 1 つの団体を構成しているから、このことを法律上確認的に宣言すればよいとの意見があった[35]。そこで、1983 年の法制審議会総会において可決された法律案要綱では、「区分所有者は、建物並びにその敷地及び附属施設の管理並びに区分所有関係の調整を行うことを目的とする団体を構成する」とされた[36]。その後、「区分所有関係の調整」という曖昧な文言の削除などを経て、現行法 3 条が成立した。

1983 年の改正で、区分所有法には多数の管理に関する団体法的規律が置かれた。区分所有者の団体は、管理に関する各種規定に基づいて成立するのであり、区分所有法 3 条に基づき成立するのではない。すなわち、この規定によって区分所有者の権利義務が新たに創設されるわけではない[37]。したがっ

---

32) 青山正明編『区分所有法〔注解不動産法第 5 巻〕』（青林書院、1997 年）36 頁〔青山正明執筆部分〕。

33) 濱崎恭生『建物区分所有法の改正』（法曹会、1989 年）106 頁。たとえば、仮組合の役員と区分所有法上の管理者、管理組合規約と区分所有法上の規約、管理組合の総会と区分所有法上の集会の関係等が必ずしも明らかでないことなどが問題とされていた。

34) 濱崎・前掲注 33）23 頁。

35) 濱崎・前掲注 33）61 頁以下。

36) 濱崎・前掲注 33）69 頁は、「実質において要綱と変わるところはないといってよかろう」という。しかし、その理由は説明されていない。

37) 濱崎・前掲注 33）109 頁。

108

て、区分所有者の団体が、区分所有における団体法的な取り扱いを一般的に
正当化する具体的根拠とはならない[38]。

(3) 団体の内部関係

　区分所有者の団体に認められる権限として、集会を開くこと（法34条）、規
約を定めること（法30条）、および管理者を置くこと（法26条）があげられる。
　集会において、区分所有者の権利に制限を加えることができる事項は、共
用部分の変更・管理（法17条1項、18条1項）、管理者の選任・解任（法25条
1項）、規約の設定・変更・廃止（法31条1項）、義務違反区分所有者に対する
使用禁止請求（法58条1項）、義務違反区分所有者の区分所有権の競売請求
（法59条1項）、復旧（法61条3項、5項）、建替え（法62条1項）などである。
集会決議が許されるこれらの事項は、広い意味では、建物等の管理に関する
ものである。しかし、各事項の制度趣旨、根拠は異なる。区分所有者の団体
が存在しているということから、各事項について団体的拘束を行うことが正
当化できるわけではない。多くの事項は、民法の共有規定と一定の共通性を
有しており、この観点から正当化が可能である[39]。
　また、規約によっても、区分所有者の権利に多くの制限を加えることがで
きる。規約は区分所有者の「自治規範」であるとされる。規約に定めること
のできる事項は広いため、区分所有者の権利を広く制限することが可能であ
るようにも思える。しかし、少数者の権利に特別の影響を及ぼすような定め
を置くことはできない（法31条1項後段）。規約は、区分所有者の権利に影響
を及ぼしうるため、本来的には全員の合意によらなければならない。それに
もかかわらず、多数決決議により規律することができる根拠は、「特別の影
響」という少数者保護の枠組みを導入することにより、全員一致原則のとき
と同様に、多数と少数者の両者の保護を図ることができることにある。集
会決議で許されている事項と、その議決要件とパラレルに、各事項について

---

38) 区分所有法3条に基づいて団体が構成される、または、区分所有者の意思に基づいて団体が構
　　成される（とみなされる）と考える場合、それによって導かれる効果とその限界を明らかにす
　　る必要がある。しかしながら、そのような検討はなされていない。
39) これらの制度の正当化根拠とその限界については、原著125頁以下参照。

の正当化を行う必要がある[40]。

　管理者は、共用部分等を保存し、区分所有者の集会決議を実行し、規約で定められた管理行為をする権利を有し、義務を負う（法26条）。管理者は、区分所有者の団体の管理業務執行機関であり、区分所有者の権利を制限することは認められていない。

(4)　団体の外部関係

　区分所有者の団体は、第三者との関係において、いかなる法的位置づけを与えられるか。多くの管理組合は、権利能力なき社団に該当する[41]。権利能力なき社団は、「団体としての組織をそなえ、そこには多数決の原則が行なわれ、構成員の変更にもかかわらず団体そのものが存続し、しかしてその組織によって代表の方法、総会の運営、財産の管理その他団体としての主要な点が確定している」[42] ことが必要であるところ、区分所有法の規定により、区分所有者の団体はこの要件を満たすからである[43]。

　区分所有者の団体が権利能力なき社団であるからといって、区分所有に関係する権利をすべて行使できることにはならない。なぜなら、区分所有に関する権利がすべて団体に帰属しているわけではないからである。区分所有権、共用部分の共有持分権は、区分所有者に帰属しており、これらの権利は、基本的に区分所有者が行使することになる。

　区分所有者の団体が行使を認められるのは、①団体自身に属する権利（総有財産）、②集会決議・規約によって団体が行使を許される権利の2つである。区分所有者の団体は、一定の管理事項を行うことができる。各区分所有者は、団体が管理を行うために、管理費を支払う。したがって、管理費は①に含ま

---

40)　規約制度の根拠と限界について、伊藤栄寿「区分所有法上の規約に規律できる内容の限界」愛学52巻3・4号（2011年）39頁参照。

41)　例外的に、権利能力なき社団に該当しない場合も考えられる。たとえば、1棟2戸のタウンハウスにおいて、管理者が置かれず、規約も定められず、必要に応じて両区分所有者が集会を開いて管理事項を処理する場合に、「団体」が存在しているとはいえない。ただ、このようなケースは多くないであろう。

42)　最判昭和39・10・15民集18巻8号1671頁。

43)　濱崎・前掲注33) 113頁、山田誠一「区分所有建物の管理組合の法的性格」石川正先生古稀記念論文集『経済社会と法の役割』（商事法務、2013年）689頁。

れる。団体は、未払い区分所有者に対して、当然に支払を求めることができると解される。また、共用部分に対して損害が加えられた場合、損害賠償請求権は可分債権であることから、各区分所有者に分割帰属する。ただし、集会決議・規約によって、団体のみが権利行使できると定めることは認められる[44]。

区分所有者の団体が、権利行使できる事項の範囲を広げるためには、①または②の範囲を広げることが考えられる。しかしながら、区分所有法の構造上、①を広げることは困難である[45][46]。②を広げるためには、集会決議・規約による定めが必要である[47]。判例は、②を広げるという考え方をとっている。最判平成27・9・18民集69巻6号1711頁は、原則論として、一部区分所有者が共用部分を第三者に賃貸して得た賃料について、他の区分所有者が、持分割合相当額について不当利得返還請求権を行使できるとした。すなわち、各区分所有者による権利行使を認めた。ただし、集会決議・規約によって団体のみが権利行使できるとされている場合には、各区分所有者は権利行使できないとする[48]。

---

44) 管理者も、共用部分等について生じた損害賠償金および不当利得による返還金の請求・受領をすることができる（法26条2項）。この規定の根拠について、吉田徹編著『一問一答改正マンション法』（商事法務、2003年）30頁は、各区分所有者の受領額が少額にとどまる場合が多いこと、受領した賠償金は共用部分等の損害回復費用に振り向けるべき場合が少なくないことの2点をあげている。

45) 新田敏「マンションの共用部分から生ずる金銭債権の性質」杏林18巻2号（2002年）46頁は、マンションの共用部分から生じる金銭債権について、共用部分が事実上も法律上も分割不可能であることから、管理団体に帰属すると解すべきであるとする。しかしながら、分割不可能であるという目的物の性質によって、目的物から生じる権利の帰属主体をも変更できるのか、疑問である。

46) 藤巻梓「区分所有権の法的構成と区分所有者の団体の位置づけ」私法76号（2014年）161頁は、区分所有権の本質（法的構成）の再検討によって、法3条が区分所有者間の債務関係を確認する意義を持つ規定であると再評価することを志向する。

47) 大野武「区分所有者団体の法的性質と対外的効力」明治学院ロー11号（2009年）10頁など参照。

48) さらに、最高裁は、規約に、管理者が共用部分の管理を行い、共用部分を特定の区分所有者に無償使用させることができる旨の定めがある場合、各区分所有者は権利行使できないとの解釈を行っている。しかしながら、これは解釈の域を超えている。単に、団体法的処理をすべきという結論が重視されているにすぎない。この問題について詳しくは、鎌野邦樹「判批」法セ増刊新・判例解説 Watch vol. 18（2016年）74頁、伊藤栄寿「判批」民商152巻1号（2016年）70頁以下など参照。

(5) まとめ

　区分所有者の団体は、区分所有法の個別的な管理規定により、その権限が認められている。すなわち、各種管理規定により、区分所有者の権利制限をすることが許される。区分所有法3条に基づいて、包括的に区分所有者に対する権利制限が認められているわけではない。区分所有者の団体は、建物等の管理をすることによって、最終的に、区分所有者の権利を実現することを目的とする。団体は、区分所有者の権利実現「手段」と位置づけられる[49]。

5　共有物分割からみた建替え決議

(1)　はじめに

　建替え決議は、区分所有者および議決権の各5分の4以上の賛成のみによって行うことができる（法62条1項）。2002年の改正前は、上記多数決要件に加えて、「建物がその効用を維持し、又は回復するのに過分の費用を要するに至った」こと（客観的要件）が必要とされていたが、改正によりこの要件が削除された。この改正に対しては、批判的な意見が根強く存在する[50]。

　原著では、この問題を、所有権の自由という観点から、他の多数決決議制度と比較検討したが[51]、共有法の観点からは検討を加えていなかった。しかし、区分所有が共有という権利構造をも含んでいることからすると、共有法の観点からも検討を加える必要がある。区分所有建物の建替えは、建物全体

---

49) ところで、私法における団体の代表格は会社である。もちろん、株式と区分所有権とでは、権利内容がまったく異なる。しかしながら、団体意思形成手段における手続的規定は、参考としうる。会社法では、長年にわたって多数決という手段が用いられており、多数決によって少数者の権利侵害を生じさせる危険性があることが明確に認識されているからである。他方、区分所有は、他の制度に比べると、多数決という意思決定手段が採用されてからの時間が短い。実務的な管理問題から、多数決という手段が後から広く導入された。そのため、少数者の権利侵害という危険性への認識が薄い。たとえば、現在、多くの区分所有建物において、区分所有者による自主管理が行われているが、今後は、第三者に管理を委託することが増えると予想されている。第三者管理の場合、自主管理以上に、区分所有者が管理者に対して監督を行う仕組みが求められる。区分所有における所有と管理の分離にあたっては、所有と経営を分離する会社法の規律、とりわけ、共益権の内容が参考になる。

50) 山野目・前掲注22) 49頁以下、千葉・前掲注22) 55頁以下など。

51) 所有権の観点からの検討として、原著226頁以下。

を取り壊し、新たな建物を建築するがゆえに、各区分所有者の区分所有権だけでなく、共有持分権にも影響を与えるからである[52]。

この検討にあたっては、共有物分割（256条以下）との関係を精査する必要がある。その理由は次のとおりである。建物区分所有において、区分所有者間の関係は解消できないところ、継続が著しく不合理になった場合には、何らかの方法で問題を解決するための措置が必要となる[53]。他方、共有物分割請求は、共有者間の対立により管理が行えなくなった場合など、共有関係の継続が耐えられない場合に、共有者間の紛争を解決するための手段である。建替えも共有物分割も、当事者間の紛争解決手段として必要な制度である。問題は、制度目的を達成するための手段が適切であるか、ということにある。建替えが行われる場合、事業に参加しない者は、建替え参加者から売渡請求権を行使され、（時価は支払われるものの）区分所有権・共有持分権を自らの意思に基づかずに奪われることになる。共有物分割においても、全面的価格賠償が認められる場合、一部共有者は（対価が支払われるものの）共有持分権を自らの意思に基づかずに奪われることになる。そこで、全面的価格賠償の要件と建替え決議要件を比較することにより、本人の意思に基づかずに権利を他人に移転することのできる要件を具体的に検討することにしたい。

(2) 全面的価格賠償の要件と建替え決議要件

共有物の分割方法として、全面的価格賠償が認められるのは、①（a）当該共有物の性質・形状、（b）共有関係の発生原因、（c）共有者の数・持分の割合、（d）共有物の利用状況・分割された場合の経済的価値、（e）分割方法についての共有者の希望・その合理性の有無等の事情を総合的に考慮し、当該共有物を共有者のうちの特定の者に取得させるのが相当であると認められ

---

52) 区分所有建物の共用部分は共有である（法11条）。区分所有法上、共用部分の共有について、分割請求権は認められていない。それゆえ、共用部分の共有は、民法上の共有（249条以下）と大きく異なるとする考え方もある。たとえば、加藤雅信『新民法大系Ⅱ　物権法〔第2版〕』（有斐閣、2005年）284頁は、「共用部分の共同所有形態は共有・合有・総有のいずれにもあてはまらない第4のタイプの共同所有である」という。しかし、区分所有法の規定を詳細に検討し、理論的にも実質的にも正当化する見解は存在していない。

53) 濱崎・前掲注33）378頁。

（相当性要件）、②その価格が適正に評価され、当該共有物を取得する者に支払能力があって、他の共有者にはその持分の価格を取得させることとしても共有者間の実質的公平を害しないと認められる（実質的公平性要件）特段の事情が存するときに限られる[54]。持分権は所有権の一種であることから、対価が支払われるとしても、本人の意思に基づかずに権利を消滅させることはできない。そのため、上記要件が課されている。以下では、建替え決議要件が、この全面的価格賠償の要件を満たしているかを考察する[55]。

まず、建替え決議要件は、①の要件を充足していない。建替え決議は、区分所有建物の現物分割が不可能であり（①（a））、区分所有権を取得すると区分所有関係が当然に発生すること（①（b））から認められる。区分所有者は多数である場合が多く、持分の割合が異なる場合も少なくない（①（c））ため、一定の解決手段が必要とされることもたしかである。しかし、第1の問題は、区分所有建物の利用状況（①（d））についての配慮がなされていない点にある[56]。建替え決議にあたって、区分所有者自身が居住しているかどうかは考

---

54) 最判平成 8・10・31 民集 50 巻 9 号 2563 頁。

55) 山野目・前掲注 22) 49 頁以下は、憲法適合性という観点から、建替え決議要件が、全面的価格賠償の要件を充足しているのかを検討する必要性がある旨を指摘する。憲法との関係では、いかなる基準によって、区分所有法の規律の憲法適合性を検討すべきかが問題となる。区分所有者の権利が所有権および共有持分権であることからすると、民法における所有権・共有に関する規定が、区分所有法の特殊性に応じてどこまで変容させられるのかを検討しなければならない。この観点からすると、財産権の保障全面的価格賠償の要件を示す前掲最判平成 8・10・31 が、憲法適合性を判断するための基準として考えられる（この点について詳しくは、水津ほか・前掲注 30) 97 頁以下の議論を参照）。前掲最判平成 8・10・31 は、持分権という財産権の処分を導くことの正当化にあたって、財産的な価値だけでなく、利用利益、当事者間の関係をも考慮した判断枠組みを提供しており、財産権・生存権・自由権の価値を実現するものと評価すべきである。なお、この問題については、さらに 2 点の検討が必要である。第 1 に、民法の中で、憲法適合性判断の基準となる規律は何かを明らかにしていくことである。第 2 に、第 1 の点とも関連するが、民法の観点から、森林法違憲判決（最大判昭和 62・4・22 民集 41 巻 3 号 408 頁）の内容を再検討することである。同判決は、共有物分割請求権について、「各共有者に近代市民社会における原則的所有形態である単独所有への移行を可能ならしめ、右のような公益的目的をも果たすものとして発展した権利であり、共有の本質的属性として、持分権の処分の自由とともに、民法において認められるに至ったもの」と評価する。これによれば、全面的価格賠償は、共有の本質的属性を実現するための一手段として、重要な位置づけを与えられることになり、憲法適合性判断の基準とされることになろう。しかし、水津ほか・前掲注 30) 103 頁〔水津太郎発言〕が指摘するように、森林法違憲判決の示す上記共有観は、現在の通説的な見解とはいえない。

慮されない[57]。たとえば、多数者が区分所有建物に居住をしておらず、少数者が居住をしているという場合でも、建替えには何の影響もないことになる。第2の問題は、建替えについての共有者の希望・その合理性（①（e））が保障されていないことである。建替え決議は、特別多数決要件を満たす場合にのみ認められることから、常に多数者の希望が尊重される。他方、少数者の希望は、区分所有権または議決権の5分の1を超えない限り、尊重されることはありえない。また、多数者の希望が合理的であることは保障されていない。たしかに、建替えを必要とする理由、建替えをしない場合に必要となる費用、また、再建建物の設計概要・費用など、合理的であることを判断するための材料は、建替え手続において示される。しかしながら、当該判断材料が不当である場合、合理的な判断がなされなかった場合などでも、建替えを否定する仕組みは何ら用意されていない。

　次に、②の要件を充足しているかについても疑問がある。建替え決議が認められた後、建替えに参加しない区分所有者に対して、時価による売渡請求権が行使される（法63条1項）。時価であることから、価格は適正に評価されており、また、時価が支払われないと、区分所有権が売り渡されることはないため、取得者の支払能力も問題はない。しかしながら、時価が適正評価であると言い切れるかは難しい。なぜなら、居住・生活・社会関係上の諸利益の喪失について、補償がなされないからである[58]。

　以上のように、建替え決議要件は、区分所有建物の利用状況、すなわち、実際に居住する者の状況を考慮する仕組みを用意しておらず、また、多数者

---

56) ①（c）のうち、建て替えられた場合の経済的価値については考慮される。すなわち、建替え決議の通知に際して、建替えをしない場合に建物の効用の維持・回復のための費用も通知することが求められていること、また、建替え決議においては、取り壊し・再建費用の概算額、その費用負担額などが定められなければならないとされている。

57) 区分所有建物に実際に居住しているか、居住していないかによって、区分所有者の権利義務に影響が出ることがある。最判平成22・1・26判時2069号15頁は、規約において、非居住者のみに特別な負担を負わせることが、許容される場合がある旨判示する。詳しくは、原著195頁以下参照。

58) 山野目・前掲注22）47頁、原田純孝「マンション建替え制度における居住の権利と土地所有権――とくに団地内建物一括建替えの場合を中心として」清水誠先生追悼論集『日本社会と市民法学』（日本評論社、2013年）316頁。

の建替えという希望が、客観的に合理的であることを保障する要件を設定していない。それゆえ、多数者に反対少数者の区分所有権を取得させることの相当性を欠く場合が存在することになる。

　共有物の全面的価格賠償は、結果として、持分権という所有権の一種の剥奪を導く。いわば、私的収用を認めることになる。それゆえ、その財産的価値だけでなく、利用の側面も考慮されて要件設定がなされている。また、共有者の希望と合理性も、裁判所によって客観的に判断される。他方、建替え決議において、区分所有権および共有持分権の利用の側面は何ら考慮されていない。また、建替えの合理性が客観的に判断される仕組みも用意されていない。とりわけ、もっぱら効用増のみを目的とする建替えは、財産的価値の増加に主眼が置かれ、少数者の利用の側面が考慮されない[59]。このような建替えは許されない。

　現行法の建替え決議制度は、共有物の全面的価格賠償に関する最高裁判例と抵触する[60]。ところが、最判平成21・4・23判時2045号116頁は、現行法の建替え決議制度を、区分所有権の特殊性から正当化している。この判決は、区分所有権の特殊性を強調し、建替えという制度の合理性を説くだけで、多数決決議のみによって建て替えられることの正当化根拠を提示していない。多数決という手段のみによって、正当な結論を導ける理由を何ら説明していない[61]。この判決は再検討されるべきである[62]。

(3)　まとめ

　建替え決議が成立すると、決議不参加者に対する区分所有権の売渡請求権が認められる、すなわち、本人の意思に基づかない、時価による強制売買が

---

59)　山野目・前掲注22) 49頁、原田・前掲注58) 301頁なども参照。

60)　全面的価格賠償の判例との関係を意識する山野目・前掲注22) 50頁も、建替えに合理性を欠くと認められる明らかな事情がある場合には、1条2項・3項、90条などの一般法理に照らし、建替え決議の無効原因を構成すると考えるべきであるとする。

61)　原著239頁以下。

62)　最判平成21・4・23の枠組みが正当であり、他方、最判平成8・10・31が再検討されるべきであると考えることも不可能ではない。しかしながら、このように考える場合には、必然的に森林法違憲判決（前掲最大判昭和62・4・22）の再考をも促すこととなり、共有・所有権の根本的理解についての再検討を迫ることとなる。

認められることになる。原著では、建替え決議要件には問題があるとして、効用増のみを目的とする建替えは無効であるとする解釈論を示した[63]。本稿では、区分所有者の権利に、共用部分に対する共有持分権が含まれることに着目し、共有との関係に着目して再検討を行った。全面的価格賠償の要件からみると、現行建替え決議は、区分所有者の利用価値を軽視しており、規定を正当化できない場合があることが明確となった。

　もちろん、建替えという制度そのものは必要であり、不可欠である。しかしながら、現行の建替え決議制度では、効用増のみを目的とする建替えが許されており、少数者の権利侵害がなされる場合が存在する。区分所有者の権利は、団体的な内容を含んでいるが、団体的な権利ではないことを改めて確認する必要がある[64]。

6　おわりに

　区分所有の構造に関する議論は、区分所有法の制定・改正に際して活発になされてきた。原著は2002年の改正後に、建替え決議を中心とする法制度の根拠・限界を探ることを試みたものである。本稿では、原著の位置づけを明らかにした上で、原著での検討が不十分であった2つの点、すなわち、区分所有者の団体、建替え決議と共有物分割の関係について若干の検討を加えた。団体については、成立根拠・内部関係・外部関係に整理して分析し、団体が区分所有者の権利実現手段であることを示した。建替え決議については、判例が示す全面的価格賠償の要件との関係を検討し、現行法規定および判例の問題点を明らかにした。最後に、区分所有についての課題を示し、本稿を終えることとしたい。

63）原著234頁。

64）大野武「マンションの建替え要件をめぐる議論」マンション学43号（2012年）39頁は、2002年の改正により客観的要件が撤廃されたことから、区分所有権の性質が「団体法上の権利としての性質へ変化したものと考える」とする。しかし、この見解によれば、①団体的な規律に限界がなくなる、②他の制度についても団体法上の権利として再構成しなければならない、などの問題を生じさせる。鎌野・前掲注23）10頁が指摘するように、団体的拘束（規制）の限界を認識し、区分所有権が浸食される領域ではストップをかける必要性がある。

第1の課題は、議論の活発化である。区分所有に関する議論は、区分所有法の制定・改正、また、最高裁判決が登場した際には一時的に活発になされるものの、継続的になされているとは言いがたい状況にある。しかも、一部少数の研究者のみによって行われているのが現状である。しかしながら、区分所有建物のストック戸数は600万を超え、1000万人以上が居住しているという現実からすると、さらに多くの研究が行われるべきである。

第2の課題は、現行法における区分所有の構造をどのように捉えるべきか、ということである。区分所有建物には、多数の居住者が存在するため日常的に紛争が生じ、最高裁まで争われることも少なくない[65]。実務的な管理問題解決のため、区分所有の団体性を強調し、内部では区分所有者に対する団体的拘束を強化し、外部では団体の権利行使権限を広げることは一定程度必要である。しかしながら、区分所有者の有する権利は、所有権および共有持分権である。所有権・共有持分権は、財産的価値のみで評価することはできないし、団体的な権利として当然に制限をすることも許されない。区分所有法が特別法であるということから、いかなる制限も許されることにはならない[66]。この点については、憲法・民法上の所有権・共有との関係から、さらに議論がなされるべきである。

第3の課題は、第2の課題にも関わるが、区分所有法の立法論である。区分所有における団体法的取り扱いがさらに必要だということであれば、現行法の理論枠組みでは、対応できない可能性が高い。解釈論として限界があるということになれば、立法論を検討する必要がある。建替え決議制度をはじめとする区分所有法制のあり方を、住宅政策と関連させながら、抜本的に見直すことが考えられてよい[67]。

---

65) 近時のものとして、前掲最判平成21・4・23、前掲最判平成22・1・26、最判平成23・10・11判時2136号36頁、最判平成24・1・17判時2142号26頁、前掲最判平成27・9・18、最判平成29・12・18民集登載予定など。

66) 区分所有権は、区分所有法制定前には、民法典に規定されていた権利である。特別な権利、特殊性ということが強調されるべきものではない。特殊性があるのであれば、その内容を明確にしたうえで、民法典の規律から逸脱できる範囲を明確にすべきである。この点、前掲注55）も参照。

67) 原田・前掲注58）322頁。

その他、日常的な管理問題はもちろん、老朽化、震災などの災害による問題など、議論しなければならないことは多い。多様な議論によって、区分所有における多数者と少数者のバランスを図る適正な制度を探る必要がある。

「抵当本質論の再考序説」その他について

鳥山泰志

1　本稿の目的・対象論文の位置づけと概要

(1)　本稿の目的

　筆者は、2009 年から 2011 年にかけて「抵当本質論の再考序説 (1) ～ (6・完)」と題する論文[1] を公表した（以下、対象論文と呼び、①～⑥の丸数字と頁数で引用する）。この論文は、小山泰史教授の論評[2]（以下、論評と呼ぶ）や、同時期に同種の問題について連載が開始された古積健三郎教授の論稿[3]（以下、古積論文と呼ぶ）などから批判を受けている。対象論文に最も丁寧に目を通していただいたのは、二人の教授であろう。だが、そのお二方をしても、批判には誤解に基づくものがある。本稿の主な目的は、そのような批判に応接し、または古積論文と比較しながら、対象論文の内容を紹介し、改めてそこにおける考察方法と主張の当否を問うことにある。これに加えて、筆者の未公表・既公表の研究と対象論文との関係を説明することで対象論文の「序説」としての意義をより明らかなものにしたいと思う。

---

1)　千葉 23 巻 4 号、24 巻 1 号、24 巻 2 号、24 巻 3=4 号、25 巻 3 号、25 巻 4 号（2009～2011 年）。

2)　小山泰史「鳥山泰志「抵当本質論の再考序説 (1) ～ (6) 完」」法時 85 巻 3 号（2013 年）119 頁以下。筆者は、対象論文をもとに日本私法学会 2012 年度大会（第 79 回）において個別報告をした。鳥山泰志「抵当権の本質論について」私法 75 号（2013 年）207 頁以下は、その要旨であり、本稿と若干の重複をする。

3)　古積健三郎「換価権としての抵当権 (1) ～ (5・完)」中央ロー 6 巻 1-4 号、7 巻 1 号（2009～2010 年）。引用は、同名書（弘文堂、2013 年）からとする。

120

(2) 原論文

　対象論文は、2006 年 1 月に一橋大学に提出した「抵当本質論の再考」と題する博士論文（A4 判 285 頁）の一部に大幅な加筆と修正を施したものである。原論文は、「抵当権の私法体系における所在と債権牽連性[4]」という副題をもつ。対象論文に相当する部分のほか、別稿の形で公表済みであった部分[5]と、特に対象論文① 10 頁注 21 で予告しながら、公表にまで至っていない部分からなる。

(3) 対象論文の課題と概要

　対象論文は、「抵当本質論」という論題の一部からも想像がつくように、❶抵当権に基づく賃料債権への物上代位の可否と、❷抵当不動産の占有者に対する抵当権者の妨害排除請求の可否の解決を課題に設定して、考察を開始する（① 1 頁以下）。

　構成の詳細については、論評 119-122 頁に丁寧な解説がある。紙幅が惜しいから、ここでの紹介は概要にとどめる。

　対象論文は、まず、序章において考察の手法・視角・対象を提示する。次いで、第一章で「日本における抵当本質論の成立」を概観し、第二章において「ドイツ「質権」本質論の発展的解消」の過程を紹介する。これらから得た知見を踏まえて、第三章で「日本法の考察」をし、終章で総括する。以下、各章における言及をいくつか説明していこう。

2　対象論文の手法・視角・対象

(1) 課題に対する手法の当否

　論評 123 頁は、抵当権者と設定者との利害状況のきめ細やかな類型的考察をしていくのが課題❶と❷に対する現在の一般的なアプローチ方法であると

---

4)　筆者は、付従性に限らず、広く抵当権と被担保債権の関連性を指す語として、債権牽連性という言葉を用いる。

5)　鳥山泰志「担保権存在条件としての『債権』(1) ～ (3・完)——付従性の原則の一考察」一法 3 巻 1 号 191 頁、3 巻 2 号 207 頁、3 巻 3 号 191 頁（2004 年）。

ころ、対象論文は抵当権の本質論に基づく形式的演繹から論を展開するものであるという。

一般論として、現在の大多数の者が採るアプローチ方法に反するから、それは間違った考察手法であるという批判が有効な批判とならないことは、多言を要しない。

では、論評の指摘するように、現在なおも❶と❷について類型的考察を重ねる必要があるのか。❶を肯定する最判平成元・10・27 民集 43 巻 9 号 1070 頁や、❷を否定する最判平成 3・3・22 民集 45 巻 3 号 268 頁が下されたいまから 20 年以上前の頃であれば、まずは類型的考察によって結論そのものの妥当性を探る必要性が大きかったかもしれない。しかし、すでにその類の研究には十分な蓄積があり、その一方で、それを「逃避」と呼ぶ声もある。さらに、❶は、平成 16 年の担保執行法の改正を経た現在、否定のしようがない。❷について一切を否定する立場も見当たらない。❶と❷に関する最も大きな現代的課題は価値権ドグマの適切な処理である。だから、対象論文は、あえてそれに正面から向き合う（① 10-12 頁）。

価値権ドグマと対峙するといっても、本質論からの演繹は避けている。この点も論評の批判は適切でない。対象論文が目指したのは、本質論全般に関する碧海純一の次の言葉に従う考察であり、本質論の解体だからである。長くはなるが、対象論文全体の当否に関わるから、引用させてもらおう。

Ⓐある事柄の本質に関する議論は、本質の語の多義性のため、「いくつかの別個の問題が雑然とからみあって、一見単一の問題であるかのような外観を呈する（以下、下線筆者）」。このため、Ⓑ一体的な解決が目指されるが、結局、その試みが失敗に終わることは多々ある。というのも、本質に関する議論においては、場合によっては、その内包だけでなく、その外延自体が不確定なときがあるが、このとき「内包の確定は、…原理上は論者の任意の選択にかかっている」からである。そこで、これを「各構成部分に分解し、そのうちの答えられるものについて答をもとめることによって、部分的に解決」することを問題解決のための選択肢として自覚しなければならない。そして、「Ⓒ論議の crucial なポイントにおいては、このことば（「本質」のこと：筆者注）の使用は回避さるべきであ」る[6]。

対象論文は、下線部©の指示を守るため、下線部®の教示にあるように、
「抵当権の本質は何か」という問いよりも一段具体的な問題（対象論文および
本稿では中間問題と呼ぶ）を抽出し、解答可能なものについて答えていくこと
を第三章で試みる（⑥45頁以下）。同章では、そうして得られた解に基づいて、
❶❷といった個別問題について理論的な考察を加えてもいる（⑥127頁以下）。
論評の批判の矛先は、この理論的考察に向けられているのかもしれない。し
かし、そうだとしても、そのような批判は、民法の研究論文における理論的
考察それ自体を悪しき行為と蔑むものであり、やはり批判として不適切であ
る。

　論評の批判は、換価権という概念から❶❷の結論を演繹する古積論文にこ
そ向けられるべきである。同論文も、本質の語を避けているようである。僅
かしか使わない。その代わりに性質という言葉を多用する[7]。このような言
換えをしても、本質論という議論構造は変わらない。このことは、Wesen
（本質）をめぐる問題として論じられる事柄をNatur（性質）の語とともに論
じるドイツの体系書等が1冊や2冊ではないという事実（特に④50頁と同
116-118頁を参照）からして明らかである。

(2)　考察の視角・対象の当否

　論評123頁は、対象論文が❶❷を検討するために「およそ価値権説では言
及されることのなかった付従性（「債権牽連性」）一般の問題であるとか、抵当
権の物権性といった性質を取り上げ、しかも、抵当権以外の質権や先取特権
までもがその検討の対象とされている…議論すべき対象や命題の外枠を新た
に設定しようとするその試みは、結果として論文としての構成に難をもたら
し、読者にとって、目の前の議論がこの先どのように流れていくのか、見通
しの悪い印象を与える」という。

　論文の読みにくさのうち筆者の力量に原因のある部分は、弁明の言葉もな

---

6)　本文は、①8-9頁でも引用した碧海純一『法と言語』（日本評論社、1965年）169頁以下、182頁
　　における言及である。

7)　たとえば、古積論文第1部の第1章から第3章までの章題が「19世紀のドイツにおける担保権
　　の性質論」、「ドイツ民法典の制定と担保権の性質論」、「日本法における抵当権の性質論」（以上、
　　傍点筆者）というものである。

い。技量の未熟さを恥じるとともに、向上を誓って許しを請うばかりである。しかし、碧海の言葉（下線部Ⓐ）を借りて言い訳をするならば、紹介・検討すべき議論がそれだけ「雑然とからみあって」いたのだから、やむをえない部分もある。

　論文における章立ての順序は、研究の順序とは一致しない。筆者は、価値権ドグマが真に意味するところを知るには、我妻栄やその前後の論者が価値権ドグマその他これに付随する理論を導入することで従来の議論に加えた変更点を明らかにする必要があるとの考えから研究に着手した。この結果、その理論の射程は、質権や先取特権といった抵当権以外の権利、あるいは権利の付従性や物権性（その反対の債権性）にまで及ぶことが判明した。たとえば、我妻は、当時の多数説が抵当権について「附従性をもってその本質」と考えていると評価したうえで、付従性を抵当権の本質から意図的に切り離した（③ 12-15 頁）。その事実を知っても、付従性に関する議論の紹介を省くのが正しい姿勢なのか。そうは思わない。このような理由から、第一章の「日本における抵当本質論の成立」は、現代のわれわれからすれば、抵当権の本質論と無関係に思える個別問題の紹介から始まる（以上について、特に① 12-13 頁）。対象論文の意義の１つは、その一見無関係な事柄と現在論じられる抵当本質論との間の関連性を発見したことにあるとさえ考えている。

　議論すべき対象や命題の外枠を筆者が新たに設定したという論評の上記認識も正しくない。ちょうど碧海の言葉（下線部Ⓑ）どおりに、過去の論者が各々設定していた議論の外延が異なるところ、対象論文は、これをそのまま素描しただけである。たとえば、ドイツ法学説の継受期の議論では、権利の本質をめぐる主張には、質権のみに妥当するもの、有体物を目的とするのであれば先取特権や抵当権にも及ぶもの、客体の有体性に関わらないもの、留置権にも及ぶものがあった。これらが時に同一平面上で論じられていたのである（② 56 頁）。古積論文 118 頁以下がするように、抵当権に関する部分だけを抽出することは容易い。しかし、切り捨てたぶんだけ議論の実像を歪める。これを避けるならば、議論の外延を画すことなく考察を開始するしかない。その一方で、❶❷と無関係な議論を何の予告もなく羅列しても、読者を戸惑わせるだけである。対象論文は、結論を先取りする形で債権牽連性と物

権性の2つを分析視角として予め提示する（①9頁）ことで、その緩和を図ったつもりである。

あるいは、上記の批評は、対象論文がそのようにして始めた考察の結果、❶❷以外の個別問題を発見し、しかも、それに明確な解答を用意することができなかったこと―最初からすべてについて用意するつもりさえなかったこと（①9頁）―に対するものなのかもしれない。しかし、すべての問題に解答を与えるものでなければ、論文として成立しないというわけではあるまい。世の論稿の多くが残された課題を提示しているではないか。

❶❷の解決のみを目指す論文において、❶❷の解決に関わらない事柄は蛇足でしかない。しかし、それでは目標が小さい。後日の新たな問題に対処するための十分な視座を準備できないおそれがある。過去の抵当権の本質に関する主張がその時々の眼前にある課題を解決するためだけに提唱され、後の問題に対処することができないできた歴史（③99頁以下参照）がそう思わせる。現在における目の前の課題である❶❷以外にも目を配ることで、未来志向型の考察をすることこそ、対象論文のような基礎的研究を試みる者の責務であるとさえいえるのではなかろうか。

3　ドイツ法の検討

(1)　Pfandrecht の訳語

1 (3) でも触れたが、対象論文の第二章は、ドイツにおける「質権」をめぐる本質論の推移を紹介する。抵当権ではなく、質権なのはなぜか。この疑問は自ずと湧こう。ここでいう質権は、Pfandrecht の訳語である。

現在のドイツ通説は Pfandrecht を、抵当権・土地債務・定期土地債務の上位概念である Grundpfandrecht と、Pfandrecht an beweglichen Sachen および Pfandrecht an Rechten を括る講学上の概念として用いる。後二者は、動産上の Pfandrecht と権利上の Pfandrecht であるから、それぞれ動産質権と権利質権と訳す必要がある。そうだとすると、Grundpfandrecht は土地質権と、Pfandrecht は質権と訳すのが自然である。

しかし、古積論文（特に64頁注8）は、Pfandrecht に担保権という訳語をあ

図1

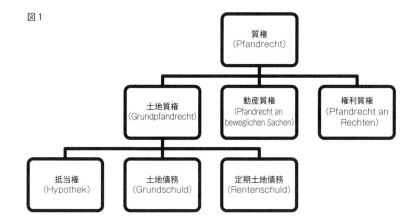

てる。論評121頁も、あらゆる権利を包摂する上位概念として、そのほうが適当であるという。筆者自身にも Grundpfandrecht に不動産担保権の訳語を用いた過去がある[8]。Grundpfandrecht は、抵当権、土地債務および定期土地債務の上位概念であるが、これらはいずれも非占有型の権利である。土地質権という言葉は、日本の不動産質権を知るわれわれにしてみれば、占有型の権利であることを想起させるから、違和感を覚えさせよう。だが、考えを改めた。理由はいくつかある。ここでは3つを指摘しよう。

　第1に、土地質権という言葉の違和感を防ぐため、担保権の語を用いると、動産や権利を客体とする Pfandrecht について、動産担保権や権利担保権という言葉を使わなければならなくなる。現に古積論文32頁等がそうする。別の違和感の原因となる。さらには、譲渡担保も含んだ上位概念であるとの誤解を招きかねない。担保権は広すぎる一面をもつのである。担保権に相当するドイツ語は Sicherungsrecht である。

　第2に、Pfandrecht の1つである土地債務の多くは債権担保に用いられるが、制定法上、その用途を必然としない。債権担保を目的とする土地債務として Sicherungsgrundschuld（保全土地債務）という概念が存在するのは、そのためである。あるいは、土地債務や抵当権の被担保債権が弁済されると、それらは消滅しないで所有者土地債務として所有者に帰する。所有者土地債

8）鳥山・前掲注5）「担保権存在条件（3）」192頁注192。

務は、担保すべき債権もなく存在する物権である。これを担保権と呼ぶことは難しい[9]。このように、Pfandrecht には担保権以外のものも含まれる。それにもかかわらず、担保権という直接的な意味を含有する訳語を用いるのは不適切である。その一方で、非占有質という用語例[10] の存在からすると、質権に占有がともなうかどうかは定義の問題であるといえまいか。

第3に、土地債務（Grundschuld）という名称の物権が存在することからすると、Pfandrecht に関する多少の違和感を強いて拭う必要は感じない。

(2) 価値権説と換価権説の由来

日本では、価値権説はドイツ普通法学説から現れることのない学説であると考えられたことがある。しかし、検討の対象を（近代）抵当権に限らないで、その上位概念である質権に関する議論にまで広げるならば、その起源を普通法学説におけるゾーム（Rudolf Sohm）の見解に求めることが可能となる。古積論文 11 頁以下も、普通法学説の検証から始める。そして、現在のドイツ通説は、抵当権の本質をその換価権性に求めるが、これもゾームの見解に由来する。問題は、そこに至るまでの過程である（①5-6 頁）。

物を目的物とする質権（以下、物上質と呼ぶ）は、ローマ法源で *obligatio rei* と呼ばれていた。これを正面から受け止め、物上質を物的債権とみる立場（物的債権説）が有力に唱えられた。このときから質権とその他の物権との間にある違いが認識されるようになる。質権以外の物権は、権利者に対して、存続することによって利益（使用利益など）の享受を可能とする。他方で、質権は、行使されて消滅することによって初めて利益の享受を実現する。むしろ、この点では債権と等しい、といわれた（④17 頁）。この物的債権説のアンチテーゼとしての意義は広く学説に共有されるようになる（④27-33 頁、同

---

9) 特に、ドイツにおける往時の学説について、④163 頁注 531 参照。

10) たとえば、平野裕之「改正経緯及び不動産担保以外の主要改正事項」ジュリ 1335 号（2007 年）41 頁や、白石大「フランスにおける動産・債権担保法制の現在」早比 46 巻 2 号（2012 年）65 頁は、フランスの gage sans dépossession を「非占有質権」と訳す。動産抵当という日本の法律用語の存在は、そう訳すことへの反対材料となる。とはいえ、外国の権利についてまで動産抵当という言葉をあてることが適切だとも思えない。原語表記やカタカナ表記の手立てを避けるならば、質権と訳すのが次善である。

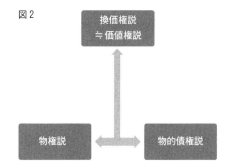
図2

43-46頁)。また、権利質は真の質権ではないとの考えも有力であった[11]。この物的債権説の克服と権利質(さらに転質という質権上の質権)も質権であることの論証がゾームの課題であった。彼は、次のように主張する。

　⒟物上質は形式上、物に直接的な支配をもたらす物権である。その直接性は売却権という形で現れる。だが、⒠財産価値に向けられた権利でもある。この点では、所有権や質権以外の他物権と異なる。むしろ、その面では、物上質と権利質、さらに金銭債権は相等しい。

　ゾームは、こう解することで、物上質は物権であるという通説と同じ結論を採る。その一方で、物上質、権利質および金銭債権のいずれもが、その行使によって将来的に権利者に金銭的利益を享受させるとして、ここにそれらの共通項を見出すことで、物的債権説を取り込むとともに、権利質も真の質権であることを明らかにした(④ 51 頁以下)。

　下線部⒟の理解が今日の通説である換価権[12]説につながる(特に⑤ 62頁)。下線部⒠は、後にコーラー(Josef Kohler)らが唱える価値権説の基礎となる。いずれの説も、ゾームの主張に遡るのである。ドイツにおいて質権に関する両説の論理上の違いは基本的に認識されていないとさえいえる(ただ

---

11) 当時、権利質は広義の質権と呼ばれ、狭義の質権である物上質と区別されていた。また、債権質にいたっては、これを条件付の債権譲渡とみる学説すらあった(④ 38 頁以下)。
12) 普通法学説では当初、売却権のみが語られていた。ローマ法における物上質の行使方法が売却だけであったからである。本質論の対象が債権質にまで拡大されると、債権質権者の取立権も視野に入れられる。さらに、強制管理による換価も可能な法制下では、これも質権者の権能に数えられる。こうして、換価権という上位概念が使われるようになった(④ 149 頁、同 213-215頁、⑤ 7-8 頁)。

し、後述 (7) も参照）[13]。もっとも、古積論文は、価値権説と換価権説を対立する見方と捉える。

(3) 法律概念としての価値

論評 123 頁は、対象論文の用いる「価値」が一般の用語法とかなり異なる内容をもつと批判する。従来の日本の学説のように、それに経済学的な意味合いを与える者はドイツにもいた。コーラーもその一人である（④ 206 頁）。しかし、ゾームの用いた価値概念は、古くから法学上の概念として用いられてきたものであり、日本で広く想定されるものとは異なる。対象論文にいう「価値」もそれを指す。対象論文は、誤解を防ぐよう、それを法律概念としての価値と呼んで区別する。いままで十分に内容を認識されていなかった概念を解明したうえで、これを用いて論を展開していくことは、非難されるべきことだとは思えない。

では、法律概念としての価値にはいかなる意義があるのか。たとえば、サヴィニー（Friedrich Karl von Savigny）は、次のように述べる。

特定人に帰する財産権は、特定の時点における個別的な権利として質的な取扱いを受けるだけでなく、不特定の時点における量的な取扱いを受けることが必要な場合もある。これを果たすのが価値という法律概念であり、量的な取扱いは、金銭の尺度をもって実現される。それゆえ、価値と金銭価値は同義であり、実際上も互換的に用いられるのが通常である（④ 95-96 頁）。

日本人に馴染みやすい例を挙げよう。特定債権を被保全債権とする詐害行為取消権の行使を許す論拠として、それも窮極において金銭債権に変じるものであることが指摘される。あるいは、特定債権であっても、金銭債権に変じうるのであれば、これを被担保債権とする抵当権の設定が可能である。このように、現時点では金銭債権でない権利も、将来、これに転化しうることを理由に、任意の時点で金銭債権と等しく扱うことがある。サヴィニーが指摘する価値または金銭という法律概念が実現する効用はここにある[14]。ゾー

---

13) 例証として、戦前から戦後しばらくまでのドイツで最も代表的な体系書であるとされる M. Wolff, Sachenrecht が換価権と価値権を等しく扱っていたことを挙げることができる（⑤ 61-63 頁。同 99 頁で紹介するヴェスターマン〔Harry Westermann〕の認識も参照）。

ムもまた、このような価値概念を介することで、現在の質権とその客体の関係を捨象した。いかなる質権も、将来、一定額の金銭を権利者にもたらす点で共通する。そして、この点では金銭債権との間に違いはないというのである（④96-97頁）。

　価値概念のもう1つの利用例として、質権の客体の変更という問題に関するゾームの主張を紹介しよう。土地所有権の移転請求権といった非金銭債権が債権質の目的である場合において、その質入債権が履行されたとする。日本では民法366条4項が適用される場面である。ドイツにおける当時の通説は、債権質がその客体（質入債権）とともに消滅することを前提としながら、当事者の黙示の合意を根拠に土地を目的物とする新たな質権、すなわち物上質の成立を認めていた。だが、ゾームは次のように考える。その場合には、価値を内に含むものが債権から物へと変更することのみが生じる。本質上、質権自体に変更は加えられない。質権は従来どおりに存続するのであり、したがって順位も変更しない（④62-64頁）。

　法律概念としての価値は、不特定の時点で財産権を量的に捉えることを実現する。ゾームは、ある特定の時点における債権質が別の時点では物上質となっているとしても、価値概念を通じれば、質権自体の内容に変更はないと説明できるというのである。翻って、このような考え方は、日本の物上代位に関する特定性維持説と論理的に同根の見解といえる。ゾームは債権質が物上質となる場面を論じ、特定性維持説は物上抵当等が代位によって代償物である債権を客体とするようになる場面を論じており、前提とする場面の方向が正反対であるにすぎない（⑥57-59頁）。

　価値概念には短所もある。ヘーゲル（Georg Wilhelm Friedrich Hegel）は、質的なものは量的なものの形式において没すると述べて、その危険性を指摘していた。価値は、一見、経済学的色彩を帯びるために見落としやすいが、極めて効率的に概念の抽象化を実現する。その使用は、物上質と権利質または金銭債権との間の違いの無視につながりやすい（④97-99頁）。現に、ゾーム

14）サヴィニーが価値概念を用いたのは、与える債務や為す債務も等しく債権として考察していくことを理由づけるためであった（④96頁）。なお、【価値＝金銭】は、価値の上のヴィンディカティオ論を思い起こせば、容易に納得のいくところであろう。

より後、質権概念の抽象化が進められた。すなわち、ブレマー（Franz Peter Bremer）は、物上質も含め、いかなる質権も権利をその客体とし、金銭の直接的な支配に物権性が表出するとの主張をした。債権質も物権であるという。そして、売却権や占有権能は、物上質に限られた効力であるから、質権全般の本質とはいえないとも述べる（④68頁以下）。

　ゾームやブレマーの見解は、概念法学に対するイェーリング（Rudolf von Jhering）からの明確な批判なき時代の産物である。これに気付いたエクスナー（Adolf Exner）は、物上質を質権の原形態とみる伝統的な理解への回帰を求める（④81頁以下）。特に、物上質による目的物自体の支配を否定し、債権質すら物権とみるブレマーの見解は、時の権威者ヴィントシャイト（Bernhard Windscheid）によっても強く拒絶された（④87-91頁）。被担保債権が履行期になくても質権者が質権の目的物の侵害の排除を求めうるのは、その客体が物そのものだからであるとの批判も受けた（④151頁）。現在のドイツ通説も、債権質は基本的に債権であると解する（⑤106-109頁）。

(4)　コーラーとツェスネの価値権説

　コーラーは、ドイツ民法典制定の前後で二度、価値権説を唱える。

　ゲルマニステンの多くは、地方特別法によって制定された抵当権（以下、近代抵当権と呼ぶ）を物的債権（Realobligation）と理解した（④125頁以下）。ロマニストであるコーラーは、これに反対するため、論理内容上は上記のゾームとそう変わらない立場を唱えた。ただし、この時点では価値権という言葉を使っていない（④191頁以下〔特に202-203頁〕）。

　民法典の制定後、ゲルマニステンは、債務と責任論に熱中し、抵当権や土地債務、さらには広く質権を責任（権）と解するようになる（⑤14頁以下）。コーラーは価値権を観念することで、これにも反対する。とはいえ、質権に関するその主張の論理内容自体は過去に述べたものと同じである。つまり、基本的にゾームの説と等しい。その特徴は、質権に限らず、広くゲルマニステンが債務と責任の分離によって説明を試みていた事柄（会社の社員や船主の有限責任）も価値権として構成すれば、ゲルマニステンの軍門に下らずとも済むことを明らかにしようとした点にある（⑤27頁以下）。もっとも、このよ

うに価値権概念を拡張したことが否定的に評価され、通説は、換価権の語の
みを使うようになる（⑤57頁、同63-71頁）。

　一般に、日本の価値権説はコーラーの見解に由来すると考えられてきた
（④191頁）。だが、正確でない。最も直接的な起源は、ツェスネ（du Chesne）
の主張に求めるべきである。その見解については、二点が重要である。第1
に、ツェスネのドイツ法学説一般への影響は皆無と言ってよい。本質論は、
ツェスネが批判的な検討を受けるよりも前に、終焉を迎える（後述 **(7)** 参照）。
当時の日本の学説にとって最先端の理論であったツェスネの主張は、後のド
イツ法学説からの問題の指摘を受けなかったこともあり、そのまま日本に根
付く。第2に、その問題点は、ツェスネの見解の理論内容そのものはブレマ
ーの見解と大きく重複することにある。ブレマー説は、**(3)** で述べたように、
概念の抽象化を最も進めた見解である。日本の価値権説に対しても、そのよ
うな観点からの批判的な検討を加えなければならない（⑥47-52頁）。

(5)　物的債権説からの帰結

　物的債権説と物権説とで異なる結論は2つある。

　ローマ法の質権の行使は、私売によった。自力による権利行使であるから、
質権は物権といえる。だが、地方特別法の抵当権を行使するには物的訴訟の
提起を経る必要があり、これは私権の行使に当たらないとして、抵当権を債
権とみる説が唱えられたことがある（④170頁以下）。論拠に多少の違いはあ
れ、このように抵当権を（物的）債権と解する立場によれば、物的訴訟の判決
では目的土地の所有者に弁済が命じられることとなる。だが、通説は、質権
は物権だから所有者に弁済義務を課さず、また、判決で命じられるのは土地
への強制執行の受忍にとどまるという。現在は、質権の本質をどう理解する
かによって生じる違いはこの点にしかないと考えられている（④133頁、⑤
101-102頁）。しかし、かつては、物的債権説によれば、抵当権者も破産外取
消法に基づいて詐害的な賃料処分を取り消せるとの主張がされたこともある
（⑤83-84頁）。

　このように、本質を論じることの実益はほとんどない。ドイツにおける議
論の特徴は、それにもかかわらず、激しい論争が繰り広げられたことにある。

その理由は (**7**) で述べる。

(6) 付従性 (債権牽連性)

　近代抵当権が物的債権または価値権であると説かれたことは、付従性とも無関係でない。

　いくつかの地方特別法では、債権に付従しない抵当権（独立抵当権またはプロイセン所有権取得法の土地債務）が立法された（④ 120-123 頁、同 141-143 頁）。それでも通説は、付従性を抵当権の本質と考えた。極めて技巧的な法律構成を提案することもあった。普通法学説が付従性に質権の本質を求めていたからである（④ 123-124 頁、同 157-160 頁）。

　付従性を有する抵当権であれば、抵当権者が取得できる換価金の額は被担保債権額から決まる。その受領も被担保債権（の給付受給力）から説明できる。債権から切断された抵当権について、それらをどう説明すべきか。物的債権説は、抵当権それ自体に債権と同様の効力があると考える（④ 133 頁）。また、コーラーは、価値権たる抵当権には目的物の価値の取得を可能ならしめる効力が含まれるという（④ 192-197 頁）。

　ドイツ民法典が制定されると、土地債務が付従性を欠くことを制定法上の前提としなければならなくなった。土地債務を質権の 1 つと考える必要も生じた。抵当権と土地債務との間で互いに他方の権利に転換することができるからである。こうして、付従性は、抵当権を含む質権共通の性質ではなくなる。通説は、付従性に質権の本質を求めなくなる（⑤ 2-10 頁）。その一方で、抵当権に関する各論的な考察では、付従性その他の債権牽連性を強く意識してもいる。被担保債権の弁済期の到来の前後で抵当権の効力が変化するという（⑤ 104-106 頁）。

　現在のドイツで抵当権の本質として換価権のみが論じられているとしても、それに隣接する権利として土地債務があるというドイツ固有の事情を見落としてはならない。土地債務に相当する権利のない日本において、ドイツの通説と等しく、換価権をその本質とみて、債権牽連性を無視することは許されないのではないか。

(7) 本質論の解消

　ゲルマニステンの間における債務と責任の分離論に対する情熱は、第一次世界大戦を契機に急速に冷める。それを質権理論に応用する説も唱えられなくなる（⑤ 50-51 頁、同 95-96 頁）。上述のコーラーの態度や実益の僅少さからも明らかなように、ドイツにおける本質論は、多分にイデオロギー上の対立に由来する。それさえ解消されれば、新たな理論を提唱する動機がなかったのである（⑤ 103-104 頁）。

　また、ヘック（Philip Heck）は、質権の本質をめぐる論議が質権を私法体系のどこに位置づけ、それをどう呼ぶかをめぐる争いにすぎず、規範を導出するものではないと看破した。以後、本質論は過去の議論となる（⑤ 85-91 頁）。

　ヘックの言うように、通説の換価権概念は物上質が物を直接に支配することを認識し、（物的）債権でなく、物権であることを正当化するにすぎない。(2) では、換価権説と価値権説との間には違いがないと述べたが、換価権を説く者は、質権を物権とみる。むしろ、物権とみるために換価権を観念する。だが、価値権を説く者はそうとは限らない。価値は、質権と（金銭）債権の共通項を認識するための概念であった。だから、価値権である質権は（物的）債権であると述べる者もいた（⑤ 36 頁以下）。さらに、(4) で紹介したツェスネは、価値権である抵当権は、物権でも債権でもない第 3 の権利であると述べてさえいた（⑤ 75 頁）。

　ドイツにおける換価権は判決の違いしか導かない。それにもかかわらず、古積論文のように換価権からドイツで語られない規範を導出する（2 (1) 参照）ことは許されるのか[15]。

4　対象論文における主張

　対象論文は、主に我妻抵当論[16]が伝統的な理論に加えた変更点について、その適否という観点から 12 個の中間問題を抽出し、考察を加える。この結

---

15) 同じドイツ法を素材とする研究で、対象論文と古積論文とで分析結果が大きく異なるのはなぜか。対象論文は、理論そのものだけでなく、「理論の生成と展開、その背景に細心の注意を払う」よう心がけた（① 18 頁）。ここに一因があると考えている。

134

果、第1に、抵当権と被担保債権の関連性（債権牽連性）の回復を求める。第2に、抵当権の二面性という考えに至る。抵当権は、一方で、一定額の金銭の取得を目的とする点で金銭債権と等しく、かつ、そのための手段も一部共有しうる（以下、債権類似性と呼ぶ）。他方で、所有権や用益物権および留置権と同じく、存在すること自体によって権利者に利益を供する。このような認識から、対象論文は、我妻抵当論が切り捨てた抵当権の物権性の回復も求める。要するに、我妻以前の学説の「再考」を提言する[17]。

　対象論文の立場は、⑥127頁以下に示されている。本稿で繰り返す必要はない。そこで、中間問題への取組みを示すことで、対象論文の思考過程を明らかにしよう。中間問題AからLのうち、我妻はすべてを可とし、対象論文はCとLへの解答を留保するが、その他のすべてを否とする。

(1)　中間問題A（物上抵当等と権利質の間での差異を無視してそれらを同一の内容の権利として理解することが許されるのか。）

　我妻によれば、抵当権の本質は、交換価値の直接的かつ排他的な支配にある。つまり、優先弁済権にその本質があり、これから抵当権が物権であることが理由づけられる。権利質も優先弁済権を本質とする物権である（③20-22頁）。

　かつては、権利質は准質であって、物権ではないとの見方が主流であった。だが、この理解では、❸権利質が物権編に規定されていることを説明できない。多くの学説は、これを例外とみて済ませていた（特に①55頁）。我妻は、上記の理解によって、例外の存在を否定しようと考えたのである。

　ドイツの伝統的通説は、物上質が目的物自体を支配すると考える。殊に債

---

16)　以下で示す我妻の諸理論は、どれも先人が論じるものであった。しかし、全体としての我妻抵当論は、それらを統合し、法学外の知見から裏づけを得た「矛盾なき理論体系」を構築するものとして、文字どおり画期的であった（③32-34頁）。

17)　古積論文221-222頁は、抵当権が価値権であるとの見方を対象論文が否定しないことを批判する（同様に、河上正二『担保物権法講義』（日本評論社、2015年）118頁）。価値権ドグマはドグマと呼ぶにふさわしく、否定できない。否定する必要自体がない。むしろ、肯定的な再評価が可能である（特に(6)(7)参照）。しかし、価値権性は抵当権の一面にすぎない。対象論文は、物権性という別の一面を付け加えることで、ドグマから導かれる帰結に縛られない方途を提案してもいるのである。

権質を物権とみない（3（3）参照）。また、抵当権と権利質の本質が等しいならば、論理上、その本質から前者に導かれる効力は、後者に認められるものに限られる。債権質に物上請求権を認めがたいのと同じく、抵当権にもそれを肯定しにくくなるのである（⑥54頁、同133頁）。(9)で述べるように、土地や建物を目的とする抵当権は、特定の有体物を直接かつ排他的に支配する権利であると考えるべきである。

(2)　中間問題 B（物上代位の前後で権利内容の変更を認めなくともよいのか。）

価値権説は、物上代位の前後で抵当権による交換価値の支配のあり方に変容は生じないとみる。同説は、実践的には、❹抵当権者自らの差押えの要否について、これを不要とする論拠となる。また、理論体系的には、❸代位後の抵当権も物権であることを正当化する（③22-23頁）。

価値権説が台頭するまでの通説は、法律概念としての価値を介さないため、特定時における権利と客体の関係を観察する。物上抵当も、物上代位の後は、代償物である債権を客体とするようになるから、抵当権等は物権ではなくなる。だが、これを便宜上、認めざるをえない、と考えていた（①58-59頁）。代位のための差押えは、債権質を第三債務者その他の第三者に対抗するための通知や承諾（364条）に相当すると述べる者もいた（②41頁）。価値権説は、抵当権が従来の抵当権のまま不変であるとみるから、そうは考えにくい。他方で、差押えについて、抵当権に関する最判平成10・1・30民集52巻1号1頁は第三債務者の保護機能を、先取特権に関する最判平成17・2・22民集59巻2号314頁は第三者の保護機能をも見出す。対象論文は、中間問題 A を否定することから、代位とともに物上抵当等の客体が債権に変更し、当該権利は債権質と同様の権利になると考え、また、このことから、その権利については364条の法意に基づいて債権質と同様の対抗要件の具備が求められうるとも主張する[18]（⑥55-63頁、同138頁）。

---

18) より細かな私見は、特に⑥61頁注50、同68頁注54参照。

(3) 中間問題 C（付従性〔及び特定性〕に法原理としての意義を認めなくとも よいのか。）／中間問題 D（効力等の関連で債権牽連性を無視することは 許されるのか。）

旧民法典は、権利の主従、つまり付従性の有無を財産権分類の第一次的な基準とし、債権担保編を設けた。パンデクテン体系の採用は、その基準を物権債権の別に代えた。それでも権利の主従は、所有権や地上権その他の用益物権との違いを認識するための第二次的な基準として維持された。付従性は抵当権（を含む担保物権）の本質であるといわれさえした（① 20-22 頁、同 44-46 頁、② 5-6 頁、③ 39-40 頁）。❺なぜ、根抵当権や抵当権の処分といった付従性原則の例外が許容されるのか。便宜から説明するのが一般的であった（① 46-52 頁）。

これに対して我妻は、使用価値と交換価値という物に内在する利益に応じた区別を物権分類の基準とする。付従性による分類を廃するのである。我妻によれば、抵当権に債権担保の機能しか認めない見方は前近代的な理解である。現行の抵当権は、投資を媒介する制度へと発展する過程にあり、債権から独立する傾向にある。付従性原則の例外は、理論の破綻を意味しない。むしろ、現行の抵当権があるべき抵当権に接近していく過程でみられる法現象として積極的な評価を受ける（③ 12-15 頁）。

しかし、我妻のように抵当権から被担保債権との関係（債権牽連性）を切り離すと、被担保債権の弁済期の到来を抵当権の効力に結び付けて考えることすら難しくなる。比較的最近、被担保債権の弁済期が到来すると、抵当権による交換価値の支配が変容し、❶❷を肯定できるようになるとして、債権牽連性を強く意識する説が唱えられた（以下、修正価値権説と呼ぶ〔① 3 頁、16 頁注 33〕）。これは、我妻によって捨象された債権牽連性を回復する見解と評価できる。我妻の抵当権発展史観は否定された（③ 43-49 頁）。我妻が範とするドイツ法においても、抵当権については債権牽連性が意識されている（3（6）参照）。修正価値権説のように債権牽連性の回復を強く意識する必要がある。対象論文は、このような観点から、物上代位について、被担保債権が弁済期にあるかどうかに応じて、客体代替的代位と満足的代位に分けることを提唱してもいる（⑥ 63 頁、同 69 頁以下）。

❺の答えは何か。付従性の法原理としての意義は、近代抵当論争を経た後も解明されなかった（③47-53頁）。対象論文も、その意義を明らかにしないし、❺の解答を用意してもいない。

(4) 中間問題 E（実行における付従性の緩和まで認めることは許されるのか。）

❺のうち根抵当権については、実行時に被担保債権があれば付従性に反しないと解する見解も、多くの学説の支持を得ていた（③35-36頁）。ところが、この実行における付従性すら破るかのような裁判例がある。❻東京高判平成11・3・17金法1547号46頁は、会社およびその債務が消滅した後に、（根）抵当権が単独で存続することを前提とする判断をする。実行における付従性の緩和まで認められるのか。

ドイツには、抵当権が債権から独立して存在することを認めるため、抵当権自体に給付受給力に相当する権能を肯定する者がいた（3(6) 参照）。日本においてそのような理解を採ることの可否が、実行における付従性の緩和の可否を判断する決め手となろう。対象論文は、次の中間問題 F を否定することから、その問いも否定する。我妻も後日、実行における付従性を観念するようになる。

(5) 中間問題 F（物的債権説を支持するべきか。）

旧民法の下では物上義務が観念されていた。だが、現行法はこれを否定する（①34-36頁、同72-73頁）。ドイツにおけるように抵当権等を債権の一種とみる説が日本で正面から唱えられることは、ごく稀であった。ドイツで物的債権説は、ロマニステンと対立関係にあったゲルマニステンからの支持を集めた（3(7) 参照）。日本ではそのようなイデオロギー色の濃い後押しがなかった。ここに日独の議論状況の違いの原因を求めることができる（⑥74-76頁）。また、日本では、前述のように、むしろ債権質すら物権として理解しようとする方向での議論が進められてきた。

物的債権説は、抵当不動産の所有者に対して抵当権に基づく行為義務を課す。それを採るには物権概念の大幅な修正を要する。同説によれば、中間問

138

題Eを肯定することが可能となる。だが、実行における付従性さえ堅持すれば理論的不都合は顕在化しないのだから、物的債権説を採るための労に見合う利益があるとはいえない（⑥77頁）。

(6)　中間問題G（抵当権が〔金銭〕債権に類似することを認識する必要はないのか。）

日本でもドイツ物的債権説と実質的に同じ理解が説かれたことはある。

❼立法論として、抵当権の実行としての競売に債務名義を求めるべきか。通説は抵当権や質権に売却権を認め、これからその不要を導いていた。その一方で、抵当権等には売却権がなく、旧競売法に基づく競売は私売でなく公売だから、債務名義を要求すべきであると述べられたことがある（②25-27頁）。この主張の中身は、3 (5) で紹介した物的債権説と変わらない（⑥78頁）。そして、対象論文は、我妻の理解も概して、無自覚的に抵当権等を金銭債権に準える立場と評価する。

　我妻も売却権を基本的に論じない（その理由は特に⑥80頁注89、同98頁）。また、優先弁済権を根拠に抵当権等を物権とみる（(1) 参照）。このような理解にあると、そのほかの物権的効力を抵当権に認めるには、金銭債権にそれを承認するのと同程度の困難にぶつかる（⑥79頁、同127-128頁）。

　一定額の金銭の取得を可能ならしめる点で抵当権と金銭債権は等しい。抵当権を価値権と呼ぶならば、金銭債権も価値権である[19]。ドイツの価値権説が抵当権と金銭債権の共通項を見出すために提唱された理論であったという事実（3 (2) ～ (4) 参照）が、そう考えることを許そう。さらに、金銭債権をもつ者も、原則として差押えをするまで、債務者が所有する特定の物の占有関係に干渉できない。この意味で、金銭債権は抵当権と同じく非占有権であるともいえる。抵当権が価値権であり、非占有権であるというのであれば、金銭債権も価値権であり、非占有権である。抵当権の本質をそれらに求める限り、抵当権者はせいぜい金銭債権者と同じ保護しか受けられない。最判平成3・3・22前掲が抵当権に基づく妨害排除請求を否定し、またそれ以来、抵

---

19) 勝本正晃が本文のように述べていた（⑥62-63頁。同87頁で引用する奥田昌道の理解も参照）。

当権者は一般債権者でも利用可能な民事執行法上の保全処分による占有屋対策を強いられた。これらの事実がそのような見方を裏づける（⑥ 79-85 頁）。

これに対して、論評 123 頁は、保全処分は一般債権者の地位に基づくものだから、上記事実は抵当権と金銭債権の類似性を理由づけないと批判する。一見、もっともな批判である。しかし、上記指摘の骨子は、非占有性や価値権性に本質を求めたのでは、抵当権が金銭債権よりも厚い保護を受けられないことをいう点にある。そして、より重要な対象論文の指摘は、上記言及の続きにある。

すなわち、最大判平成 11・11・24 民集 53 巻 8 号 1899 頁と最判平成 17・3・10 民集 59 巻 2 号 356 頁は、それぞれ債権者代位構成と物上請求構成を通じて、抵当権者が抵当不動産の占有者を排除する余地を開きはした。しかし、金銭債権者であっても、ある特定の物の第三者による支配の排除は、例外的であれ、債権者代位権や詐害行為取消権を行使し、かつその物を受領するという形で実現できる。最高裁によって許された抵当権に基づく占有者の排除請求と、2 つの責任財産保全手段は、いずれも債権回収の困難を要件とする。さらに、最判平成 17・3・10 前掲の求める「占有権原の設定に抵当権の実行としての競売手続を妨害する目的」という主観的要件からは詐害行為取消権の要件である詐害意思が看取される（⑥ 85-86 頁）。2 つの最高裁判例のもとでも、抵当権と金銭債権の保護の間に要件や効力に大きな差があるとは思えない。

日本には物的債権説がなかった。その状況下で価値権説を導入すると、暗に抵当権を金銭債権と同一視しやすい。対象論文は、それを防ぐ手立てとして、債権類似性を強く意識する必要を説く（⑥ 90 頁）。

論評の上記批判は、このように債権類似性を認める必要性自体がないこともいうのか。判然としない。中間問題という形で問題を設定しているのだから、それを否定する態度の善し悪しこそ、論評の対象とすべきである。

(7) 承前

抵当権は物的債権ではない。だが、金銭債権と類似する。すなわち、抵当権と金銭債権のいずれもが一定額の金銭を権利者に取得させることを目的と

する。また、目的が同一であるから、等しい手段を備えうる。土地の賃借権に地上権と同様の妨害排除請求権が認められるのと同じである。しかし、手段の一致は必然でない。これも賃借権と地上権の例から明らかである。一方のみに認められる手段もあれば、一方により強力な手段が与えられることもある。手段の同一または異別は政策的な判断に委ねられる場合もあろう（⑥140頁）。

　このような考え方からは、❼について、債務名義を求めることの要否いずれも導ける（⑥112-114頁）。

　❶も同じように考えられる。

　かつての支配的な見解は、抵当権が非占有権であり、価値権であるとの理由から賃料債権への抵当権の物上代位は許されないとの帰結を導いた（①2頁、③92-94頁）。しかし、上述のように金銭債権も非占有権である。金銭債権をもつにすぎない者も、強制管理手続を通じて債務者所有物の賃料から債権を回収できる。したがって、非占有性は抵当権のみについて、賃料からの債権回収を否認する理由にならない。価値権性もまた抵当権者による賃料からの債権回収を禁じない。むしろ、抵当権も価値権だからこそ、それが許されると考えられる。すなわち、価値権である金銭債権をもつ者には金銭を取得する方途が用意される。強制管理によって賃料から債権を回収できるのは、その現れの1つである。同じく価値権である抵当権についても、物上代位や担保収益執行によって抵当不動産の賃料から満足を求める可能性は最初から開かれている。こうして、実際にその結論を認めるかどうかは、政策的な検討に委ねられるようになる（⑥96-97頁、同139-142頁）。

　❷との関連では、次の理解が可能となる。

　平成11年判決は、侵害是正請求権を観念し、これを被保全権利とする債権者代位を許す。債権類似性からは、抵当権そのものを被保全権利と考えることができる。また、ドイツの物的債権説が抵当権者による取消権の行使を許していた（3 **(5)** 参照）。詐害行為取消権の行使も、債権類似性から理由づけられる（⑥90頁）。抵当権には追及効があるから、通常は抵当権者に詐害行為取消権の行使を認める必要がないだけで、その行使が一切許されないわけではない。こう考えるならば、平成17年判決で問題となった権原占有者の

排除も、直接に詐害行為取消権の行使によって実現すれば足りるし、過去の主観的態様次第で排除の可否を判断することも許されるようになる。物権的請求権は一般に客観的違法状態の現存を要件とするが、この一般原則との抵触から免れることができるようになるのである（⑥132頁、同142頁以下）。

　論評123頁は、抵当不動産の所有者と第三者の契約を解消する手段として抵当権者に許されるのは旧395条ただし書の解除権だけであり、これは判例上、詐害行為取消権と要件や効果を異にしたのだから、債権類似性は認められないという。しかし、起草者も抵当権者による詐害行為取消権の行使を認めていた。また、旧法の解除権に関する判例の立場は1つの見方であって、絶対のものではない。それを詐害行為取消権の亜種とする考えもあった。まして、旧法の解除権は廃止された。現行法下ではいっそう、抵当権者による詐害行為取消権の行使を認める必要性は大きい（⑥86頁注100）。論評の批判は、十分な根拠があるようには思えない。

(8)　中間問題 H（抵当権は有体かつ特定の客体を直接に支配する点で〔金銭〕債権と異なるとの理解をとる必要はないのか。）／中間問題 I（抵当権の効力として換価権を捨象してよいのか。）／中間問題 J（抵当権に所有権と同様の現在の権利としての性質を認めなくともよいのか。）

　総じて論評123頁は、対象論文が抵当権と金銭債権を同一のものと解しているかのような批判をする。そのようなはずがない。対象論文は、本質論に関わる差異として、次の指摘をしてもいる。

　第1に、**(9)** で述べるように、抵当権は有体かつ特定の不動産を直接に支配すると解する必要がある。

　第2に、抵当権には換価権（売却権の上位概念）がある。**(7)** で述べたように、抵当権の実行手続に債務名義を求める可能性は法政策上否定されない。しかし、それを求めるために、抵当権の実体的権限（私権）として換価権を否定する必要はない。債権類似性を根拠とすればよい。その一方で、旧競売法と民事執行法のいずれも、少なくとも形式上は抵当権の実行に債務名義を要求したことがない。債権との間にあるこの違いを認識するには換価権を認めておく必要がある（⑥112-114頁）。

142

　抵当権に換価権が内在するとして、これに本質を求めることはできない。それは抵当権者の金銭的満足という目的に供される手段にすぎない。それにもかかわらず、換価権に本質を求めると、満足自体が直接にかかわらない問題すら換価権から演繹して結論づけようとする考えに至りやすい。換価権の侵害の有無を抵当権者による物権的請求権の行使の可否の基準としかねないのである。その要件として被担保債権が弁済期にあることを求めることになろうが、それでは遅い（**(9)** 参照）。また、過去の日本の学説のなかには、換価権から権利質等が物権であることを認めるものがあった（②23-24頁）。これは、中間問題 A を否定する対象論文の立場に反する（⑥115-118頁、同119頁注146）。

　第3に、抵当権の本質を優先弁済権や換価権に求めると、抵当権は将来の金銭的な変動利益を保護する権利としか理解できなくなる。しかし、**(9)** で述べるように、対象論文は、抵当権に心理圧力効を認め、その設定時から抵当権者による抵当不動産への干渉を許す。所有権や用益物権または留置権と同じく、権利者にその取得時から法的利益を与える現在の権利と考えるべきである（⑥106-108頁）。

(9)　中間問題 K（非占有権たる抵当権に心理圧力効を肯定する必要はないのか。）

　我妻は、抵当権と留置権を対比して、抵当権には被担保債権の自発的な弁済を促す心理圧力効がないと断じた（③9頁、同19-20頁）。優先弁済権という主に競売手続で実現される効力しか抵当権に認めず、裁判手続外におけるその効能を否定するのである。

　非占有権である抵当権については、物の占有によって債務の弁済を促す効力を認めようがない。しかし、観念的な物の支配からも心理圧力は生じうる。抵当権は所有権喪失の可能性によって被担保債権の履行を促す[20]。抵当不動産が先祖伝来の田畑家屋や家族の生活の拠点であるといった個人的な思い入れから、抵当権の実行によってそれを失うことを避けるべく、被担保債務を

20）これは穂積重遠の主張である（②85-86頁）。

確実に弁済しようと債務者が考えることはごく自然である。世にあるほとんどの抵当権は、実行されることなく、任意の弁済によって消滅する。大多数の抵当権者が現に利益を受けるのは心理圧力効である。その軽視は許されない（⑥ 102-104 頁）。

このように心理圧力効は物の個性から生じる。価値のみが支配の対象であると考えるのでは、それを認めることができない。したがって、抵当権の客体は特定の有体物であるとみる必要がある（→中間問題 H）。また、物上抵当等と権利質との間での差異を無視することも許されない（→中間問題 A）（⑥ 104 頁、同 131-132 頁）。

留置権は、所有者による物の使用収益を遮断することで心理圧力効を確保する。抵当権については、所有者による使用収益や処分に抵当権者が容喙することを許す形で、所有者に心理圧力を加えることを認めなければならない。所有者は、抵当権者の口出しできる範囲が広ければ広いほど、任意の弁済に熱心になるであろう。留置権による使用収益の遮断に近づくからである。反対に、それが一切認められないとすれば、任意弁済に向けた努力を怠り、自己の利益や保身のためだけに振舞いやすくなる。容喙の手段が抵当権に基づく妨害排除請求権である。抵当権の非占有性は、目的不動産の経済的用法に適う使用収益を所有者に留保する。だが、不法占有者の放置は、そのような使用収益に当たらない。したがって、抵当権者は原則として不法占有者の排除を求めることができる（⑥ 102-106 頁、同 132 頁）。

債権は弁済期に履行されるべきであり、抵当権は債権回収額の多寡だけでなく、回収可能時期も担保すべきである。そうだとすれば、被担保債権が弁済期になければ心理圧力を加えられないというのでは遅い。そこで、対象論文は、被担保債権が弁済期にない間の妨害排除請求を認める（⑥ 106 頁）。

しかし、古積論文 222 頁は、所有者に対する過剰な干渉につながるおそれを理由に被担保債権の弁済期前の妨害排除請求を認める必要がないという[21]。過剰な干渉は権利濫用論で対処できる（⑥ 132 頁注 171）。その一方で、常に弁済期前の妨害排除請求が許されないとすると、事案に即した柔軟な解

---

21) 古積論文 222 頁は、対象論文が交換価値の侵害から妨害排除請求権を導くという。これは誤解である。

決の途を閉ざす。さらにいえば、競売開始決定後でなければ排除を求められないというのでは、抵当不動産を私的に売却する場合の処理に窮する。対象論文は、心理圧力効の重視からも明らかなように、実行手続に乗らない抵当権の意義を重視する[22]。この基本理念において、古積論文や優先弁済権を本質とする我妻の立場とは根本的に相容れない。

（3）では、抵当権の効力は被担保債権（の弁済期）への接合を意識する必要があると述べた。対象論文は、より正確には次のように考える。その接合は、抵当権者の満足そのものが直接に問題となる局面で求められるが、そうでない局面では求められない。修正価値権説のように、被担保債権が弁済期になければ占有者の排除を求められないと解する必要はない（⑥129頁）。

（10） 中間問題L（抵当権を債務なき責任と構成することに理由はあるのか。）

日本においても過去に二度、責任権性に抵当権の本質が求められたことがある。

一度目は、一般先取特権も責任権と解することでそれが物権かどうかという問い（❸）から免れ、または権利質も真の質権であることや、根抵当という形で─債務なき責任たる─抵当権が債権の存否に関係なく存在しうること（❺）を正当化するために唱えられた（②52-54頁）。二度目は、責任権である点で抵当権が債権と等しいとの考えから、後者と同様に、抵当権の実行についても債務名義を要求すること（❼）を理由づけるために主張された（③80-83頁）。

責任権性に抵当権の本質を求めると、それを価値権性に求めた場合と同じく、秘かに抵当権と金銭債権を同一視する。したがって、中間問題A、HおよびIに対する態度決定から、そのような考えは採れない（⑥120頁）。

抵当権は債務なき責任である。このことに本質を求めるかどうかとは別に、そのような構成に理論上の必然性はあるのか。日本では我妻が叙述上の有用性のみから債務と責任の分離を観念したことで、いまでもその構成が説かれる（③15-16頁、同58-61頁）。ドイツの責任説に対する支持と反対の背後に

---

22) 田髙寛貴＝白石大＝鳥山泰志『担保物権法』（日本評論社、2015年）92-93頁〔鳥山執筆〕も、抵当権が実行されない場合を措定して、法定地上権の成立根拠を論じる。

はイデオロギー上の対立があった。必然性を疑う余地はある。もっとも、対象論文は判断を留保する（⑥ 120-126 頁）。

5 「序説」の意味

原論文である博士論文に「抵当権の私法体系における所在と債権牽連性」という副題があった（1（2）参照）理由は、対象論文について改めて説明する必要はないであろう。博士論文の残りの部分は後者（付従性）に重きがおかれる。そのうち対象論文よりも前に公表していた論稿での主張は、抵当権は物的債権ではないという対象論文の考察結果を踏まえることで、一部の修正を受ける。未公表の部分は、主に中間問題Cを論じるが、債権類似性を論拠とする主張を展開する予定である（⑥ 126 頁注 164、同 152 頁）。未公表のまま今日を迎えてしまった理由は、そこでの主張を展開していく前提として、順位昇進原則を先に検討しておく必要を感じたからである。これも中間問題Cに関わるが、博士論文における検討課題としていなかった。先年、ようやくその考察を済ませることができた[23]。

対象論文は抵当権と利用権の調和という視角からの考察を凍結して開始した（① 12 頁）。そこには❶❷以外の個別問題が含まれる。その考察はまだ端緒についたばかりである[24]。

「序説」に続く研究課題は山積みである。

23）鳥山泰志「順位昇進原則の立法論・解釈論上の意義——抵当本質論の再考断章」新報 122 巻 1=2 号（2015 年）593 頁以下。

24）鳥山泰志「法定地上権に関する準備的考察——抵当本質論の再考断章」松本恒雄先生還暦記念『民事法の現代的課題』（商事法務、2012 年）911 頁以下。

アメリカ担保法と倒産法の交錯
―― 将来財産を目的とする担保権の倒産法上の処遇

藤澤治奈

1　本稿の目的

(1)　問題の所在

　将来債権譲渡が行われた後、譲渡人につき倒産手続が開始した場合、将来債権譲渡はどうなるのか（以下では、これを①の問題と呼ぶ）。また、集合動産譲渡担保が設定された後、債務者（担保権設定者）につき倒産手続が開始した場合、担保はどのように処遇されるのか（以下では、これを②の問題と呼ぶ）。

　これらの問題については、民法や倒産法に規定がない。また、これらの問題を直接に扱った裁判例も見当たらない。民法（債権関係）改正においては、将来債権譲渡の有効性が明文化されることになり（改正民法466条の6）、それにともなって、民法に①に関する規定を置くことも検討された[1]。しかし、この問題は、倒産法上の論点と密接に関わるという理由から、民法（債権関係）改正における解決は、見送られることとなった[2]。

　このような立法および判例の欠缺があるため、本書にも登場する白石大教授のご研究[3]を含め、①および②の問題に関連した数多くの研究がある[4]。しかし、未だ通説が形成されているとはいい難い状況にあり、実務上の懸念

---

1)　法制審議会民法（債権関係）部会資料 9-2（2010 年）35-36 頁。

2)　法制審議会民法（債権関係）部会資料 36（2012 年）60 頁。

3)　白石大「フランスにおける将来債権譲渡と譲渡人の倒産手続との関係」早比 43 巻 2 号（2009年）69-111 頁、同「将来債権譲渡の対抗要件の構造に関する試論」早法 89 巻 3 号（2014 年）135-176 頁。

事項の1つであるといえよう。

(2) 筆者のアプローチ

筆者はかつて、これらの問題（特に①の問題）に関して、倒産法実務に携わる弁護士の先生方、そして、証券化等の金融実務に携わる弁護士の先生方、それぞれのご意見をうかがう貴重な機会を得た[5]。そこでは、後者が、将来債権譲渡の効力の維持を主張するのに対して、前者は、それによる倒産財団の減少を懸念し、鋭い対立があるように見えたことから、双方が納得しうる立法的な解決はないか、という極めて実務的な動機から研究に取り組んだ[6]。

他方、アメリカを対象とした外国法研究も行った[7]。アメリカ法を取り上げた理由は、2つある。第1に、アメリカでは、統一商事法典（UCC）第9編の規定により、債務者が将来取得する動産や債権を担保にすることが容易であり、そのため、ABL（Asset Based Lending）のような動産・債権担保融資が盛んである。その倒産法上の処遇がどのようになっているかを調査することは、日本における立法論または解釈論に、いくらかでも寄与すると考えたからである。第2の理由は、第1のそれとは相反するようではあるが、アメリカ法の理想化に対する疑問である。上記の問題について、日本にもアメリカ

---

4) 本稿においては、紙幅の関係上、ここで数々の先行研究を網羅的に紹介することは、諦めざるを得ない。別の機会に先行研究の整理および分析を行いたい。

5) 具体的には、2009年から2010年にかけて事業再生研究機構「債権法改正と倒産」委員会の研究会に出席させていただき、他方、同じ時期に開催された流動化・証券化協議会「民法改正ワーキンググループ」の会合にも出席させていただいた。これらの研究会において、研究者および実務家の先生方からご示唆をいただいたのが、本研究のきっかけである。

6) 藤澤治奈「将来債権譲渡と譲渡人の倒産に関する一考察——債権法改正に伴う倒産法改正に向けて」山本和彦ほか『債権法改正と事業再生』（商事法務、2011年）241-267頁（以下では、拙稿①として引用する）。

7) 同「将来債権譲渡と譲渡人の倒産——民法（債権法）改正の文脈から見たアメリカの一学説」CCR1号21-42頁（2011年）（以下では、拙稿②として引用する）、同「将来財産を目的とする担保権の倒産法上の取扱い——アメリカ連邦倒産法552条の研究」高橋宏志ほか編『伊藤眞先生古稀祝賀論文集・民事手続の現代的使命』（有斐閣、2015年）1023-1046頁（以下では、拙稿③として引用する）、同「UCC第9編における担保目的物の入れ替わり」池田真朗ほか編『動産債権担保——比較法のマトリクス』（商事法務、2015年）69-88頁（以下では、拙稿④として引用する）。

アメリカ担保法と倒産法の交錯　149

のようなルールを置けばよいと言われることがあるが[8]、本当にそうか。そして、このような言説は、アメリカ法の正確な理解にもとづいているのか。これらの点を検証する必要があると考えたのである。

(3)　研究の問題点と今後の展望

　以上の研究は、全て断片的なものであり、その中で一貫した主張を展開したわけではない。また、先述したように、研究の動機は、目下の実務上の問題を解決したいというものであり、何らかの「理論」の構築を目指していたわけでもなかった。しかし、調査を行う中で、研究を深めるべき、いくつかのテーマに出会うことができた。そこで、今後は、これまでの調査をもとにして、「理論」と呼べるかはともかくとして、まとまった研究を行いたい。本稿では、その方向性を示すことを目指している。

　以下では、まず、これまで行った研究を紹介した上で、今後の研究をどのように進めるのかを示す。

2　これまでの研究

(1)　問題の整理

　まず、これまでの研究を紹介する前提として、扱う問題を整理しておきたい。

　①の問題、すなわち、将来債権譲渡の倒産法上の処遇という問題は、債権譲渡が担保目的による場合と、真正譲渡の場合とに区別することができる。このうち、担保目的で債権譲渡がなされた場合は、②の問題、すなわち、集合動産譲渡担保の場合と合わせて検討するべきであると考える（以下では、これらをまとめて α の問題と呼ぶ）。

　というのも、両者は、債務者が将来取得することになる財産をも目的として譲渡担保を設定する点が共通している。それにもかかわらず、財産の種類によって倒産法上の処遇が異なるのは不合理に思われるし、仮に異なる処遇

---

8)　拙稿③・前掲注7) 1028-1029 頁。

が合理的であるとすれば、その説明が必要であるからである。また、実際上も、ABL のような場面で、将来債権譲渡担保と集合動産譲渡担保とが併用されることも少なくないからである。

　他方、将来債権の真正譲渡の場合（以下では、これを β の問題と呼ぶ）は、その当否の問題はあるにせよ、現在の判例を前提とすれば、動産とは無関係である。

　というのも、そもそも、債務者が将来取得する動産の所有権を、現時点で移転することは不可能であり、したがって、未だ生じていない物権変動の対抗要件を、現時点で備えるということも認められない。これを例外的に可能にするのが、「集合物」という考え方である。「集合物」という現時点で存在する 1 個の物を観念することにより、現時点でそれに譲渡担保を設定し、引渡しにより対抗要件を具備することができる。しかし、判例において「集合物」概念が登場するのは、譲渡担保の場面に限られており、真正譲渡について「集合物」概念が用いられた例は見当たらない。

　これに対して、債権譲渡においては、担保目的の譲渡であれ真正譲渡であれ、債務者が将来取得する債権を現時点で譲渡し、その対抗要件を具備することができる[9]。

　以上から、①および②の問題は、担保に関する α の問題、そして、真正譲渡に関する β の問題というように、改めて分類されることになる。この分類は、結論の違いに直結する。

　ある財産が手続開始前に真正譲渡されていた場合と、ある財産につき担保権が存在する場合とは、倒産法上、別異に取り扱われる。たとえば、道路運送車両法上の登録を受けた自動車の売買において、代金支払および名義変更（移転登録）は完了しているが、引渡は未了の段階で、売主が倒産したとしよう。このとき、買主は、取戻権を行使することができ[10]、目的物の所有権につき倒産法上の制約を受けることはない。他方、自動車を目的とした担保権

---

9) 最判平成 13・11・22 民集 55 巻 6 号 1056 頁、最判平成 19・2・15 民集 61 巻 1 号 243 頁。なお、この判例の内容は、改正民法 467 条 1 項括弧書きに取り込まれていると解されている（潮見佳男『民法（債権関係）改正法の概要』（金融財政事情研究会、2017 年）158-159 頁）。

10) 伊藤眞『破産法・民事再生法〔第 3 版〕』（有斐閣、2014 年）349 頁。

が設定されている場合、担保権設定者の倒産手続において、担保権者は、実行中止命令（民再31条、会更24条）や担保権消滅許可（破186条、民再148条、会更104条）などの倒産法上の制約を受けることになる。このような違いがある以上、β の問題と、α の問題とは、解決が異なるのが当然であろう。

ここで、将来債権譲渡や集合動産譲渡担保の効力を倒産法上制限すべきであるという主張を支える問題意識に触れておこう。第1は、効力を無制限に認めると、債務者の再生が不可能になる、又は、破産配当が少なくなるというものである。第2は、将来債権や動産の発生・取得のために倒産財団が費用を負担するとすれば、それは、倒産債権者から譲受人・担保権者への利益の移転であり、不当であるというものである。このうち、第1の観点から、すなわち、倒産手続の目的を理由として権利の制限が正当化されるのは、α の問題においてだけなのではないか。先述の取戻権の例のように、真正譲渡の場合には、譲受人は、倒産手続の影響を受けないのが原則である。他方、第2の点は、α か β かを問わず問題となる。そして、従来の議論が第1の問題に着目してきたのに対して、近年は、むしろ、第2の問題を解消する必要性を説くものが少なくない[11]。そこで、差し当たり、第2の点のみを扱うことができる β の問題から、検討を進める。

(2) 将来債権の真正譲渡についての立法提案

では、β の問題は、どのように解決されるべきか。筆者の基本的な理解は、以下のようなものである[12]。

第1に、譲渡人の倒産手続において、将来債権譲渡の効力は、管財人等に承継される。しかし、第2に、管財人等は、譲受人が負っていた将来債権を発生させる義務を負わない。

これは、将来債権譲渡も不動産や動産の売買の場合と同様に処理するという、シンプルな考え方にもとづいている。債権譲渡が行われ対抗要件も具備されている以上、債権は、すでに譲受人に帰属しているのであって、譲渡人

---

11) 小林信明「将来債権譲渡に関する法制」山本和彦ほか『債権法改正と事業再生』（商事法務、2011年）140頁、和田勝行『将来債権譲渡担保と倒産手続』（有斐閣、2014年）6頁。
12) 拙稿①・前掲注6）262-264頁。

の倒産手続に際しても、管財人等に対抗しうると解される。しかし、手続開始後も、管財人等が債権を発生させる義務を負い続けるかどうかは別問題である。なぜなら、手続開始前に、取戻権者が倒産者に対して目的物の価値を増加させることを求める権利を有していたとしても、手続開始後は、その権利は倒産債権になるだけであり、管財人が、その義務を負い続けることはない。将来債権譲渡の場合も、同様であると考えるのである[13]。

このように解することで、(1)で述べた第2の問題を解消することができる。すなわち、将来債権の発生費用を倒産財団が負担することになり倒産債権者から譲受人への利益の移転が起こる、という問題が、生じづらくなる。

しかし、費用負担による利益の移転を避けられない場面もありうるのが、この理解の難点である[14]。たとえば、再建型の倒産手続において、債務者の事業を継続するために、債権の発生原因である契約を維持せざるをえない場面などが考えられる。

そこで、費用の問題を解決することを主眼として、倒産法に以下のような制度を創設すべきであるとの代替的提案を行った。

① 将来債権譲渡の効力は管財人等に承継される
② 管財人等は、将来債権を発生させる義務を負う
③ 管財人等は、将来債権の発生にかかる費用を譲受人に請求できる
④ 譲受人は、費用を払って将来債権を発生させるか、将来債権を放棄するかを選択することができる[15]
⑤ 費用の確定等に裁判所が関与する制度とする

(3) 提案に対する批判と応答

具体的な提案をしたこともあって、上記の案に対しては、理論的そして実務的観点からのさまざまなご批判をいただくことができた。

---

13) なお、管財人等が、債権の価値を毀損するような行為を行う場合には、その責任を問われる可能性がある（最判平成18・12・21民集60巻10号3964頁参照）。
14) 拙稿①・前掲注6）264-265頁。
15) なお、将来債権の譲受人に債権発生の費用を負担させた上で、このような選択権を認めることで、収益>費用となる事業のみが継続されることになる。この点が、本文で述べた代替案の副産物である。

まず、理論的な観点からのご批判としては、以下の3点があった。

第1は、管財人等が将来債権譲渡を発生させる義務を負うということと、その費用を譲受人に請求できるということとが、矛盾するのではないかとのご指摘である[16]。確かに、「管財人等が債権を発生させる義務を負う」というルールには、「その費用を負担する」という内容が含まれているようにも思われる。しかし、ここで参考になるのが、民法391条である。同条は、抵当不動産の第三取得者が、抵当不動産につき支出した費用を、その代価から優先的に回収できることを認めている。他方で、判例によれば、抵当不動産の第三取得者も、抵当権者との関係で、抵当不動産の価値を維持する義務を負っていると考えられる[17]。ここでは、担保価値維持義務と、その費用の償還とが両立している[18]。抵当権においてこのことが認められるのであれば、将来債権譲渡においても、債権を発生させる義務と、その費用の請求とは、両立しうるのではないか。

第2は、そもそも、将来債権譲渡においては、譲渡人が将来債権発生のための費用を負担することが前提となっているにもかかわらず、なぜ、管財人等がその負担を譲受人に求めることができるのか、譲受人の権利の実質的変更に他ならないのではないか、とのご指摘である[19]。確かに、費用の負担者を変更することは、権利の実質的変更と言えるかもしれないが、譲受人が譲渡人に対して債権を発生させるよう求める権利は、倒産手続開始前から存在する権利である。倒産手続開始によって、そのような権利が変更されるのは、

---

16) 小林・前掲注11) 142頁。

17) 最判平成17・3・10民集59巻2号356頁参照。

18) 藤澤治奈「抵当不動産の第三取得者の担保価値維持義務と民法391条」大塚直ほか編『淡路剛久先生古稀祝賀・社会の発展と権利の創造——民法・環境法学の最前線』(有斐閣、2012年) 31-59頁。

19) 伊藤眞「債権法のパラダイム・シフトを倒産法はいかに受け止めるか——倒産法がプロクルステスの寝台とならないために」Law & Practice (早稲田大学大学院) 7巻 (2013年) 63-89頁、86頁注54。伊藤教授は、以下のような数値例を挙げて、説明されている。「たとえば、100の価値のある将来債権を90で譲り受けた者がいるときに、譲渡人について会社更生手続が開始されれば、管財人が将来債権の発生に必要な費用50の負担を譲受人に対して請求できるとすれば、譲受人の権利は、100から50に縮減され (100-50)、既に譲渡代金90を出捐していることを考慮すれば、本来であれば10の利益を期待できた (100-90) 譲受人には、逆に40の損失が発生する (90-50)」と。

154

やむを得ないのではないか。

第3は、債権を発生させる費用が契約時と倒産時とで異なりうる点についてである（特に費用が高騰した場合が問題となる）。平時であれば、費用の変動リスクは譲渡人が負うが、譲渡人の倒産時に、リスクが譲受人に転嫁されることになり、取引時の予測可能性を欠く、というのである[20]。先述したように、筆者は、専ら倒産後の望ましい解決を追求したが、その解決が、取引の時点で当事者にどのような影響を及ぼすのかを検討することは必須であった。上記のリスクが、取引の相手方の倒産リスクという一般的な問題として一蹴できるものなのか、それとも、将来債権譲渡固有のリスクであり、将来債権譲渡取引にマイナスの影響を及ぼすものなのかを検討する必要があろう。この点については、今後の課題となるが、詳細については、3で述べる。

次に、実務的な観点からのご批判としては、以下の2点があった。

第1は、将来債権の発生元である事業から収益を得ることが期待できず、費用を請求することができるだけであるとすると、それでは、管財人が事業を継続する動機づけにならないのではないか、とのご指摘である[21]。先述のように（注15）参照）、筆者は、「収益＞費用」となる事業を継続することが社会的に望ましいと考えたが、他方、倒産財団にプラスにならない事業を継続することに、どのような意味があるのか、再考する必要がある。

第2は、費用の範囲および算出方法が明確化しなければ、基準として機能しないとのご指摘である[22]。これは、正鵠を得たご指摘であり、後述するように、この問題については、アメリカ法から示唆を得ることができるかもしれないと考えている。

(4) アメリカにおける将来財産担保権の概要

以上では、βの問題に関する、筆者の考えを明らかにした。では、αの問題についてはどうか。この問題については、解釈論または立法論として、どの

---

20) 大矢一郎「将来債権譲渡に関する立法論の動向と証券化に対する影響——インフラ・ファイナンスとしての可能性と立法論」SFJ ジャーナル6巻（2012年）44-58頁、49頁注23。

21) 伊藤・前掲注19)。

22) 大矢・前掲注20)。

ような解決が望ましいかについて、定見はない。

　他方、この問題については、アメリカ連邦倒産法に明文の規定があることから、アメリカ法を検討することで、何らかの示唆を得ることができないかを模索している。

　アメリカでは、UCC 第 9 編が、将来の動産・債権を目的とする担保権について定めている。倒産法上の処遇を説明する前提として、まずは、UCC 第 9 編が定める平時のルールを簡単に紹介する[23]（図 1 参照）。

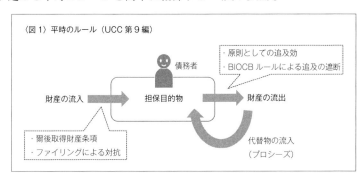

　まず、担保権は、担保権設定契約（security agreement）によって設定される。この契約の中に、担保権の効力を、債務者が現在所有する財産のみならず、将来取得する財産にも及ぼす旨の契約条項が置かれることがあり、これを爾後取得財産条項（after-acquired property clause）という。UCC 第 9 編は、この条項の有効性を認めている。そして、このようにして設定された担保権は、登録（filing）により、第三者に対抗することができる[24]。

　次に、担保目的物を債務者が処分した場合の担保権の効力についてである。担保目的物が処分されたとしても、担保権は、効力を失わないのが原則である（追及効）。ただし、広い範囲の例外が認められている。特に重要なのは、いわゆる BIOCB ルールである。債務者の通常の営業の範囲内で目的物を購入した買主（buyer in the ordinary course of business）は、担保権の負担のない

---

[23] 拙稿④・前掲注 7) 74-80 頁。
[24] 担保権の効力が爾後取得財産に及ぶことは、登録された与信公示書に記載されている必要はない。担保権者は、爾後取得財産条項を公示していなかったとしても、債務者が将来取得する財産について、優先権を行使することができる。

目的物を取得することができる。このルールの特徴は、悪意の買主も保護される点にある。

他方、担保目的物を売却したことにより債務者が得た代金債権や金銭には、担保権の効力が及ぶ。このルールを支える概念が、プロシーズ（proceeds, 代替物）である。UCC第9編は、担保権の効力が、当然にそのプロシーズに及ぶことを規定しており、プロシーズには、売買代金の他にも、目的物滅失の場合の損害賠償金や保険金などさまざまなものが含まれる。日本法の物上代位とは異なり、その対象が債権に限られるわけではなく、金銭や銀行預金になっていても担保権の効力が及ぶ点には注意が必要である。

(5) アメリカ連邦倒産法における将来財産担保権の処遇

次に、債務者につき倒産手続が開始した場合、将来財産を目的とする担保権がどのように処遇されるのかを概観する[25]（**図2参照**）。

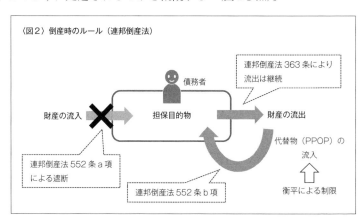

注目すべきは、アメリカ連邦倒産法は、倒産手続が開始した後に債務者が取得した財産には、担保権の効力が及ばないとしている点である。これは、清算型倒産手続だけではなく、再建型倒産手続の場合にも適用されるルールである。

他方、倒産手続開始後も、管財人等は、通常の営業の範囲内であれば、担

---

25) 拙稿④・前掲注7) 80-84頁。

保権の負担なく、担保目的物を処分することができる。そうすると、倒産手続開始後は、担保目的物が新たに流入することがないにもかかわらず、流出が続くことになり、担保権者が害されるようにも思われる。

ここで、担保権者を救済することになるのが、（4）で紹介したプロシーズに関するルールである。倒産法は、爾後取得財産条項の効力を遮断する一方で、平時のプロシーズのルールを尊重する。すなわち、担保目的物を管財人等が処分したことにより、売買代金等を取得すれば、それが担保目的物となるのである。

ただし、プロシーズが全て担保目的物となるかといえば、そうではない。連邦倒産法は、「衡平」によりプロシーズ上の担保権が無効になる場合があることを定めている。具体的には、プロシーズ発生に費用を要した場合に、費用の分だけプロシーズ上に認められるはずの担保権が無効化される、といった運用がなされる。

以上で紹介したαの問題に関するアメリカ連邦倒産法の解決は、日本における議論とは大きく異なっている。

第1に、手続開始後に債務者が取得した財産に対しては、担保権の効力が及ばない、という原則ルールの存在である。その背景には、清算型手続か、再建型手続かを問わず、アメリカ連邦倒産法を貫く債務者更生（fresh start）の理念がある[26]。そうであるとすれば、この原則ルールは、直ちに日本における議論の参考にはならないのかもしれない。

しかし、第2に、日本でも検討されるべき点がある。それは、αの問題を解決するために、担保目的物の流入と流出とを合わせて処理する必要はないという点である[27]。というのも、日本においては、「固定化」説のように、流入および流出を同時に止める議論、反対に、「生かす担保」論のように、担保目的物の処分（流出）を止めるべきではないという考慮から、流入の継続をも認める議論が目立つ。担保目的物それ自体の量を維持するためには、このように解さざるを得ないのかもしれないが、優先権の範囲（価値）が維持されれ

26）拙稿③・前掲注7）1028頁。
27）ドイツにも同様のルールがあることを指摘するものとして、水津太郎「ドイツにおける在庫担保──その構造と特徴」NBL1070号（2016年）43-51頁。

ばよいと考えるのであれば、アメリカのような処理の仕方もありえよう。ただし、担保目的物の流出を認めつつ優先権の範囲を維持するためには、プロシーズのように、代替物上に優先権を認める手段が必要である。

他方、日本における議論に通じる点もある。担保目的物のうち、倒産財団の出捐により取得した部分については、担保権を無効化する点である。しかも、それを根拠づけるのが「衡平」という抽象的な概念である。

(6) アメリカ連邦倒産法の問題点

しかし、以上に紹介したアメリカ連邦倒産法のルールも、重大な問題を抱えている。それが、二重の不明確さである。

第1の不明確さは、プロシーズをめぐるそれである。プロシーズは、さまざまなものを含む概念であることから、ある財産が担保目的物のプロシーズかどうかをめぐって、数多くの判例があり、未だにその基準がはっきりとしていない[28]。しかも、ある財産がプロシーズにあたるかどうかを判断する際に、倒産法上の考慮が紛れ込むことも少なくない[29]。そのため、プロシーズに担保権の効力が及ぶといってみても、具体的にどこまで担保権の効力の範囲が及ぶのかについては、不明確な部分が残る。

第2は、「衡平」による調整の不明確さである。そもそも、プロシーズ上の担保権が、衡平により無効化される趣旨について、判例が分かれているという。当然、どのような範囲で無効化されるかについても、裁判所によって異なることになる[30]。結局、第1の不明確さと相まって、将来財産担保権の範囲は、倒産裁判所の広範な裁量に委ねられているようにも見える。

このような不明確さは、アメリカにおいても批判されている。たとえば、ある学説は、現行法の不備を指摘し、新たに2つのルールを提案している[31]。第1は、担保目的物の範囲を画するために、プロシーズ概念を用いず、厳密な意味での代償性を要求するというものである。手続開始時に担保目的

---

28) プロシーズの整理・分類を試みた研究として、直井義典「UCC における代償物に対する担保権の効力について」徳島大学社会科学研究 21 号（2008 年）1-34 頁がある。

29) 拙稿②・前掲注 7) 29 頁。

30) 拙稿②・前掲注 7) 30-31 頁。

31) 拙稿②・前掲注 7) 32-35 頁。

物であったものが逸失し、その結果得られたもののみを担保目的物とすべきであるという。第2は、担保権の優先権の範囲に関する「清算モデル」というルールである。これは、再建型倒産手続の場合においても、清算型倒産手続が行われていたら得られたであろう範囲でのみ、将来財産担保権の効力を認めるというルールである。

　以上のようなアメリカ法の状況およびアメリカにおける議論から、何を汲み取るべきなのか。そして、αの問題をどのように解決すべきなのか。次項で、研究の今後の見通しを示しつつ論じたい。

3　今後の課題1：プロシーズ概念の分析

(1)　アメリカ法研究の再構成

　2では、アメリカにおいて、将来財産を目的とする担保権が、平時にどのように規律されているのか、そして、倒産時にどのように取り扱われるのかについて、その概要を紹介した。これは、αの問題（集合動産譲渡担保および将来債権譲渡担保の倒産法上の処遇）の参考になるかもしれない外国法の紹介に過ぎない。

　他方、そこで明らかになったのは、担保目的物の代替物「プロシーズ」という概念が、倒産手続において重要な役割を果たしているという点である。そこで、以下では、プロシーズ概念を軸に、アメリカ法の研究を再構成し、今後の課題を明らかにする。ここでは、αの問題の解決は、一旦、後景に退くことになる。

(2)　日本法から見たプロシーズ

　日本においては、譲渡担保権者が物上代位権を行使し得るか、行使し得るとして、その要件や対象はどのようなものかが論じられている。判例は、一定の場面で、譲渡担保権者による物上代位権の行使を認めたものの[32]、依然として、物上代位権行使の要件や対象等に関しては、不明確な点が少なくな

---

32)　最決平成11・5・17民集53巻5号863頁、最決平成22・12・2民集64巻8号1990頁。

160

い。このような譲渡担保に関する不明確さは、動産や債権を担保として活用するにあたっての障碍となっており、ルールの明確化が望まれる。

こうした観点からも、動産・債権担保において、担保目的物の代替物に担保権の効力が及ぶとするUCC第9編のルールは、注目に値する。実際、これまでも、プロシーズに関する研究が積み重ねられてきた[33]。

(3) UCC第9編におけるプロシーズの展開

これらの研究によってもすでに明らかにされているように、UCC第9編においては、その制定以降、現在に至るまで、より簡単に、そして、より広い範囲で、プロシーズ上の担保権が認められるようになってきた[34]。

「より簡単に」というのは、こうである。現在のUCC第9編においては、①担保権の効力は、特段の合意なくして当然にプロシーズにも及び（9-203条f項、9-315条a項2号）[35]、②元の担保目的物について、対抗要件が備えられていれば、プロシーズ上の担保権についても対抗要件具備が認められる（9-

---

33) 森田修教授は、担保権の効力がプロシーズに波及することを、アメリカにおける「初期融資者の優越」を支える制度の1つと位置づけ、プロシーズに関するルールを分析する（森田修『アメリカ倒産担保法——「初期融資者の優越」の法理』（商事法務、2005年）。特に、53-60頁、116-120頁）。また、小山泰史教授は、担保権の効力がプロシーズに及ぶことを支える法理、すなわち、価値追及（tracing）という視角から、その要件を検討している（小山泰史「制定法の規定に基づくプロシーズ（proceeds）への追及権（statutory tracing）——エクイティ上の追及権（equitable tracing）の法理との関係」立命298号（2004年）1456-1496頁。なお、この研究においては、UCC第9編だけではなく、カナダの動産・債権担保法（Personal Property Security Acts, PPSA）等も検討の対象となっている）。さらに、直井義典教授は、UCC第9編のプロシーズに関する規定とそれをめぐる多数の判例を紹介している（直井・前掲注28））。

34) ただし、プロシーズ上の担保権は、相殺との関係では劣後することがある。たとえば、担保目的物である在庫が売却され、その売買代金が、債務者の銀行口座に振り込まれたとしよう。この銀行預金は、担保目的物のプロシーズであり、担保権の効力が及ぶ。しかし、他方で、銀行が債務者に貸付を行っており、預金との相殺を主張する場合には、相殺が優先される。このような相殺権の強化が、2001年のUCC第9編の改正の際に行われており、反対から言えば、プロシーズ上の担保権は弱体化したことになる（森田修「アメリカ法における銀行口座担保と相殺」金融研究27巻法律特集号（2008年）55-110頁）。その意味では、プロシーズ上の担保権がひたすらに拡大を続けているわけではない。

35) なお、9-315条a項2号によれば、プロシーズに担保権の効力が及ぶためには、プロシーズが「特定可能（identifiable）」でなくてはならない。この要件により、プロシーズへの担保権の効力の波及が制限されるようにも思われるが、実際には、比較的簡単に特定可能性が認められる（拙稿④・前掲注7）79-80頁）。

315 条 c 号)[36]。しかし、このようなルールは、UCC 成立当時、すなわち、1962 年から存在していたわけではなかった。UCC 第 9 編は、プロシーズへの担保権の効力の波及につき、当初は比較的慎重な姿勢を示していた。ところが、1972 年改正の際に、担保権の効力が自動的にプロシーズに波及するという、①のルールが、明文化された。また、自動的に対抗要件が具備されるという、②のルールも、担保権の効力に関する激しい論争の末に導入された。

「より広い範囲で」というのは、債務者の財産が担保目的物のプロシーズであると認められる場面が増えたということである。1962 年の UCC 第 9 編は、プロシーズを「担保目的物の売却、交換、回収又はその他の処分によって得られたもの」と定義していた(当時の 9-306 条 1 項)。これに対して、現在、プロシーズは、「A 担保目的物の売買、賃貸、使用許諾、交換、その他の処分によって得られたもの、B〔債権担保を念頭に置き〕担保目的物の取立てによって得られたもの、〔株式等の担保を念頭におき〕担保目的物の配当、C 担保目的物から生じる権利、D 担保目的物の滅失、使用不能から生じる請求権、担保目的物上の権利の瑕疵・無効により生じる請求権、担保目的物の損害から生じる請求権、E 担保目的物の滅失・毀損などから生じる保険金」と定義されている(9-102 条 a 項 64 号)。条文を比較しただけでも、対象が拡大したことは見てとれるが、数度の改正の背後には夥しい数の判例があった。たとえば、賃料がプロシーズにあたるかについては、判例が肯定例と否定例とに分かれており、混乱を収束するために、UCC 改正のための常設機関である PEB(Permanent Editorial Board for the U.C.C.)が注釈を発し[37]、さらに、UCC 第 9 編の条文が改正される[38]という経緯があった。これと同じような状況が、他のさまざまな財産をめぐって生じていたのである。

このような展開は、アメリカにおいても、驚くべきものとされている。たとえば、WHITE & SUMMERS による UCC の体系書は、以下のように述べて

---

36) なお、自動的に備えられた対抗要件は、プロシーズの取得から 21 日目に効力を失うことになっているが(9-315 条 d 項)、広い例外が認められている(拙稿④・前掲注 7)80 頁注 33)参照)。

37) PEB は、賃借権の設定が 9-306 条 1 項の「処分」に含まれるため、賃料がプロシーズにあたると説明した(PEB Commentary No. 9, Section 9-306 (1), June 25, 1992)。

38) 2001 年改正において、本文で紹介した 9-102 条 a 項 64 号におけるプロシーズの定義に、賃貸の文言が挿入されることになった。

いる。「1962年のUCCの採択以前、今私達が『プロシーズ』と呼んでいるものに対して担保権者の権利が及ぶという考えは、商事法にとって異質なものであった。1962年のUCCの採択以来、毎年のように、私達は、プロシーズについて新たな知見を得ている。それらは、立法者が夢想だにしなかったものである。1999年改正には、これらの知見が組み込まれているのではあるが、私達は、さらに驚くべきことが起こるのではないかと予想している」[39]。

　では、なぜプロシーズ上の担保権が強化されてきたのか。ただひたすらに担保権者を利するようにも見える、このような展開の背景には、何があったのであろうか。

　一般には、プロシーズ上に、簡単に、広い範囲で担保権が認められるのは、当事者の意思によると説明される[40]。もし、プロシーズに関する条文がなかったとしても、当事者は、担保権を設定する際に、プロシーズ上に担保権の効力を及ぼすという合意をすると考えられるため、UCC第9編は、予めそのようなルールを定めておくというのである[41]。

　とはいえ、このようなあっさりとした説明は、物足りなく感じられる。UCC第9編におけるプロシーズは、物上代位権行使に厳しい要件を課している日本法からは、奇異に見えるのである。

---

39) JAMES J. WHITE & ROBERT S. SUMMERS, UNIFORM COMMERCIAL CODE（6th ed. 2010）, Vol. 4, p. 246.

40) WHITE & SUMMERS, *supra* note 39, p. 238.

41) LYNN M. LOPUCKI & ELIZABETH WARREN, SECURED CREDIT ; A SYSTEM APPROACH（7th ed. 2012）, p. 163-164. LOPUCKI & WARREN の説明は、以下のようなものである。担保権者としては、通常、担保目的物それ自体というよりは、担保目的物の価値に着目している。そうすると、担保目的物がその姿を変えた場合、担保目的物の価値を体現する変形物についても担保権を及ぼしたいと考えるであろう。債務者としては、変形物について担保権を及ぼすことを認めることで、担保権者が、担保目的物の処分を許す可能性が高まると考えられる。そこで、担保権者と同様に、変形物にも担保権の効力を及ぼすことを望むであろう。両者が、担保目的物が変形する場合を、全て契約に書きつくすことができるのであれば、両者が望む状態が作り出されるであろう。しかし、そのような契約を書くことは非常に難しいため、当事者は、債務者が有する財産全てについて担保権を設定しておくことを選ぶかもしれない。それでは、1つの財産だけに担保権を設定したいような場合に、残存財産を有効活用することができず非効率であるため、UCC第9編のプロシーズ制度があるというのである。

(4) 倒産手続におけるプロシーズの役割

しかし、倒産手続においてプロシーズ概念がどのような役割を果たしているかという観点から、上記の現象を眺めると、目に映る景色は一変する。そもそも、UCC 第9編のプロシーズ概念を画してきた判例の多くが、倒産事件であることに注意しなくてはならなかったのである。また、1978年に連邦倒産法が成立した後、プロシーズ概念を拡大する判例や立法が相次いでいたのである。以下では、この点について、もう少し踏み込んだ検討を加える。

2でも紹介したように、UCC 第9編は、爾後取得財産条項やファイリングといった制度により、動産・債権を目的とした包括的な担保権の設定を可能にしているが[42]、倒産手続が開始されると、担保権の効力は、大きく減殺される。すなわち爾後取得財産条項付の担保権の効力は、倒産手続開始後に債務者が取得した財産には及ばないとされる（連邦倒産法 552 条 a 項）。しかし、このルールには、例外が認められており、これにプロシーズが関わっている。すなわち、手続開始時の担保目的物のプロシーズであると認められる場合には、手続開始後の財産にも担保権の効力が及ぶ（同条 b 項）。

つまり、UCC 第9編が定める強力な担保権への倒産法上の制約として連邦倒産法 552 条 a 項があり、それに対する担保権側からの対抗手段がプロシーズなのである。連邦倒産法が成立した 1978 年以降、プロシーズは、このような役割を担うようになった。そうであるとすれば、プロシーズ概念の拡大によって、担保権者の保護が強化されるように思われる。

しかし、ここでは、プロシーズ概念が広くなったからといって、その分、担保権者が保護されるわけではないということに注意が必要である。たとえば、ある判例は、レストランの設備や食材を目的として設定されていた担保権に関して、レストランの売上金を、食材のプロシーズであると認めた[43]。レストランの売上金は、料理やサービスの対価であり、これが食材のプロシーズであるとすれば、プロシーズ概念は非常に広いもののように思われる。ところが、この判例は、売上金すべてを食材のプロシーズと認めたわけではなかった。裁判所は、レストランの売上にはサービスの対価も含まれること

---

42) 拙稿④・前掲注7）74-76 頁。

43) *In re* Cafeteria Operators, L. P., 299 B. R. 400（Bankr. N. D. Tex. 2003）.

を指摘した上で、売上金のうち、手続開始時に債務者が有していた食材の価値に相当する金額のみが、食材のプロシーズであるとしたのである。つまり、プロシーズ概念が広がることで担保権者が保護される場面が増えるとしても、保護の量的範囲は、それほど劇的なものではない。この判例から、「アメリカではレストランの売上金も食材の代替物（プロシーズ）と認められる」と紹介しても事の本質は伝えきれず、倒産手続において、担保権者にどのような範囲で優先権を与えるべきか、という政策的判断が、プロシーズの対象とその範囲を決めていることを指摘しなくてはならない[44]。

　さらに、ある財産が担保目的物のプロシーズと認められたとしても、裁判所の判断により、担保権の効力が否定されることもある。手続開始後のプロシーズに担保権の効力が及ぶことを定めた連邦倒産法552条b項は、「ただし、裁判所が、通知および審尋の後、当該事件における衡平（equity）に基づき異なった命令を下した場合を除く」と規定している。この規定によれば、たとえば、倒産手続開始時の担保目的物である原材料が在庫に加工され、その費用が倒産財団から支出された場合に、裁判所は、かかった費用の分、在庫上の担保権の効力を否定することができる[45]。したがって、上記の判例が、プロシーズの範囲を狭めることで実現した結論は、552条b項但書を用いて実現することも可能である[46]。

　要するに、プロシーズとは、衡平と協働して、倒産手続において、担保権者の利益と倒産財団の利益とを調整する機能を担う概念である。プロシーズの範囲および衡平による柔軟な調整が後に控えていることからすれば、まずは、プロシーズ概念を広く認めておくことも理解できる。

　以上のように、UCC第9編におけるプロシーズ概念の展開を理解するためには、倒産法からの視点が欠かせない。

---

44) ただし、この判例を紹介する LOPUCKI & WARREN は、プロシーズとは、オール・オア・ナッシングの概念であり、この判例は、誤りであるとする。プロシーズ上の担保権を否定するためは、次に説明する552条b項但書を用いるべきであるというのが、LOPUCKI & WARREN の主張である（LOPUCKI & WARREN, *supra* note 10, p184）。

45) House Report No. 95-595, Sept. 8, 1977, p. 376-377；Senate Report No. 95-989, July 14, 1978, p. 91.

46) 実際、In re Cafeteria Operators においては、裁判所自身が、552条b項但書が定める equity による調整によって同じ結論に達することができる旨を述べている。

(5)　かつての研究との連続性

　筆者は、以前、アメリカにおいて爾後取得財産条項の有効性が確立した背景には、その倒産法上の役割があったことを指摘した[47]。爾後取得財産条項は、債務者の資金調達に資するというだけではなく、倒産手続が整備されていない時代において、債務者の倒産時に事業の一体性を確保するという重要な役割を果たしていたのである[48]。また、爾後取得財産条項の有効性への対抗原理と位置づけられる購入代金担保権の優先の法理についても、対抗というよりはむしろ、爾後取得財産条項により支えられた事業の一体性を損なわない限りで認められた、狭い例外であったことを紹介した[49]。

　その後、倒産手続が整備されるとともに、これらのルールは倒産手続における役割を失い、その射程にも変化が生じるのではあるが[50]、このような展開も含めて、アメリカの担保権に関するルールは、その倒産法上の役割を無視して理解することができないというのが筆者の考えである。そして、このことは、プロシーズにおいても同様である。その意味で、プロシーズ概念の分析は、筆者のかつての研究の延長線上に位置づけることができる。

　では、プロシーズ概念は、倒産手続において、どのような役割を果たしているのか。「担保権者の利益と倒産財団の利益との調整を行っている」というだけでは抽象的に過ぎる。倒産裁判所が、プロシーズ概念および衡平概念を用いて、倒産手続において、どのような秩序を形成しているのか、この点を明らかにすることが今後の課題である。

4　今後の課題2：αの問題の解決

(1)　αの問題の整理

　以上のようなアメリカ法の研究は、日本法における立法論または解釈論に、

---

47)　藤澤治奈「アメリカ動産担保法の生成と展開 (1) ～ (7) ――購入代金担保権の優先の法理を中心として」法協125巻1号1-64頁、2号392-453頁、3号541-613頁、4号726-784頁、6号1173-1249頁、7号1532-1596頁、126巻1号99-144頁（2008-2009年）。

48)　拙稿・前掲注47)・(2) 393頁以下。

49)　拙稿・前掲注47)・(3) 542頁以下。

50)　拙稿・前掲注47)・(4) 727頁以下。

直接には関係しない。では、研究の当初の課題であった具体的な問題の解決のために、アメリカ法から何らかの示唆を得ることはできないか。特に、アメリカ法における将来財産を目的とする担保権の倒産法上の処遇を研究することから、日本における類似の問題である α の問題に何らかの示唆を得ることができないかが問題となる。

　この点を検討するために、α の問題に関する考慮要素を再度整理しておこう。2（1）でも述べたように、倒産手続において担保権の効力を制約するべきであるとの議論がなされる際に念頭に置かれている考慮は、2つに整理することができる。第1は、債務者の再生が不可能になる、又は、破産配当が少なくなるというものである。第2は、債権・動産の発生・取得のために倒産財団が費用を負担するとすれば、それは、倒産債権者から担保権者への利益の移転であり、不当であるというものである。このうち、第1の考慮は、α において担保権を制約する根拠とはなり得ても、β において債権の真正譲渡の効力を制約する根拠とはなり得ないと考える。これに対して、第2の考慮については、$\alpha \cdot \beta$ に共通するものであり、これを解消するための立法提案を β の問題について展開した（2（2）参照）。大雑把に言って、債権発生の費用を譲受人に負担させるというものである。α の問題については、第1の考慮から、さらに担保権が制約される可能性があるものの、少なくとも、倒産手続開始後の担保目的物の取得費用については、β の場合と同様、担保権者側が負担するべきであり、同様のルールがあってよい。

　しかし、このような立法提案については、2（3）で紹介したようなさまざまな批判が加えられている。このうち、①費用の範囲および算出方法が不明であるとの批判、②管財人が事業を継続するための動機づけが必要であるとの批判については、上記のアメリカ法研究から示唆を得ることができるかもしれない。というのも、アメリカ連邦倒産法552条b項但書は、担保目的物の取得にかかる費用についてプロシーズ上の担保権を無効化するために用いられることが多く、判例において、その算出方法が示されてきたからである。

(2)　費用の算出

　では、判例は、どのように担保権の範囲を算出しているのであろうか。

アメリカ担保法と倒産法の交錯　167

　ある判例は、ジョイントベンチャーにおける利益の配分を参考に、担保目的物から得られたプロシーズのうち、担保権の効力が及ぶ部分を算出している[51]。裁判所が示したのは、以下のような計算式である。筆者がこのような計算方法を是としているわけではなく、また、個々の変数の算定が大問題なのかもしれないが、費用の範囲及び算出方法が不明であるとの①の批判に対して、このようなアメリカの判例の基準を分析することで、応えることができるかもしれない[52]。

$$CC = \frac{D}{D+E+L} \times P$$

CC = cash collateral
　　　（担保権の効力が及ぶ金銭の額）
D = average depreciation of the capital
　　　（担保目的物の減価償却額）
E = average direct expenses
　　　（プロシーズを産出するための直接費用）
L = average market value of the employees' labor
　　　（プロシーズを産出するためにかかった労働力）
P = average dollar proceeds
　　　（プロシーズの額）

　また、この計算式は、担保目的物が収益にどの程度寄与したかによって、担保権者の取り分が決まるということを示している。別の言い方をすれば、担保目的物に関連した事業から得られる収益を、担保権者と倒産財団とが分け合うことになる。そうであるとすれば、このような計算方法を採用すれば、管財人にとって事業を継続する動機づけとなり、②の批判にも応えることができるかもしれない。

(3)　担保権の制約原理

以上のように、$\alpha \cdot \beta$ に共通の第2の考慮要素（費用負担の問題）については、

---

51)　*In re* Delbridge, 61 B. R. 484（Bankr. E. D. Mich. 1986).
52)　ただし、この判例においては、担保目的物が家畜（牛）である事案が問題となっていたことから、債権譲渡（担保）の場面で、このような計算方法を使うことができるのかについては、検討が必要である。

アメリカの判例から示唆を得ることができるかもしれない。

　では、αの問題に固有である、倒産手続において担保権を制約することは妥当か、そして、どの程度の制約が許されるか、という問題についてはどうか。この問題について上記の研究から得られるものは多くはない。

　しかし、他方で、アメリカには、この問題に関連した議論の蓄積がある[53]。2001年のUCC第9編の改正作業に先立って、倒産法の権威であるElizabeth Warrenは、担保権者が持つ優先権の範囲を縮減し、その分を他の債権者に分配すべきこと（carve-out）を主張した。これに関連して、担保をめぐるさまざまな議論が展開された。特に、債務者の倒産に際して、担保権の効力（優先権）を完全に認めるべきか否かについては、Bebchuk & Friedの研究がある[54]。この研究は、債務者の倒産に際して、優先権を一部縮減するようなルールが効率的であることを、経済分析の手法を用いて論証した。

　このような議論で用いられるモデルでは、担保権の範囲は、手続開始時の価値（金額）で表現されており、個別の物の帰趨は捨象されている。そのため、債務者が手続開始後に取得した財産に担保権の効力が及ぶか否かといった、個別の物に関する分析は行われない。そこで、上記のような議論から、αの問題の手がかりを得ることができるかについては、現在のところ、確固たる自信がない。しかし、このような視点からαの問題を分析することが可能であることを示唆する研究も存在している[55]。そこで、これらの研究を参考に、可能であれば、モデルを用いた経済分析を行うことも考えたい[56]。

　さらに、こうした議論の特徴は、取引時（融資実行時）に望ましい契約が結ばれるかということを重視している点にある。これまでの研究では、倒産時

---

53) 森田・前掲注33) 225頁以下は、「初期融資者の優越」の観点から、これらの議論を紹介し、分析を行っている。

54) Lucian A. Bebchuk & Jesse M. Fried, *The Uneasy Case for the Priority of Secured Claims in Bankruptcy*, 105 YALE LAW JOURNAL 857（1996）.

55) 田中亘「担保権消滅請求制度の経済学——分析と展開」佐藤鉄男・松村正哲編『担保権消滅請求の理論と実務』（民事法研究会、2014年）160-196頁。

56) 筆者自身には、その能力がないものの、かつて、経済学の先生と共著で経済分析に挑戦したことがある（宮澤信二郎＝藤澤治奈「偏頗行為の詐害行為取消しに関する分析——法と経済学の視点から」新世代法政策学研究10号（2011年）331-371頁）。今回も、ご協力いただける方を見つけることが、差し当たりの課題である。

の考慮ばかりを扱ったため、「取引時の予測可能性を欠く」との批判を招いた。経済分析の視点を取り入れることにより、このような批判に応えたい。

5　おわりに

(1)　日本法における物上代位

　最後に、以上のような研究を行ったとしても、なお残る問題に触れておく。

　まずは、3 (2) で触れた日本法における物上代位との関係である。プロシーズに関する研究は、日本法の物上代位について示唆を得ることを目的に行われることが少なくなかった[57]。実際、プロシーズへの担保権の効力波及は、物上代位と同じような役割を果たしている。

　しかし、本研究で明らかになったのは、プロシーズ概念が、倒産手続において担保権者の利益と倒産財団の利益とを調整する役割を担っているということであった。この観点からすれば、プロシーズは、日本における物上代位とは似て非なるものであって、本研究が日本における物上代位をめぐる諸問題の解決に寄与することはなさそうである。

(2)　債権の発生時期・処分権限

　次に、将来債権の真正譲渡および将来債権譲渡担保については、債権の発生時期やその処分権限の所在が、倒産手続との関係で問題となる。そもそも将来債権譲渡の効力を管財人等に主張できるかどうか、はっきりとしておらず、主張できないのであれば、それを制約すべきかどうかを検討する必要はなくなるからである。

　この問題については、判例の理解などにつき、さらなる検討が必要かもしれない。ただし、倒産法上の制約を基礎づけるために、こうした根拠を持ち出すことには慎重にならざるを得ない。というのも、債権が発生しているかどうかを問題とするとすれば、債権の発生元となる契約を分析し、契約類型による区別をすることにもなりそうである。その結果、たとえば、不動産業

---

57) 小山・前掲注33)、直井・前掲注28)。

を営む債務者は将来債権を引き当てとして資金調達を行うことができるが、金融業の場合はできないといった不合理な帰結が導かれる可能性がある。また、倒産手続において担保権を制約すべきか、どの程度制約すべきか、という実質的な問題が見えづらくなってしまう。債務者に債権の処分権限があるかどうかを問題とする場合も同様である[58]。ここでは、田中亘教授の言葉を引用したい。この言葉自体は、固定化の議論に向けられたものではあるが、以下のとおりである。「この問題は、集合動産譲渡担保あるいは集合債権譲渡担保について集合物的構成をとるかどうか、といった法概念のレベルで決着をつけるような問題ではなく、担保権の費用と便益とを考慮したときに、倒産法制における担保権の制限をどこまで行うべきか、という、すぐれて政策判断を要する問題である点は、強調しておきたい」[59]。

(3) 真正譲渡や担保権の制約の根拠

では、真正譲渡や担保権が倒産法上制約されるとして、なぜ制約が許されるのか。その根拠が問題となる。

これについては、「倒産法的公序」という考え方が提唱されている[60]。民法90条によれば、公序に反する法律行為は無効となるが、同じく民法90条を根拠として、倒産法的公序に反するような法律行為は、たとえ平時に有効であったとしても、倒産時には無効になるというのである。

筆者の研究においては、制約の根拠が明らかではなかったため、このような議論を参考にしたい。

(4) 担保の費用という視点

上記の「倒産法的公序」の考え方は、担保権の制約を、法律行為の有効性の問題に位置づけるが、他方、「担保目的物にかかる費用を誰が負担すべき

---

58) 拙稿①・前掲注6) 256-257頁。

59) 田中・前掲注24) 196頁。

60) 山本和彦「債権法改正と倒産法（上）」NBL924号（2010年）13-21頁、同「倒産手続における法律行為の効果の変容——『倒産法的再構成』の再構成を目指して」高橋宏志ほか編『伊藤眞先生古稀祝賀論文集・民事手続の現代的使命』（有斐閣、2015年）1181-1202頁、小林・前掲注11) 118-119頁。

か」という、担保法からの問題設定もあり得るのではないか[61]。実は、担保の費用の問題は、これまでも、散発的に法律や判例で扱われてきた。いくつかの例を挙げるとすれば、民法には、抵当権不動産の第三取得者の費用償還請求権（391 条）や不動産質権者による管理費用の負担（357 条）の規定がある。判例では、債権質権設定者および管財人の担保価値維持義務が問題となったケース（最判平成 18・12・21 民集 60 巻 10 号 3964 頁）や所有権留保売買における留保所有権者の責任が問題となったケース（最判平成 21・3・10 民集 63 巻 3 号 385 頁）において、実質的には、担保目的物の維持費用を誰が負担するかという問題が処理されている。

　結局、担保権の種類、費用の種類、そして、費用負担が問題となる局面（平時なのか倒産時なのか）によって、結論が異なるということになりそうではあるが、どのような要素が費用負担者を決しているのか、何らかの基準を見出すことができないか。そして、このような基準から、α の問題、β の問題に共通する、費用の問題を解決することができないか、検討してみたい。

61）なお、倒産手続における費用を問題とした研究として、中西正「破産法における費用分配の基準」民訴 55 巻（2009 年）28-59 頁がある。

個人保証規制のあり方を考える
──フランスにおける事業債務の保証規制を手がかりに

齋藤由起

1 はじめに

　事業債務の保証について、主債務者たる中小企業や個人事業主（以下では、「中小企業等」と呼ぶ）の早期再生や経営者自身の再挑戦・再出発を可能にするという視点を盛り込んで、ハードローレベルでの個人保証規制を構築すべきか。そして、このような規制を行うべきであるとすれば、どのような制度設計をすべきだろうか。

　この問題は、2017 年 5 月 26 日に成立した「民法の一部を改正する法律」（平成 29 年法律第 44 号）による保証規定の改正後に残された課題である。本稿では、日本における個人保証規制をめぐる問題の背景と法状況の展開を検討し、なぜ冒頭に述べた課題が残るのかを明らかにした後、この問題を考える素材として、上述の視点からすでにハードローレベルでの個人保証規制を構築しているフランスの法状況を検討したい。

　なお、個人保証が利用される場面は多様であるが、本稿では、事業債務の保証に焦点を絞りたい。

2 日本における問題の背景と法状況の展開

(1) 問題の背景

バブル経済の崩壊を契機に生じた長期の不況は、保証人はその意思決定過

程に瑕疵（詐欺・強迫）がない限り、自己の資力に比して過大なものであっても、自ら締結した保証契約による債務負担を甘受すべきであり[1]、過剰債務の問題は倒産手続の中で処理されるべきである、という伝統的な考えに見直しを迫る重大なインパクトをもつ事象であった。

1990年代末には、中小企業等の倒産増加による保証リスクの実現によって保証人の経済的破綻・生活破綻が多発し、過大な債務を負った保証人自身や、保証人になってくれた友人や親族に迷惑をかけることを苦にした経営者の自殺、また、金融機関の貸し渋りに伴い台頭した商工ローンによる根保証の濫用[2]が、社会問題化した。

こうした中、2002年以降、「起業の促進と廃業における障害除去」および「担保・保証に過度に依存しない融資」という見地から[3]、個人保証人の保護は、金融政策上かつ立法上の課題として位置づけられるようになった。

(2)　筆者のアプローチ

中小企業等に対する融資の際によく利用される個人保証において、自己の資力に比して過大な保証債務を引き受けた保証人が経済的破綻に陥ることを、民法上、いかにして防ぐべきか。筆者は、このような問題意識に基づき、個人保証を近親者保証（第三者保証）と経営者保証に区別し、それぞれの実質的機能が必ずしも担保目的におかれていないことを前提に、過大な近親者保証を準暴利行為に基づき無効とするドイツ法上の議論の展開を分析し[4]、次のような結論を得た。

---

1) 古くから根保証（特に包括根保証）に関しては、身元保証法5条の類推適用や信義則によって責任制限を認める裁判例が多数存在するが、責任制限の考慮要素は、契約締結後に事情が変化し、保証人にとって不測に責任額が増大したことであって、責任の過大性や保証引受けの情義性・無償性ではなかった。この点につき、福田誠治「伝来型保証の特徴と保証人保護の正当化理由」椿寿夫編著『別冊NBL61号　法人保証の現状と課題』（商事法務研究会、2001年）180頁以下。

2) 裁判例として、東京地判平成12・1・27判時1725号148頁、東京高判平成13・12・18判時1786号71頁等。

3) 「起業の促進・廃業における障害の除去という目的実現の観点から個人保証のあり方の検討、見直しを進める」という方針は、小泉純一郎内閣総理大臣の下での、経済財政諮問会議「経済財政運営と構造改革における基本方針（2002）」（2002年6月21日）（http://www.kantei.go.jp/jp/singi/keizai/tousin/020621f.html#2-2-3〔最終アクセス2018年6月4日〕）において示された。

主債務者の近親者が、主債務者との人的関係のみから主債務者の依頼を断りきれず（任意性の低下）、保証契約締結時の資力では履行できない過大な保証債務を引き受けた場合には、債権者自身による意思決定侵害行為がなくても、保証契約の効力を制限すべきであり、他方で、経営者保証人[5]は、融資によって独自の経済的利益を追求しており、保証引受けに関する意思決定が不自由であったといえないため、この論理は当てはまらない[6]。

しかし、旧稿（2004年）の公表後、個人保証をめぐる法状況は大きく変容した。個人保証規制の仕方は、自己決定確保型と内容規制型に大別され、また、第三者保証人と経営者保証人の区別の根拠には、実質的自己決定自由の有無、被保証取引からの経済的利益の有無という視点が入り組んでいるが、これらに注意しながらその後の展開をみてみよう。

(3) 民法上の保証規定の改正

民法レベルでは、まず、情義等から無償で行われる個人保証について、保証人にとって過酷な結果を招きがちであるとの指摘や、保証人に対する責任

---

4) 拙稿「近親者保証の実質的機能と保証人の保護——ドイツ法の分析を中心に（1）～（3・完）」北法55巻1号113頁以下、55巻2号657頁以下、55巻3号1119頁以下（2004年）。

5) 本稿ではさしあたり、経営者保証人として、企業活動の方針を決定する者、典型的には株式会社における代表取締役を想定するが、事実上のオーナー等を排斥するものではない。用語法については、白石大「経営者保証人の保護の必要性とその方策」浦川道太郎先生・内田勝一先生・鎌田薫先生古稀記念『早稲田民法学の現在』（成文堂、2017年）341頁から示唆を得た。

いわゆる「経営者保証人」の範囲は、必ずしも一致していない。民法新465条の9において第三者保証人から排除されるのは、①主債務者が法人である場合の理事、取締役、執行役またはこれらに準じる者、②主債務者が法人である場合の議決権の過半数を有する者等、③主債務者が法人でない場合の共同事業者または事業に現に従事している主債務者の配偶者である。これに対し、経営者保証ガイドラインにおいては、経営者＝中小企業等の代表者の他、実質的な経営権を有する者、営業許可名義人、経営者と共に事業に従事する配偶者、経営者の健康上の理由のため保証人となる事業承継予定者等が想定されている（Q&A4）。

事業に従事する配偶者が公正証書作成義務を免れるべきかは、慎重に考える必要がある。このような配偶者が、必ずしも企業活動の方針について経営者と同等に判断する共同事業者的地位にあるとは言えず、保証引受けの決定において任意性の低下した第三者保証人といえる場合もあるからである。経営者と共同の家計によって経済的利益を享受していることや中小企業等が融資を受けられなくなるといった懸念のみから判断してはならない。国会における審議の経緯について、山野目章夫「2017年民法改正——その国制的意味」法時89巻9号（2017年）2頁。

6) 前掲注4)「(3・完)」1153頁以下。

追及を恐れるあまり、倒産手続などへの着手が遅れ、企業再生や再挑戦の機会を失う結果を招いているとの指摘を受け[7]、2004 年に保証契約が要式行為化され（446 条 2 項）、個人による貸金等根保証の規定が整備された（改前民465 条の 2 以下）。2004 年改正は、経営者保証人をも含めた個人保証人全体を対象にしたものであるが、保証人保護のための規制を強化しすぎることにより、資金調達を要する中小企業等が融資を受けられなくなること等を懸念して、保証人の資力を考慮した内容規制は見送られたのであり、根保証についての最低限の保護にとどまった[8]。

そして、2017 年の民法改正では、根保証規制の一部が個人根保証全体に拡大されたほか（新 465 条の 2 以下）、本稿の関心との関係では次のような変更がある。すなわち、保証契約締結後の情報提供義務（新 458 条の 2・458 条の3）や事業上の債務に関する保証契約締結時の主債務者の情報提供義務（新465 条の 10）の新設によって、主債務者および主債務の状況を知ることの困難な第三者保証人への情報提供が保障された。また、特に事業に関する貸金等債務については、経営者以外の第三者[9]に、保証契約締結前に保証意思宣明公正証書を作成することが義務づけられることになったが（新 465 条の 6第 1 項・465 条の 9）、これは、特に危険性の高い事業融資のための保証について契約締結に向けた手続を加重することにより、十分な情報と熟慮の機会の付与によって第三者保証人の自由な意思決定を手続的に保障しつつ、実質的には第三者保証を制限しようとするものである。

これに対し、弁護士会の有志によって、第三者保証人の保護、また、事業債務の場合における経営者保証人の保護のための方策として提案されていた、身元保証法 5 条に倣って保証債務の減免を認める案、保証契約締結時に保証債務額が保証人の資力に照らして過大であった場合には、請求時に保証人が十分な資力を有するときを除き、債権者は過大な部分について失権するとの

---

7) 吉田徹＝筒井健夫編著『改正民法の解説』（商事法務、2005 年）3 頁参照。
8) 山本敬三「保証契約の適正化と契約規制の法理」ゲルハルド・リース教授退官記念『ドイツ法の継受と現代日本法』（日本評論社、2009 年）430 頁。この点、2004 年改正の主眼は経営者保証人の保護におかれていたということができる（拙稿「過大な責任からの保証人の保護」ジュリ1417 号（2011 年）79 頁）。
9) 民法上の経営者保証人の定義については、前掲注 5) 参照。

案（比例原則）等[10]は採用されず、保証契約の内容規制・効力制限は実現しなかった。

このように、私的自治の原則を基本に据える民法による個人保証規制は、保証人となる個人の意思決定の実質的自由を確保する観点からの手続的規制にとどまり、自由な意思決定に基づいて引き受けた以上、過大な保証であっても自己責任を負う仕組みになっている。

また、従来の民法理論は、筆者も含め、経営者保証人については、①自らの経済的利益のために保証を引き受け（≠利他性）、②主債務の発生を自ら決定し、③主債務者の情報について熟知していることから、第三者保証人とは異なり、保証債務の減免といった保護が正当化されにくいと考えていた[11]。この考え方が2017年の民法改正にも表れており、経営者保証人に関する手当てはされず、第三者保証人の保護の強化にとどまったものといえる。

(4) ソフトローの展開

これに対し、ソフトローの展開が、主債務者たる中小企業等の早期再生や経営者自身の再挑戦・再出発を可能にするという政策課題に対してより直截的に対応し、民法および倒産法といった立法による規制の欠（限界？）を補充していることが目を引く。

まず、2006年3月31日に、中小企業庁により、信用保証協会の求償保証について第三者保証の徴求が禁止された。2010年には金融庁のアクションプランにおいて「経営者以外の第三者の個人連帯保証を求めないことを原則とする融資慣行を確立する」ことが表明され[12]、この方針は、2011年7月14日に金融庁による金融機関の監督指針等に取り込まれた。これにより、金融庁

---

10) 法務省参事官室「民法（債権関係）の改正に関する中間試案（概要付き）」（2013年3月）85頁（http://www.moj.go.jp/content/000109163.pdf〔最終アクセス2018年6月4日〕）。

11) 論者により重点をおくポイントは異なるが、椿寿夫「"法人（による）保証"論のための序説——個人（による）保証と対比させて（上）」ジュリ1130号115-116頁・同「（下）」ジュリ1131号115-116頁（1998年）、平野裕之『保証人保護の判例総合解説〔第2版〕』（信山社、2005年）7-12頁、遠藤歩「平成16年保証法改正に関する一考察——経営者保証と第三者保証の区別を中心に」リース教授退官記念・前掲注8）454-455頁、拙稿「保証の諸類型と保証法の多様化」法セ713号（2014年）17頁。

の監督指針に服する預金取扱金融機関等の新規融資の場面では、2017年の民法改正前にすでに、第三者保証が実質的に排除されていた。

次に、2014年2月1日には、中小企業庁と金融庁の関与の下、日本商工会議所と全国銀行協会が共同で設置した研究会が策定し、2013年12月5日に公表された「経営者保証に関するガイドライン」の適用が開始され、このガイドラインの融資慣行としての浸透・定着も、金融庁の監督指針に明記されている[13]。このガイドラインには、経営者保証人[14]に事業の早期再生・清算等に着手させる動機づけとして、保証債務の私的整理にあたり、一定の経済合理性が認められる範囲内で、破産法上の自由財産を超えて一定期間の生計費相当額や華美でない自宅等を経営者に残すことを認める準則（GL第7項(3)③）が定められており、結果的に、経営者保証人の過剰債務問題への対処がされている。これは、一方で、民法への導入が見送られた保証人の資力に応じた保証債務の減免を、保証人についての準則型私的整理の場面で実現するものであり、他方で、主債務者の倒産手続による免責等の効力が保証人に及ばないものとし[15]、保証人自身の倒産手続において保証債務の特別扱いを認めない倒産法の例外を、準則型私的整理の場面で創設するものである。保証債務の整理の場面について、経営者保証ガイドラインの利用があまり進んでいないとの指摘もあるが[16]、普及が期待されている[17]。

---

12) 金融庁「金融資本市場及び金融産業の活性化等のためのアクションプラン」（2010年12月24日）（http://www.fsa.go.jp/news/22/sonota/20101224-5/01.pdf〔最終アクセス2018年6月4日〕）。

13) 金融庁「主要行等向けの総合的な監督指針」Ⅲ-9（2017年6月）（http://www.fsa.go.jp/common/law/guide/city/〔最終アクセス2018年6月4日〕）。

14) 経営者保証ガイドラインにおける経営者保証人の定義については、前掲注5) 参照。

15) 個人である主債務者に対する免責許可決定（破産253条2項）、会社更生計画における一部免除や期間の猶予（会更203条2項）、民事再生法に基づく再生計画の決定（民再177条2項）等は、保証債務に影響を及ぼさない。

16) 小林信明監修『経営者保証ガイドラインと保証債務整理の実務』別冊銀法805号（経済法令研究会、2016年）40頁〔佐々木宏之〕。

17) 経営者保証人の機能を巡る学説について詳細な検討を加えたうえで、経営者保証ガイドラインによる種々の方策が経営者保証の望ましい姿を実現しうるものであるとして、同ガイドラインの利用を推奨するものとして、白石・前掲注5) 357頁。

(5) 法発展の特徴と問題解決策

以上のように、現在のわが国の個人保証規制は、とりわけ中小企業金融の場面において、民法とソフトローによる規制の二重構造をなしている。これにより、主債務者の事業に関与しない第三者が保証から排除される形で、第三者保証人の過大保証の問題は解消されつつある[18]。しかし、経営者保証人の必要性は失われず[19]、その過大保証の問題もすべて解消されたわけではない。

もちろん、これに対しては、自ら決定権を有する被保証取引により自己の利益を追求している経営者保証人の責任を軽減する必要はないという考えも、依然として根強いであろう。この点、経営者保証の機能について、融資契約締結に当たり債務者企業が「よい」会社であることを示すシグナリング機能とモラルハザードを防止するモニタリング機能を析出し、経営者保証人の責任制限はこれらの機能を失わせるとして反対する見解も主張されている[20]。

しかし他方で、最近、金融実務家から、経営者保証の主たる意義が債権回収機能よりも経営規律の保持にあるとして、誠実に事業を経営したにもかかわらず失敗した経営者に対して責任を追及しないしくみを、保証契約上の特約によって実現することが提案されている。たとえば、法令順守や会計基準に適合した正確かつ適法な財務データ作成等を義務づけるコベナンツ違反を停止条件とする停止条件付連帯保証は[21]、経営者保証ガイドラインの中でも活用が推奨され（GL第4項(2)）、また、一定の金額まで保証人に財産を留保する旨の逆限度保証特約付保証契約も提案されている[22]。しかし、いずれにせよ、これらの特約を利用するかどうかは金融機関の意向にかかっている。

---

18) もっとも、事業のための貸金等債務の保証以外の場面において、第三者保証人の過大保証の問題は残されているのであり、今後も検討を要することは言うまでもない。

19) 経営者保証ガイドラインは、主債務者たる法人と経営者個人の資産が分離している等の一定の要件（GL第4項(2)）を満たす場合には、経営者保証の機能を代替する融資手法の活用金融機関に求めている。しかし、中小企業基盤整備機構が2015年に実施した「経営者保証ガイドラインアンケート結果」（http://hosyo.smrj.go.jp/contents/question.html〔最終アクセス2018年6月4日〕）によれば、経営者保証を提供している中小企業等は82.5%を占め、規模が小さい企業ほどその割合が高いことが判明している

20) 小出篤「中小企業金融における人的保証の機能」江頭憲治郎先生還暦記念『企業法の理論殻』（商事法務、2007年）537-538頁、同「経営者保証と『比例原則』」金判1390号（2012年）1頁。

180

　また、貸金等債務以外の事業債務の保証については、民法で与えられる保護の他に特別の手当てはなされていない。

　そこで、より根本的な解決を目指すために、主債務者たる中小企業等の早期再生や経営者自身の再挑戦・再出発を可能にするという観点から、経営者保証人に主眼をおいて、保証契約締結時のみならず、主債務者が支払困難に陥った場面を規律する倒産場面までを見通して、ハードローレベルで個人保証規制を構築する可能性が模索される。保証人のリスクが現実化する場合の多くは、主債務者が倒産に瀕する場面だからである。

3　フランスにおける事業債務の個人保証をめぐる法状況

(1)　経営者保証人と第三者保証人

　フランスにおいても、事業債務の担保手段として保証が非常によく利用されている[23]。自然人保証人は、経営者保証人と第三者保証人に区別して扱われているので、それぞれの特徴を一瞥しよう。

　経営者保証人（caution dirigeant）[24]は、主債務者が複数社員による有限・無限責任会社のほか、有限責任一人企業（EURL）等の場合に利用されるのであり、事業債務の保証の大半を占める。経営者保証人は、法人格の利用による有限責任を無限責任化するために利用されるが[25]、経営者の運命を会社の運

---

21) 中村廉平「中小企業向け融資における経営者保証のあり方について――コベナンツに基づく『停止条件付連帯保証』の有用性」銀法 720 号（2010 年）19-20 頁。しかし、これに対しては、停止条件の定め方、コベナンツ違反の主張・立証責任、停止条件成就の場合の責任範囲について問題点が指摘されている（山野目章夫他「〈座談会〉民法（債権関係）改正と金融実務――保証を中心に」金法 1954 号（2012 年）23 頁〔山野目発言〕、25 頁〔中井康之発言〕、26 頁〔三上徹発言〕。

22) 松嶋一重「個人保証をめぐる制度的現状と残された課題――中小企業の活力向上のための経営者保証の在り方」金法 2054 号（2016 年）25-27 頁。これに対しては、経営者保証ガイドラインとの整合性の困難等が指摘されている。

23) 2017 年 3 月 29 日に BNP パリバ銀行法務部において長年担保業務を担当されている B. Saint-Alary 氏に対して行ったインタビューによると、設定と執行の簡便さと安さに加え、主債務者の倒産手続における物的担保の優先的効力の弱さにも照らし、銀行にとって効率的で、事業融資の際に好んで利用される担保手法は、保証とダイイ法による債権譲渡であるとのことであった。

命と一体化させることにより、経営者に誠実な経営に専念させる意図もある[26]。

これに対し、主債務者の配偶者などの近親者によって、無償で（service d'ami）引き受けられた保証人（第三者保証人）としては、個人事業主（有限責任個人事業主〔EIRL〕[27]を含む）の配偶者保証人や、消費者信用における個人保証人が典型的である。

経営者保証人と第三者保証人は、判例上、次の2つの観点から区別して扱われる。

（a）　知識・情報収集力の有無

取引経験と被保証取引への関与から、支払能力や取引の収益性に照らして生じ得るリスクを理解できる十分な知識を有するかどうかという観点から、原則的に、経営者保証人は玄人（initié/averti）、第三者保証人は素人（profane/non averti）に分類され、後者についてのみ、情報収集力の非対称性に基づく消費者としての保護が正当化されやすい[28]。

24）《caution dirigeant》として把握されるのは、第三者に対する権限を個人的に、または合議を経て有する者であり、経営責任者（gérant）、社長（président）、取締役（administrateur）、業務執行役員会のメンバー（membre du directoire）のほか、事実上の経営者も含まれる（Ph. Simler, *Cautionnement, Garanties autonomes, Garanties indemnitaires*, 5ème éd., LexisNexis, 2015, nº 100, p. 107 et s.）。そうすると、《caution dirigeant》の訳語としては、「役員保証人」とする方が精確であるが、本稿では、日本の概念に合わせて「経営者保証人」とする。《dirigeant》について詳しく説明する最新の邦語文献として、張子弦「フランスの企業倒産手続における経営者責任（1）（2・完）」北法 67 巻 5 号 1677 頁、67 巻 6 号 2033-2032 頁（2017 年）。

25）S. Piedlièvre, Remarques sur l'infléchissement de la notion de personnalité morale par le cautionnement, *Gaz. Pal.* 1982, 1, doct. p. 85. フランス法では、企業倒産の場合にフォートのある経営者に財産上の責任が認められているが、経営者保証はフォートなくして経営者の個人財産に責任追及できる点に利点がある（Voy. P. Ancel, *Le cautionnement des dettes de l'entreprise*, Dalloz, 1989, nº 37, p. 14.）。フランスの現行法における経営者倒産責任の概要について、張・前掲注 24）「（2）」2034 頁以下。

26）P. Ancel, *supra* note（25）, nº 37, p. 14.

27）2010 年 6 月 15 日の法律第 658 号によって創設された有限責任個人事業主（EIRL）の概要については、マリー＝エレーヌ・モンセリエ＝ボン〔荻野奈緒＝齋藤由起共訳〕「目的充当資産――フランス法における大きな革新」阪法 65 巻 2 号（2015 年）639 頁以下参照。有限責任個人事業主については、1 人の法人格の中で事業資産と個人資産の 2 つの資産に分離されるため、自己の個人資産をもって事業上の負債を主債務とする経営者保証をできるかについて、考え方がわかれている（Voy. Ph. Simler, *supra* note（24）, nº 209, p. 222; L. Aynès et P. Crocq, *Droit des sûretés*, 10ème éd., LGDJ-Lextenso, 2016, nº 101, p. 35.）。

（b）　直接的な財産上の利益の有無

　経営者保証人は、被保証取引からの直接的な財産上の利益を有するため、その保証は商事保証であり、保証債務は事業債務である。商事保証であることにより、①裁判管轄が商事裁判所にあり、②連帯の推定が働く。しかし、経営者は商人でも独立の事業者でもないため、③経営者保証債務によって過剰債務に陥っても、事業者の事業債務について適用される商法典上の倒産手続の適用がない[29]。また、証拠についても、④商人について適用される自由心証主義ではなく、書証優先主義に服する（「弱い商事性」[30]）。

　これに対し、第三者保証人の保証債務は非事業債務であり、これによって過剰債務が生じた場合には、消費法典上の過剰債務処理手続（消費 L. 711-1 条以下）が適用される。共同の家計や夫婦財産共通制により間接的に財産上の利益を得ている配偶者保証による債務も、非事業債務に分類される。

（2）　個人保証規制が発展した背景

　フランスでは、1973 年と 1978 年の第 1 次・第 2 次オイルショックによって経済の低迷状態が続き、企業の倒産数の増加および慢性的な失業率の増大が社会問題化し、その状況は継続している。個人保証規制は、このような経済状況を背景に発展してきたが、それには次の 2 つの傾向をみてとることができる。

　第 1 に、1978 年以降[31]、個人保証人の保護[32]に関わる多数の立法と判例が蓄積されている[33]。規制対象を大まかに整理すると、①消費者信用および事

28）両者の処遇の違いが具体的に現れる場面の例としては、後述、**3（3）**を参照。

29）商人破産主義のもと、商人および独立した事業活動を行う自然人には商法典上の倒産予防・処理手続（商 L. 611-1 条以下）が適用されるのに対し、非事業債務を負う自然人には消費法典上の過剰債務処理手続（消費 L. 711-1 条以下）が適用される。

30）R. Roblot, Le cautionnement des dettes d'une société d'une société commerciale par ses dirigeants, in *Mélanges J. Derrupé*, Litec, 1991, n° 8, p. 347.

31）1978 年 1 月 10 日の法律第 22 号（以下では、「1978 年法」という）。

32）個人保証の「保護」として把握される判例・立法上の方策の中には、①主に情報の非対称性を理由とする弱者としての保証人個人の保護を目的とするものと、②保証人の保護を通じて公益的な目的を追求しているものがある。筆者の理解では、経営者保証人を保護する方策の大半は後者に属するため、本稿では、主に個人保証の「規制」という用語を用いている。

業専用不動産を除く不動産信用の保証を対象とする規制は、第三者保証人を、
②個人事業主の事業債務の保証を対象とする規制は、第三者保証人（主に配
偶者）を、それぞれ想定している。これに対し、被保証債務を限定せず、③事
業者たる債権者に対して自然人がするすべての保証を対象とする規制は、第
三者保証人に加え、会社債務の経営者保証人を対象に含めることを意図する
ものである。時系列的な流れとしては、当初は①と②が並列していたところ
に、③のタイプがこれらに重なる形で登場し（1998 年 7 月 29 日法律第 657 号
〔以下では、「1998 年法」という〕および 2003 年 8 月 1 日の法律第 721 号〔以下では、
「2003 年法」という〕）、経営者保証人の規制に大きく舵を切ったといってよい
であろう。本稿の関心は、②および③タイプの規制にある。

　これらの規制は、保証債務による保証人の過剰債務の予防を目的としてい
る。このことが強く要請されてきた一因は、いわゆる個人破産における免責
制度の導入が遅かったことにあると思われる。非事業債務を負う自然人につ
いて適用される過剰債務処理手続に免責が導入されたのは、1998 年法によっ
てであった。また、経営者保証人は、前述（3 (1) (b) ③）のように、独立の
事業者でないため、商法典上の倒産手続を利用することができず、自己の会
社のための保証債務は事業債務であるため、過剰債務処理手続を利用するこ
ともできなかったが、2008 年にようやく、経営者保証債務についても過剰債
務処理手続の利用による免責の道が開かれた（消費 L.711-1 条第 3 文、L.742-
22 条）[34]。この点は、破産免責制度が早くから存在する日本とは状況が異な
るが、免責制度の導入後も、保証人の過剰債務予防規制は従来どおり適用さ
れている。

　第 2 に、企業倒産法制に関して、1984 年・1985 年の改正により極端な更生
主義に転換され[35]、さらに、2005 年には支払停止前の申立てを要する倒産予

33）本稿では、多数の規制のうち、筆者の問題関心との関係から事業債務の保証に関わる規制に焦
　　点を絞って検討する。1978 年法から 2003 年法までの立法の展開の全体像については、大澤慎
　　太郎「フランスにおける保証人の保護に関する法律の生成と展開 (1) (2)」早比 42 巻 2 号 47 頁
　　以下、42 巻 3 号 25 頁以下（2009 年）を参照されたい。
34）2008 年 8 月 4 日の法律第 776 号（以下では、「2008 年法」という）。
35）1984 年 3 月 1 日の法律第 148 号（以下では、「1984 年法」という）および 1985 年 1 月 25 日の法
　　律第 98 号（以下では、「1985 年法」という）。

防手続が導入されたことも[36]、保証人の処遇と無関係ではない[37]。そこでは、経営者に、主債務者である会社の倒産回避に向けた対処を促すため、自然人保証人への責任追及を緩和する規定がおかれている。

　以下では、フランスの事業債務の個人保証に関わる規制を、上記の2つの目的、すなわち、①保証人の過剰債務の予防を目的とするものと、②会社の経営難に対処する経営者のイニシアチヴの強化を目的とするものとに分けて、概観しよう。

(3)　過剰債務の予防①―契約締結時情報提供型

　保証契約の危険性や事業者（主に金融機関）たる債権者と素人たる保証人との間の知識および情報収集能力の非対称性を前提に、保証契約の締結を慎重にさせ、過剰債務を未然に防ぐための情報提供型の規制の代表例を挙げよう。

　消費法典上の手書要件は、事業者たる債権者との私署証書による保証契約について、所定の文言に従った保証債務総額と保証期間の手書記載を有効要件とする（消費 L.331-1・L.343-1 条)[38]。これは経営者保証人にも適用されるが、保証債務の範囲をよく知る経営者に手書要件を課すことには、批判が強い[39]。

　また、判例は、かつて消費者信用の自然人保証についてのみ導入されていた比例原則の考えに基づき[40]、事業債務の経営者保証の事案において、銀行が保証人の資力と明白に不均衡な保証債務を要求する行為をフォートとして、

36）2005 年 7 月 26 日の法律第 845 号（以下では、「2005 年法」という）。

37）フランスの倒産法制に関する文献は多数存在するが、紙幅の都合上、マリー＝エレーヌ・モンセリエ＝ボン〔荻野奈緒＝齋藤由起共訳〕「フランス倒産法概説（1）〜（3）」阪法 65 巻 4 号 1119 頁以下、65 巻 5 号 1283 頁以下、65 巻 6 号 1449 頁以下（2016 年）のみを挙げる。主債務者の倒産時の個人保証人の処遇について、能登真規子「フランス倒産法における保証人の地位（1）〜（3）」彦論 351 号（2004 年）139 頁以下、352 号 81 頁以下、353 号 121 頁以下（2005 年）、大澤慎太郎「フランス法における保証債務の履行と保証人の保護」早法 91 巻 3 号（2016 年）231 頁以下。

38）手書要件の詳細については、大澤・前掲注 33）「(1)」76 頁以下、「(2)」48 頁以下を参照。

39）M. Bourassin, la rationalisation du droit de cautionnement, *RD bancaire et fin.*, janvier-février 2016, n° 30, p. 5.

40）1989 年 12 月 31 日の法律第 1010 号（以下では、「1989 年法」という）によって創設された消費旧 L.313-10（現 314-18）条。

銀行の保証人に対する損害賠償責任を認めていた[41]。しかし、その後、経営者保証人については、保証人自身が知らなかった自身の返済能力等に関する情報を銀行が知っていたことについて保証人に主張立証責任を課すことで[42]、玄人たる経営者保証人を実質的に排除するに至った。同様に、判例は、金融機関が、素人たる保証人に対して、主債務者の不払のリスクや保証人の資力では保証債務を賄えないことを保証契約締結時に警告する義務を負い（警告〔危険防止〕義務）、この義務を怠った金融機関が民事責任として損害賠償責任を負うことを認めている[43)44)]。

　情報提供型の措置は、日本における2017年の民法改正の各種方策と通じるものであるが、保証人の素人性を考慮するかどうかについて、判例と消費法典上の扱いが異なる点に特徴がある。

（4）　過剰債務の予防②──契約締結後情報提供型

　保証契約締結後においては、2種類の情報提供義務がある。

　第1に、主債務の残額および保証期間・保証期間の定めのない場合の解約権に関する毎年の情報提供義務がある。この義務は、引退後の経営者保証人や保証人の相続人による「忘却」を防止し、期間の定めのない根保証における任意解約権を確保する趣旨であったが[45)]、2003年法により、事業者たる債権者[46)]と自然人たる保証人の間のすべての保証に適用範囲が拡大された（消

41）Cass. com., 17 juin 1997, *Bull. civ.* IV, n° 188：マクロン判決。

42）Cass. com., 8 octobre 2002, *Bull. civ.* IV, n° 136：ナウーム判決。

43）Cass. mixte, 29 juin 2007, *Bull. ch. mixte*, n° 7. なお、玄人であることは、経営者の地位から導かれるとする学説が有力であるが（Ph. Simler, *supra* note（24）, n° 469, p. 488；L. Aynès et P. Crocq, *supra* note（27）, n° 297, p. 172）、判例はその地位からだけでは玄人であることは当然に推定されないとする（Cass. com., 27 novembre 2012, n° 11-25967；Cass. com., 12 mars 2016, n° 94-20216）。

44）警告（危険防止）義務の詳細については、大澤慎太郎「フランスにおける金融機関の融資取引に関する義務と責任（1）（2・完）早法85巻4号29頁以下、86巻1号63頁以下（2010年）、同「保証人の保護に関する一考察──フランス法におけるその規律の構造を素材として」私法79号（2017年）103頁以下を参照。

45）この義務は、1984年法により金融機関による融資全般のための保証（通貨金融 L. 313-22条）、1994年2月11日の法律第126号（以下では、「1994年2月法」という）により個人事業主の債務（1994年2月法47Ⅱ条2項）、1998年法により自然人保証人によるすべての無限定保証（民2293条2項）について、導入されていた。なお、本稿では、断りのない限り、現在の条文番号で表記する。

費 L. 333-2・343-6 条[47]）。第 2 に、債務者の第 1 回目の不履行に関する通知義
務がある。この義務は、第三者保証人に遅延損害金が膨張する前に保証債務
を履行する決断をさせる趣旨であったが[48]、1998 年法により、上記と同様に
適用範囲が拡大された（消費 L. 333-1・343-5 条）。これらの義務の解怠の効果
は、約定利息や遅延損害金等の失権である。

　これらの情報提供義務は、保証債務が保証人の不知の間に事後的に膨張す
ることを防止しようとするが、自らの企業の状態を熟知している現役の経営
者保証人がこれを享受することには批判もある[49]。

(5)　過剰債務の予防③──比例原則

　情報提供型規制よりも過大な保証による過剰債務をより直截に予防する方
策として、消費法典に比例原則が定められている。

(a)　法定の比例原則

　「事業者たる債権者は、自然人によってされた保証契約の締結時に、保証債
務が保証人の財産及び収入に比して明白に不均衡であった場合には、当該保
証契約を主張することができない。ただし、保証人が請求された時点で、保
証人の資産が保証債務の履行を可能にするものである場合は、この限りでな
い」（消費 L. 332-1・343-4 条）[50]。

　先述（3 (3)）した判例上の比例原則が、銀行のフォートに基づく損害賠償
責任を認めていたのに対し[51]、消費法典上の比例原則は、保証債務の額と保

---

46) 事業者たる債権者とは、債権がその事業を行うについて発生した者、または、債権がその事業
　活動の 1 つと直接的関係のある者であるとされる（Cass. civ. 1re, 9 juillet 2009, n° 08-15910：手
　書要件に関する消費旧 L. 341-2・L. 341-3 条に関する事案）。
47) 消費法典の規定は、2016 年 3 月 14 日のオルドナンス 301 号により、条文番号が変更されたの
　で、現在の番号で表記する。
48) この義務は、1989 年法により消費者信用および不動産信用（消費 L. 314-17 条）、1994 年 2 月法
　により個人事業主または会社の債務（1994 年 2 月法 47 条 II 条 3 項）について、導入されていた。
49) M. Bourassin, La rationaliosation du droit du cautionnement, *RD bancaire et fin.*, janvier-février
　2016, n° 23, p. 4 et n° 30, p. 5.
50) 本条の訳出に際しては、大澤慎太郎「フランスにおける保証人の保護に関する法律の生成と展
　開（2）」早比 42 巻 3 号（2009 年）50 頁を参照した。
51) Cass. com., 17 juin 1997, *supra* note（41）.

証人の資力の明白な不均衡という客観的状況のみを要件とするものであり、その効果は、保証人に対する追及権の全部失権である。2003年法は、消費者信用および不動産信用の保証に関する比例原則の規定[52]の適用範囲を、事業者たる債権者と自然人たる保証人との間のすべての保証に拡張しており（本稿では、特に適用範囲の拡張された消費法典上の比例原則を「法定の比例原則」と呼ぶ）[53]、実際に、玄人である経営者保証人にも適用されている[54]。

　法定の比例原則の適用範囲が、玄人に分類され、要保護性が低いとされる経営者保証人に及ぶことをどう正当化するのかが、同原則の根拠と併せて問題となる。法定の比例原則の根拠を判例と同様に債権者のフォートによる民事責任と捉え、適用範囲を素人保証人に限定し、効果も過大な部分の減額にとどめるべきだという考えも、いまなお主張されている[55]。しかし、現在では、法定の比例原則が、消費法典におかれた過剰債務の予防のための規定であることを正面から受け止め、民事責任とは切り離して考えるのが一般的である[56]。もっとも、効果については、過大な部分の減額で足りるとする見解と[57]、全部失権という強力な効果こそが過剰債務の予防効果をもたらすとす

---

52) 消費者信用および不動産信用の保証を対象とする比例原則の規定は、2003年法以後も残されている（消費L.314-18条）。

53) 2003年法の審議過程において、比例原則の拡大は、他の保護規定の拡大と同様、国民議会第一読会において修正提案として提案されたが、銀行の責任を扱うことには困難を伴うことや明白な不均衡の評価基準の不明確さを理由に否決された。しかし、その後元老院によって再度挿入され、結果的に採択された（Doc. Ass. Nat., n° 572, *Rapport*. t. I, 29 janvier 2003, p. 111 et s.; Doc. Sénat, n° 217, *Rapport*, 19 mars 2003, p. 18 et 63.; Doc. Ass. Nat., n° 882, *Rapport*, t. I, 27 mai 2003, p. 25.)。

54) Cass. 22 juin 2010, *Bull. civ.* IV, n° 112. 現在では、保証債務と保証人の資力の明白な不均衡がある場合にはもっぱら法定の比例原則が適用される。判例上の比例原則は、一方で法定の比例原則に、他方で警告義務に吸収されており、警告義務と法定の比例原則との境界が問題となっている（D. Legeais, Proportionnalitéet cautionnemennt ou l'histoire de deux paralèlles qui se croisent, in *Mélanges AEDBF-France*, t. VI, RB édition, 2013, p. 349 et s.; L. Aynès et P. Crocq, *supra* note（27）, n° 298, p. 175.)

55) Ph. Simler, 2006, une occasion manquée pour le cautionnement, *JCP N*, n° 12, 25 mars 2016, nos 13 et s., p. 47.

56) L. Aynès, la réforme du cautionnement par la loi Dutreil, *RLDC*, n° 120, novembre 2003, p. 28 et s.; D. Legeais, La caution dirigeante, in *Mélanges, B. Bouloc*, Dalloz, 2007, p. 604; M. Bourassin, La specialisation du droit des sûretés personnelles, 《entre droit commercial et protection des consommateurs》, *RIDC*, 2-2014, n° 53, p. 459.

る見解[58]とに分かれている。

（b）　法定の比例原則の位置づけ

経営者保証人を含む自然人保証人全体の過剰債務を予防するという趣旨は、2003年法の立法目的から導かれる。同法は、企業設立・譲渡等の促進により経済を活性化するという目的の下、企業経営者（個人事業主[59]および会社経営者）やその近親者の地位の安全を確保するために、保証人保護のための各方策の適用範囲を事業者たる債権者と自然人保証人との間のすべての保証に拡大し[60]、自然人保証人の保護を強化したものである[61]。そこで、法定の比例原則の位置づけを次の2つの側面から掘り下げ、その究極目的を明らかにしたい。

（ア）　過剰債務への対応策との関係

保証債務の履行を請求された時点で、支払困難な状況にある自然人保証人を救済するための手段としては、負債の原因を問わずに適用される恩恵的猶予による弁済期延期（民1343-5条）[62]のほか、保証から生じた負債に基づく執行の制限による最低財産保証があるが（民2301条第2文）[63]、これらは免責の効果を生じるものではない。

---

57) M. Bourassin, *supra* note（56），n° 66, p. 469.
　　なお、2017年9月に公表された担保法改正準備草案においては、「縮減できる」という効果が提案されている（準備草案2301条）。同草案の経緯及び詳細については、注98）を参照されたい。

58) D. Legeais, *supra* note（56），p. 604. 全部失権という効果を民事罰の一種と解し、法定の比例原則を契約の統制手段と評するものもある（L. Aynès et P. Crocq, *supra* note（27），n° 294, p. 169.）。

59) 個人事業主とは、商人、手工業者、農業経営者および専門職自由業者をいう。商人と手工業者は、法定の登記簿への登記が義務づけられている。

60) 2003年法により適用範囲が拡大された他の保証人保護規定は、手書要件（消費 L. 331-1・331-2・343-1・343-2条）、連帯保証契約の極度額強制（消費 L. 331-3・343-3条）、主債務に関する毎年の情報提供義務（消費 L. 333-2・343-6条）である。

61) Notamment, Doc. Sénat, n° 217, *supra* note（53），p. 16 et s.

62) 町村泰貴「恩恵的債務猶予の現代的意義——1991年のフランス民法1244条改正について」商討46巻4号（1996年）129頁以下。なお、2016年改正後の債務法（民1100条～1231-7条、1300条～1386-1条）の条文訳については、荻野奈緒＝馬場圭太＝齋藤由起＝山城一真〔共訳〕「フランス債務法改正オルドナンス（2016年2月10日オルドナンス第131号）による民法典の改正」同法69巻1号（2017年）279頁以下を参照。

先述（**3 (2)**）のように、2003 年法の制定当時、経営者保証人が経営者保証債務によって過剰債務に陥っても、利用できる倒産処理手続はなかった。2003 年法は、過剰債務処理手続の適用対象となる自然人の過剰債務状態は、「善意の債務者が、弁済期が到来し、又は弁済期の到来する非事業上の負債の全体を履行することが明らかに不可能であること、及び、個人事業主又は債務者（法律上若しくは事実上の経営者でない者であるとき）が、会社の負債を保証し、又は連帯して支払う債務を履行することが明らかに不可能であることによって、特徴づけられる」と定義していたが（2008 年法による改正前消費旧 330-1 条 1 項）、これは、企業経営者の配偶者を保護するために[64]、配偶者保証人に過剰債務処理手続が適用されることを明らかにすると同時に、経営者保証債務を意図的に排除するものであった。

このように、事後的な免責可能性がないからこそ、2003 年法は事前規制によって経営者保証人の過大な保証を予防する必要があったのではないか。しかし、2008 年法（消費 L.711-1 条）が上記の消費法典旧 L330-1 条 1 項の後半部分を削除したことにより、経営者保証債務による過剰債務についても過剰債務処理手続の適用が可能となった後も、法定の比例原則が維持されているのであり、免責可能性の欠如が本質的な根拠であるとは言い難いだろう。

（イ）　経済活性化政策との関係

経済の活性化はフランスにおける長年の課題であるが、まさにこれを法律名に掲げる 2003 年法において、保証人保護規定の適用範囲を拡大する諸規定は、資本金を伴わない有限責任会社の設立の許容、差押禁止の申述による個人事業主の主たる住居の保護とともに、「企業の設立の簡易化」という章に置かれている。つまり、自然人保証人の過剰債務の予防は、事業の失敗に直面した経営者やその近親者の個人資産の保護を充実させ、起業の障碍を除去するという観点に基づくものである。

この観点は 2003 年法に固有のものではない。フランスでは、会社形態を

---

63) 1998 年法による民法典 2301 条第 2 文「いかなる場合においても、保証から生じる負債の額が、保証をした自然人から、消費法典 L.331-2 条に定められた最低減の資産を奪う結果を生じさせることはない」。

64) Doc. Sénat, n° 217, *supra* note（53）, p. 17 et s.

利用せずに事業債務について無限責任を負う個人事業主の個人資産を保護する傾向が強まっている。すなわち、2003 年法以前にすでに、個人事業主の事業債務について、事業上必要な財産への担保設定や執行を優先する可能性が認められていたが[65]、2003 年法以降は、事業債務に基づく強制執行からの主たる住居不動産の保護を強化し[66]、さらに、事業債務と個人資産の分離を許容するに至っている[67]。

こうした状況において、事業資産以外の個人資産を事業債務の引当てにすることを抑制する方向性が見出される。会社形態を利用する企業についても、経営者や第三者の個人資産を保証によって無限定に巻き込むことは、再考を迫られることになる。

この方向性は、事業と無関係の家族の資産を保護する試みの中にも認められる。たとえば、企業経営のために債務を負い、または担保を設定していた夫婦が離婚した場合には、裁判所は、事業資産を保持するか企業の基礎となった事業者としての資格を保持する元配偶者のみに責任を負わせることができる[68]。また、被相続人の負債を知らずに単純承認をした相続人は、これにより個人資産に重大な負債をもたらすときは、相続債務の全部または一部について免責され得るとの規定も、保証人の相続人を保護するものである[69]。

このような流れにおいて、比例原則は、事業者たる債権者（主に金融機関）

---

65) 個人事業主の事業融資のために担保・保証を徴求する金融機関は、事業主に対して、事前に書面をもって、必要な担保額および事業上必要な財産への担保設定を提案することができることを通知しなければならない（1994 年 2 月法による通貨金融 L. 313-21 条）。また、個人事業主の事業債務に基づく強制執行について、債権者は、事業上必要な財産に優先的に執行するよう請求できる（1991 年 7 月 9 日の法律第 550 号による民執 L. 161-1 条）。

66) 2003 年法により、個人事業主の主たる住居不動産について、事業債権の債権者に対する差押禁止の申述が創設され、2008 年法によって差押禁止の申述の可能範囲が拡大された（商 L. 526-1 条 2 項）。その後、2015 年には、主たる住居不動産は当然の差押禁止財産になった（2015 年 8 月 6 日の法律第 990 号による商 L. 526-1 第 1 項）。

67) 有限責任個人事業主（EIRL）（商 L. 526-6 以下）については、注 27) を参照。なお、EIRL が事業に失敗した場合には、事業資産についてのみ倒産手続が開始されるため、個人資産は保護される。

68) 2005 年 8 月 2 日の法律第 882 号による民 1387-1 条。

69) 2006 年 6 月 23 日の法律第 728 号による民 786 条 2 項。同条項は、保証債務に限らず相続上の全負債に関する規定であるが、立法時に想定されていたものの 1 つに、被相続人による保証があった（Doc. Ass. Nat. nᵒ 2850, *Rapport*, 15 février 2006, p. 95.)。

に対して、自然人保証人の資力に見合った保証額を設定するための資力調査の規律づけを行い、債権者と保証人のリスク分配を適正化する試みといえよう。

　では、事業の失敗のリスク分配の適正化によって、何が追求されているのか。法定の比例原則が消費法典におかれていることに着目すると、次のように考えられる。同法典は、事業者と消費者の関係という特殊な市場関係を規制するために、当該契約当事者の具体的な要保護性にかかわらず、一定のカテゴリーに含まれる者を保護するものである[70]。したがって、消費者（ここでは「自然人」）の保護は、弱者としての個人ではなく、市場の機能という集団的利益の保護である[71]。こうした考えを援用しつつ、保証人の過剰債務予防によっては具体的に、企業活動そのものと、企業の設立・存続のための資金調達に必要な保証引受けを奨励することによる経済の活性化が追求されているとする見解もある[72]。この論者は、この考えを敷衍し、過剰債務は経済的・社会的疎外と尊厳の侵害をもたらすものであり、それに対する保護は保証人の正当な利益であるから債権者は信義誠実義務を負うとしたうえで、過剰債務の予防による保証引受けの促進（保証引受けに対する躊躇の緩和）が、資金調達を要する個人や企業の支援につながるため、社会経済的な一般利益に資するとして、すべての債権者と自然人保証人の間に適用される比例原則を民法典におくべきであると主張する[73]。

　このように、法定の比例原則が、保証人個人の保護のみならず、それを通じて、社会経済全体の利益を追求する手段として位置づけられていることは、興味深い。

70）消費者法を、弱者たる消費者の保護を目的とするものとしてではなく、競争法的観点から捉えることによって、消費法典における保証人保護規定の適用範囲の拡大を正当化するものとして、フィリップ・ストフェル＝マンク〔山城一真訳〕「消費法の法典化」民商 46 巻 4=5 号（2012 年）419-420 頁。

71）Voy. J. Rochefeld, Du statut du droit contractuel《de protection de la partie faible》: les interférences du droit des contrats, du droit du marché et des droit de l'homme, in *Mélanges G. Viney*, LGDJ, 2008, n° 8, p. 835；ストフェル＝マンク〔山城訳〕・前掲注 70）419-420 頁。

72）M. Bourassin, *supra* note（56），n° 9, p. 440 et n° 53, p. 459.

73）M. Bourassin, *supra* note（49），n° 4, p. 1 et n° 23, p. 3.

(6) 企業の経営難と経営者の主導性強化

中小企業等においては、ほとんどの場合に経営者が、場合によっては近親者が保証人となるため、企業が経営難に直面した際に、経営者が、保証債務に基づく履行請求によってその個人資産を直ちに失ったり近親者の資産を失わせたりすることを恐れて倒産手続の利用を踏みとどまり、結果的に企業の再建の足枷になっていた。そこで、1984 年法以降の一連の倒産法改革の中で、企業の早期再建に向けた一手段として、保証の付従性を操作することにより、経営者が企業の経営難に早く対処すればするほど自然人保証人が獲得できる特典が大きくなるという仕組みが構築されている[74]。

以下では、平時における付従性の帰結を確認した後に、倒産手続における付従性の変容をみてみよう。

(a) 平時における付従性の帰結

保証の付従性について、民法典には、成立の付従性（民 2289 条 1 項）、内容と態様の付従性（民 2290 条 1 項）、保証人による主債務者の有する抗弁の対抗可能性（民 2313 条）に関する 3 つの規定がある[75]。

倒産手続との関係で問題になる限りで、平時における付従性の帰結と射程に関する判例の立場は、次のとおりである[76]。

第 1 に、裁判上の清算手続開始決定を含む期限の利益の喪失事由が主債務者に生じても（Ⓐ）[77]、債権者はこれを保証人に対抗できない（判例[78]、民 1305-5 条）。これは保証債務の事後的な加重の禁止を根拠とするものであり

---

74) この他に、経営者に一定のフォート等がある場合の財産上の責任・職務上の責任・刑事責任について、債務者が支払停止前に申し立てることができる救済手続においては適用されず、更生手続よりも清算手続においてより重い制裁が課されていることも、同一の目的に資するという（モンセリエ＝ボン〔荻野＝齋藤共訳〕「(2)」前掲注 37）1296-1297 頁。各責任の詳細について、張「(2)」前掲注 24）2034 頁以下を参照）。

75) 民 2289 条 1 項「保証は、有効な債務についてしか成立し得ない」。
　　民 2290 条 1 項「保証は、債務者が支払うべきものを超えることも、より重い条件の下で締結することもできない」。
　　民 2313 条「保証人は、主債務者に属し、かつ、負債に内在的なすべての抗弁を債権者に対抗することができる」。

76) 付従性の内容と射程に関する学説は分かれているが、本稿では、紙幅の都合上深く立ち入らない。

（民2292条[79]）、付従性の射程外とされている。ただし、反対の特約は可能であり、銀行との保証では常に特約が付されている。

　第2に、債権者が主債務者の期限を猶予した場合（Ⓑ）には、民法2290条1項に基づき、保証人は債権者に対抗できる。これに対し、主債務者に対する恩恵的猶予（民1343-5条）は、主債務者の支払困難という保証リスクが実現した結果であるため、保証人はこれを対抗できない[80]。付従性の例外である。

　第3に、主債務者に対する免除（Ⓒ）は、連帯保証も含めて保証人を解放する（民1350-2条）。これに対し、訴権の放棄の場合には、判例は、債務が消滅していないとして、連帯保証人への請求を認める[81]。これは付従性の射程外と考えられている。

（b）　倒産手続における付従性の変容

　支払困難に陥った企業が倒産手続を利用する場合には、保証の担保目的との関係で、付従性の原則はいかなる制約を受けるのだろうか。現在の倒産手続の全体像を一瞥してから[82]、検討しよう。

　債務者の支払停止前にのみ申立可能な裁判上の倒産予防型手続としては、救済手続[83]が、和解による予防型手続としては、特別委任[84]と支払停止前か

77）　法定の期限の利益喪失事由は、担保提供義務の不履行・担保減少行為（民1305-4条）、裁判上の清算開始決定（商L. 643-1条）である。その他に、当事者の合意による期限の利益喪失条項も認められる。これに対し、救済手続および裁判上の更生手続の開始決定は、期限の利益を喪失させない（救済手続：商L. 622-29条、更生手続：L. 631-14条）。この場合に保証債務の期限の利益を喪失させる特約は、民法2290条に基づいて書かれなかったものとみなされる（Cass. civ. 1re, 24 janvier 1995, Bull. civ. I, n° 51.）。

78）　Cass. req., 30 janvier 1890, *S.* 1890, I, 445; *DP* 1891. 1. 5, note. M. Planiol; Cass. civ. 1re, 20 décembre 1976, *Bull. civ.* I, n° 415; Cass. com., 8 mars 1994, *Bull. civ.* IV, n° 96; Cass. com., 26 octobre 26 1999, *Bull. civ.* IV, n° 183.

79）　民2292条「保証は何ら推定されない。保証は明示的でなければならず、それが締結された限度を超えて拡大することができない」。

80）　Ph. Simler, *supra* note（24），n° 502, p. 525.

81）　Cass. com., 22 mai 2007, *Bull. civ.*, IV, n° 136.

82）　倒産手続の詳細については、注37）掲載文献等を参照。

83）　2005年法によって新設された救済手続は、アメリカ連邦倒産法第11章手続をモデルにしたものである。

ら支払停止後 45 日後まで利用可能な調停手続がある。これに対し、支払停止後の再建型手続として裁判上の更生手続が、再建が不可能な場合の清算型手続として裁判上の清算手続がある。

救済手続が申し立てられても、債務者が手続進行中に支払停止に陥ると裁判所の決定により更生手続に移行し、また、救済手続や更生手続が申し立てられても、当初の手続の観察期間中に再建不能と判断されると清算手続に移行し、また、最初から清算手続を申し立てることも可能である。

（ア）　倒産手続における付従性不適用の原則

主債務者が支払停止に陥って倒産手続を利用する場合、倒産手続中でなされる期限の猶予や免責といった主債務の変容は、主債務者の支払困難を治癒するという保証人の意思＝担保目的に劣後するため保証人に及ばず、保証債務は、当事者によって当初確定されていた主債務者の義務に従う（以下では、これを「付従性不適用の原則」と呼ぶ）[85]。

付従性不適用の原則は、清算手続において典型的に現れる。すなわち、清算開始決定がなされると主債務者に対する権利行使が禁止・中止されるが（商 L. 641-3 条）（前述Ⓑに対応）、その効力は保証人に及ばず[86]、保証人は、弁済期が到来した債務について即座に請求される。また、積極財産の不足により清算が終結すると、債権者の主債務者に対する訴権は回復しないが（商 L. 643-11 条Ⅰ）、負債自体は消滅しないので、保証人に対する請求は可能である[87]。ただし、弁済した保証人は、手続終結後も求償権を行使することができる（商 L. 643-11 Ⅱ条）[88]。これは求償権の確保の観点から認められたものである[89]。

84）特別委任（商 L. 611-3 条）は、裁判所が選任した債務者の特別受任者と債権者の間の交渉に基づく契約の効果を生じさせるに過ぎないため、本稿では扱わない。

85）P. Crocq, Le droit des procédures collectives et le caractère accessoire du cautionnement, in *Mélanges Ph. Malaurie*, Defrénois, 2005, n° 6, p. 173.

86）これは、保証人が手続外の第三者であることからも説明される（C. Saint-Alary-Houin, *Droit des entreprises en difficulté*, 10ème éd. LGDJ, 2016, n° 702, p. 444 et s.）。

87）Cass. com., 8 juin 1993, *Bull. civ.* IV, n° 230.

88）もっとも、この求償権の実益があるのは、債務者が自然人である場合のみである。

89）これは、1994 年 6 月 10 日の法律 475 号（以下では、「1994 年 6 月法」という）が、従前の判例（Cass. com 8 juin 1993, *supra* note（87））を変更して設けたものである。

（イ）　付従性不適用の原則の修正

これに対し、予防型・再建型手続においては付従性不適用の原則が修正されている。

まず、救済・更生手続の開始決定によって債務者に対する個別的権利行使が中止・禁止されるが（商 L. 622-21 条）（Ⓑに対応）、「自然人保証人等」[90] に対しても、訴権の行使が停止される（救済手続：商 L. 622-28 条 2 項、更生手続：商 L. 631-14 条 1 項）。

次に、手続開始決定後の観察期間における約定利息・法定利息・遅延損害金および増加費用の発生停止（Ⓒに対応）[91]、その後、観察期間の終了後に決定・認可された救済・更生計画（期限の猶予および債務免除（ⒷⒸに対応））については、自然人保証人等がこれらを援用することは、救済手続では肯定され（商 L. 622-28 条 1 項・L. 626-11 条 2 項）、更生手続では否定されている（商 L. 631-14 条 7 項・L. 631-20 条）。

また、調停においても、手続中の期限の猶予や合意条項を援用することができる（商 L. 611-10-2 条）。

まとめると次のようになる。自然人保証人等は、主債務者たる企業が救済手続に付された場合、手続開始決定後に観察期間を経て、決定・認可された救済計画が適切に履行されている間は、保証債務の履行を請求されることはない[92]。これに対し、更生手続においては、観察期間中に請求されることはないが、更生計画が認可されると直ちに、観察期間に生じた利息等も含めて保証債務の履行を請求される。いずれの場合にも、途中で再建不能と判断されて清算手続に移行した場合には、直ちに全額の履行を請求される。もっと

---

90) 更生手続に関する援用ルールを定めた 1994 年 6 月法においては、「保証人と共同義務者」であったが、救済手続に関する援用ルールを定めた 2005 年法が、保証規制の潜脱を防止するために「独立担保の提供者」を追加し、さらに、2008 年 12 月 18 日のオルドナンス第 1345 号が、経営者が担保提供をした自身又は近親者への影響を心配せずに手続を利用できるようにするために、「担保のために財産を充当し又は譲渡した自然人」（物的担保提供者）を追加した。このように、経営者による経営難への早期対処を推進するという目的のもと、人的担保と物的担保を区別せずに扱っていることは、注目に値する。

91) これは、手続進行中の利息の蓄積による債権者間の平等を防ぐ趣旨であり、観察期間中の利息の消滅を意味する（C. Saint-Alary-Houin, *supra* note（86），n° 752, p. 478.）。

92) Voy. Cass. com. 1er mars 2016, n° 14-16402.

も、法定の比例原則の要件を満たす場合には、全部の履行を免れる。

　調停手続と救済手続の申立権者は債務者のみであるため、経営者の決断が会社の倒産を予防できるかどうかにとって決定的である。したがって、2005年法の立法者は、経営者が支払停止前に経営難に対処することを促すため、すでに清算手続よりも保証人が優遇されていた更生手続よりもさらに、救済手続における保証人を優遇した[93]。救済手続と更生手続の間における自然人保証人等の処遇の差別的取扱が違憲であるとの主張に対して、破毀院は、立法者が、経営者の経営難への早期対処を促進することによって、経済活動および雇用の維持を目的とする救済手続を発展させようとする政策の正当性を認め、憲法院への付託を拒絶した[94]。

　このように、予防型手続である調停手続と救済手続においては、付従性不適用の原則が完全に覆り、保証の付従性が貫徹されているようにもみえるが、あくまで上述の政策実現のためというプラグマティックな理由に基づくものである[95]。したがって、付従性不適用の原則の修正による自然人保証人の「保護」もまた、保証人個人の保護を目的とするのではなく[96]、主債務者たる企業の再建による経済活動の維持と活性化そして雇用維持という社会経済全体の利益を追求するものであるといえる。

　また、この目的のために、主債務者たる企業の経営難の局面では、自然人保証人は、債務を肩代わりして弁済することよりも、企業再建のための人質としての機能が重視されていることも[97]、付言しておく。

---

93) Doc. Ass. Nat., n° 2095, *Rapport*, 11 février 2005, p. 213.

94) 商法典 L. 622-20 条の違憲性が問われた事案について、Cass. com., 12 avril 2012, n° 12-40003.

95) M. Farge et O. Gout, L'impact du nouveau droit des entreprises en difficulté sur le droit des sûretés, *RLDC*, n° 58, mars 2009, n° 7, p. 26.

96) 調停の合意条項や救済計画が適切に履行されている間は保証人への請求が阻止されることにより、過大な保証が結ばれていた場合であっても、企業の経営難の克服が保証人の過剰債務の現実化を防ぐことになるが、これはあくまで派生的効果である。

97) 立法過程において、自然人保証人として主に経営者保証人が想定されていたことに鑑みれば、その実質的機能である誠実な経営に専念させる機能の中には、経営難に直面した企業の再建に向けて迅速に取り組むことも含まれているといえる。日本では、経営者保証ガイドラインにおいてこの機能が注目されている。

(7) 「自然人」保証規制が目指すもの

このように、現在のフランス法は、要保護性の高い保証人の一般法解釈による保護を残しつつ（3 (3)）、法律上の過剰債務予防型規制と企業再建に向けた経営者の主導性強化型規制において、経営者保証人を含む自然人保証人全体に種々の恩恵を与えることによって、フランス経済の再生・活性化という個人には直接還元されない利益を追求している。

もっとも、過剰債務予防型規制は消費法典を拠点としているため、これを民法典に導入する際に同様の規制を維持できるかについては考えが分かれており[98]、また、それを措いても、一般利益の追求のために保証契約の効力を制限すること自体や、個々の方策の上記目的に対する適合性への批判もあることも、先にみたとおりである。

4　むすびにかえて

日本の改正民法は、要保護性を考慮した保証人個人の保護にとどまっており、中小企業等の早期再生や経営者の再挑戦・再出発という観点からの個人

---

[98] 比例原則については、この考えが保証一般にどの程度浸透しているかや今後の立法動向についても、さらに検討を続けたい。

　なお、フランス司法大臣の諮問を受けてアンリカピタン協会によって組織された担保法改正作業グループ（委員長：ミシェル・グリマルディ・パリ第2大学教授）によって起草され、本稿の初版の脱稿後である2017年9月に公表された担保法改正準備草案においては、比例原則（準備草案2301条）、契約締結後の毎年の情報提供義務（同2303条）および第1回目の不履行に関する通知義務（同2304条）に関する規定を民法典におき、消費法典中におかれた現行規定を削除することが提案されている（Association Henri Capitant, *Avant projet de réforme du droit des sûretés*, p. 56 et s.（http://henricapitant.org/storage/app/media/pdfs/travaux/avant-projet-de-reforme-du-droit-des-suretes.pdf〔最終アクセス2018年6月4日〕））。

　比例原則に関して、準備草案2301条は、先に掲載した（3 (5)）消費法典L. 332-1条およびL. 343-4条所定の比例原則を次の2点について変更することを提案する。第1に、適用範囲を、事業者たる債権者からすべての債権者に拡大する。比例原則による保護は債権者が事業者でない場合であってもまったく同様に正当化され、かつ、必要であるというのが理由である（Association Capitant, *supra* note（98）, p. 56）。第2に、効果についても、保証人に対する追及権の全部失権は、重要な財産を有する保証人であっても、保証債務額がその資産の額よりも高額であるという理由で単純に免責されるという驚くべき結果をもたらし、正当化し難いとして（Association Capitant, *supra* note（98）, p. 56）、保証債務を「縮減できる」に変更する。

保証規制はソフトローに委ねられているのに対して、フランスの自然人保証規制は、この観点から、契約締結時の規制と主債務者の支払困難時の規制を両輪として構想し、当事者間の利益調整を超えて、社会全体の利益のために個人保証規制を立法するという新たな視点を示している。この点で、フランス法は、事業債務の保証規制、特に経営者保証規制を立法として構想する際の1つのモデルを提供してくれる。しかし、日本における規制のあり方を検討するには、中小企業金融における融資や機関保証の実態、倒産法の理念や倒産手続における物的担保の処遇の違い、経済・社会構造や法規制のあり方の違い、さらには自然人保証規制立法がフランス経済・社会に及ぼした影響等を、その失敗経験も含めて、慎重に考察する必要があることは言うまでもない。こうした作業は今後に残された課題である。

* 本稿は、日本学術振興会科研費 2638116・17K03461 の研究成果の一部である。

将来債権譲渡の法的構造の解明に向けて

白石　大

1　はじめに——研究の動機

　バブル崩壊に伴う地価の下落によって、不動産担保に依存してきたわが国の金融慣行は行き詰まり、抵当権付融資にかわる新たな金融手法が求められるようになった。そこで注目を集めたのが、新陳代謝を繰り返す売掛債権を対象とする流動債権譲渡担保や、将来にわたって継続的に発生が見込まれる債権を真正譲渡することによる債権流動化・証券化であった。ところで、これらの新たな金融手法は、未発生の債権（将来債権）の譲渡を前提とするものである。そこで、実務における重要性の増大に伴って、将来債権譲渡の法的取り扱いを明確にすることが要請されるようになったのである。

　この要請に応えるように、最高裁は将来債権譲渡に関する重要な判例を平成10年代に相次いで出した。すなわち、最判平成11・1・29民集53巻1号151頁は、将来債権譲渡の有効性を明確に承認し、最判平成13・11・22民集55巻6号1056頁および最判平成19・2・15民集61巻1号243頁は、債権が未発生の段階であっても譲渡の対抗要件を具備することが可能であると判示した。これら一連の判例によって、将来債権譲渡の法制度としての安定性は一定程度高められてきたといえる。

　これに対して、民法学の側からの取り組みはどうだったであろうか。将来債権譲渡の法的構造を明らかにするためには、①そもそも「将来債権」とは何か、②未発生の債権を譲渡しうる法的根拠は何か、③債権発生前の段階で

譲受人が取得する権利はあるか、あるとしてその実体は何か、④債権はどの時点で移転するか（譲渡契約時か債権発生時か）、⑤債権はどのような過程を経て譲受人に移転するか（発生とともに原始的に譲受人に帰属するか、それともいったん譲渡人のもとで発生した後に譲受人に移転するか）、⑥債権発生前に対抗要件を具備しうる理論的根拠は何か、などについての検討を要する（以下、本稿ではこれらを「検討課題①〜⑥」と呼ぶ）。しかし2で後述するように、従来の民法学においては、これら①〜⑥の検討課題に関する基礎的・総合的な研究が十分だったとはいえないように思われる。

将来債権譲渡の法的な仕組みが明らかでないと、これを利用した金融手法の普及にも悪影響を及ぼしかねない。とりわけ、「将来債権譲渡が行われた後で譲渡人が倒産した場合に譲渡の効力が倒産手続に優先するか」という問題は、実務的に極めて重要であるにもかかわらず、解釈がいまだ確定していない状況にある。倒産時の処遇が不明確であることは金融手法として致命的ともいえ、この法的不安定ゆえに将来債権譲渡の有用性が損なわれかねないと金融実務界では懸念されている。

筆者は、かつて金融機関に勤務した経験から、不動産担保に依存しない金融手法としての将来債権譲渡にかねてより関心を抱いてきた。そして、将来債権譲渡の法的構造の理論的な分析を通じてその法的取り扱いを明らかにし、新たな金融手法の発展・普及に寄与したいと考えて研究を続けてきた[1]。本稿では、まず将来債権譲渡に関する先行業績を整理した後に（2）、これまで行ってきた筆者の研究をその流れの中に位置づけ（3）、私見に対する批判への応答を試みたうえで（4）、今後の研究の展望を示すこととしたい（5）。

2　将来債権譲渡に関する先行研究

(1)　初期の学説

上記1では、従来の民法学において将来債権譲渡の基礎研究が不十分であったと述べた。とはいえ実は、将来債権譲渡の法的構造に関する言及は、比

---

1) これに対し、将来債権譲渡をめぐる実務的な問題に、より実践的な見地からアプローチを試みたのが藤澤治奈教授の一連の業績である（本書147頁以下参照）。

較的初期の学説にも見出すことができる[2]。

　石坂音四郎博士は、①将来債権には債権発生の基礎たる法律関係がある場合とない場合とがあるが、いずれも譲渡の対象となる、②譲渡対象債権の存在は譲渡契約の成立要件ではなく効力発生要件であり、契約締結時に債権が存することを要しない（直ちに権利処分の効力を生じなくても処分自体は可能である）、④債権の移転時期は将来その債権が発生した時点である、⑤発生した債権はいったん譲渡人に帰属するが、それと同時に譲受人に移転する、と論じた[3]（各番号は上述の検討課題①〜⑥に対応する。以下同じ）。ただし、これらは体系書における記述であり、理論的な根拠はあまり示されていない。また、そこに引用された文献からも明らかなとおり、博士の見解はドイツ法に大きく依拠しており、将来債権譲渡の対抗要件に関する記述がまったく見られないことがそのことを象徴している。

　これに対し、於保不二雄博士の論文「将来の権利の処分」[4]は、石坂博士と同様にドイツ法を参照しつつも、将来債権譲渡の法的構造に関する検討課題①〜⑥のすべてについて詳細な分析を行っており、初期のものとしては最重要と位置づけられるべき業績である。於保博士は、検討課題①〜⑥につき、次のように論じる。①発生の基礎を有しない純然たる将来債権のみならず、発生の基礎を有する債権（締結済みの賃貸借契約や労働契約に基づき使用・労務の対価として発生する個々の請求権など）も将来債権に含まれうるが、将来の権利の処分が一般的に認められる以上、この区別に実益はない。②処分行為の効果が当事者に帰属するためには処分権が存しなければならないが、これは処分される権利が存在していることを論理的な前提とする。したがって、譲受人と処分の客体との間に法律関係が結ばれるためには、処分の客体がすでに存在している必要がある。しかし、法律効果の発生と、その効果がある者に帰属することとは区別され、前者（法律効果の発生）のためには処分の客体の実在を要しない。③将来の権利を処分することによって、譲受人は期待

---

2) 初期の学説については、池田真朗『債権譲渡法理の展開』（弘文堂、2001年）239頁以下参照。
3) 石坂音四郎『日本民法債権総論中巻』（有斐閣、1916年）1189頁以下。
4) 於保不二雄『財産管理権論序説』（有信堂、1954年）281頁以下所収（初出、論叢34巻1号、2号（1936年））。

権（権利を取得しうべき期待または地位を保護するために法律によって与えられた権利）を取得する。④権利が発生し、処分権がいったん譲渡人に帰属することによって譲受人への効果帰属の要件が満たされ、権利の移転が生じる。したがって、権利の移転時期は権利発生の時点である。⑤譲渡人が処分の客体（したがってその処分権）を取得しない限り、当該客体は譲受人に移転しない。処分の客体たる権利が発生すると、譲渡人がこれをいったん取得し、そこから直ちに譲受人に移転する。⑥将来債権の譲受人はすでに期待権を有しており、あらかじめ対抗要件の具備が認められなければならない。債務者および第三者の不測の損害を防ぐという対抗要件の趣旨からすれば、譲渡の通知または承諾のみで将来債権譲渡の対抗要件として十分である。

　このように、於保博士は、早くから将来債権譲渡の法的構造に関する総合的な理論を提示していたのであり、その業績は現在でもなお重要性を有すると思われる。しかし、実務での利用が乏しかったこともあって、将来債権譲渡の理論研究はその後長期にわたって低調となり、於保博士の見解も必ずしも学説の共有するところとはならなかった。

(2)　平成 10 年代以降の学説

　平成 10 年代に最高裁判例が相次いで現れたのを受けて、将来債権譲渡に関する議論は活況を呈するようになった。この時期の議論を主導したのは、判例評釈という形で公表された池田真朗教授の見解であった[5]。池田教授は、検討課題①②にはあまり関心を示さないかわりに、検討課題③〜⑥（とりわけ④）について次のとおり詳細な議論を展開する。④判例のように、将来債権譲渡の第三者対抗要件の効力発生時期を債権発生時ではなく対抗要件具備時と解する限り、将来債権譲渡の場合の債権の移転時は各債権の発生時ではなく譲渡契約時でなければならない。なぜならば、対抗要件が「権利移転の公示」をする手段である以上、取得していない権利について対抗要件具備だけが先行するのは論理矛盾だからである。仮に「取得していない権利についての対抗要件」を認めるとすると、それは不動産物権変動における仮登記の

　5）これらの評釈は、池田・前掲注 2）234 頁以下および池田真朗『債権譲渡の発展と特例法』（弘文堂、2010 年）146 頁以下に収められている。

ように順位保全効のみを有する対抗要件にならざるをえないが、これはわが国の債権譲渡の対抗要件制度が予定しないところである。③たしかに、譲受人が権利行使できるようになるのは債権発生時からであるが、債権の取得・移転はその発生前から観念してよく、当該債権の「債権者たる地位や処分権能」は譲渡時に譲受人に移転する。⑥したがって、譲渡時に債権未発生の段階で具備した対抗要件は、当然に（その権利移転を公示する対抗要件として）その時点から有効である。⑤なお、移転した権利は、譲受人のもとで譲受人のものとして発生する。

　この池田教授の見解、とりわけ④に関する見解は、森田宏樹教授[6]、潮見佳男教授[7]、中田裕康教授[8]など、有力な論者たちの賛同を見出した。もっとも、何が譲受人に移転しているか（検討課題③）については論者によって若干のニュアンスの相違がある。すなわち、森田教授は、未発生の債権であってもその「処分権（将来において債権が現実に発生したときは当該債権を取得することができる権能）」を現時点で観念することは可能であり、将来債権譲渡はこの観念的な処分権の移転であるとする。これに対して潮見教授・中田教授は、債権発生時に原始的に債権者となるという「法的地位」が譲渡契約時に譲受人に移転すると構成している。

(3)　補論——本研究と同時期の学説

　筆者の研究は、上記 (2) の見解が有力化しつつあった時期に公表を開始したものであった。その内容および先行研究との関係については 3 で後述するが、その前に、筆者の研究とほぼ同時期に公表された関連学説についてもここでみておきたい。

　石田剛教授は、将来債権の包括譲渡後に締結された譲渡禁止特約の効力を論じるにあたって、将来債権譲渡の法的構造に言及している[9]。石田教授は、ドイツ法では「将来債権を譲渡する契約は有効であるものの、処分行為の効

---

6)　森田宏樹「事業の収益性に着目した資金調達モデルと動産・債権譲渡公示制度」金融法 21 号（2005 年）88 頁。

7)　潮見佳男「将来債権譲渡担保と国税債権の優劣」NBL856 号（2007 年）16 頁。

8)　中田裕康「将来又は多数の財産の担保化」金融法務研究会編『動産・債権譲渡担保融資に関する諸課題の検討』（金融法研究会事務局、2010 年）24 頁。

果は債権発生と共に生じ、それ以前に譲渡の効果が発生することはない」と紹介したうえで、これは「契約時に譲渡の効果が発生する」と断定する日本の判例法とは異なる規律であると評する。日本法では、履行請求権が顕在化する前に処分権限のみを先に譲渡するという考え方に対して抵抗が少ないのに対して、ドイツ法では処分権限のみが権利本体から分離して移転するという事態は容認されていないことがこの背景にあるという。もっとも、石田教授は、契約締結時に譲受人に処分権限が完全に移転するという理解を是認するかどうかについては留保を付し、「将来債権の移転時期の問題に関しては議論の実益に乏しいともいわれ、学界においても深入りが避けられてきたきらいがある。しかし……この点を正面から検討すべき時期が来ていることが明らかとなった」としている。

　和田勝行准教授は、将来債権譲渡担保と倒産手続との競合場面においていかに前者の効力を制約するかを検討するにあたり、（暫定的な検討と断りつつも）将来債権譲渡の法的構造論に取り組む[10]。和田准教授もまたドイツ法を参照して次のように論じる。②将来債権の処分行為自体と処分効果の発生とは区別され、債権の発生は処分行為自体の要件ではないので未発生段階でも処分行為は完成する。③将来債権についての譲渡人の処分権を観念し、将来債権譲渡はこの処分権の移転として構成される。④他方、債権の発生は処分効果の発生要件なので、譲受人が債権を取得するのはあくまで発生時である。⑤債権はまず譲渡人のもとで発生するが、事前に締結された将来債権譲渡担保契約に基づいて直ちに譲受人に移転する。⑥将来債権譲渡の対抗要件は、将来債権にかかる処分権の移転を公示するものとして、債権未発生の段階でも具備可能である。

　これらの研究は、いずれもドイツ法を参照しつつ検討を行う点で共通する。また、将来債権譲渡の法的構造の解明自体を目的としているわけではなく、結論を慎重に留保している点でも共通している[11]。

---

9) 石田剛『債権譲渡禁止特約の研究』（商事法務、2013年）267頁以下（初出、阪法279・280号（2012年）。
10) 和田勝行『将来債権譲渡担保と倒産手続』（有斐閣、2014年）169頁以下。

(4) 小 括

　以上、将来債権譲渡に関する簡略な学説史を示した。ここから明らかになるのは次の2点である。

　まず、将来債権譲渡の法的構造に関する総合的な研究は、於保博士の手になるものを除き、これまでほとんどなされていないことである。その於保博士の研究からもすでに80年が経過し、将来債権譲渡を取り巻く状況も大きく変わっているなか、このテーマにいま改めて取り組む必要性は高まっていると考えられる[12]。

　次に、石坂博士・於保博士にはじまり、近年の石田教授・和田准教授に至るまで、従来の将来債権譲渡研究はドイツ法を参照したものが多いことである。これに比べ、わが国の債権譲渡法制の母法であるフランス法を参照した将来債権譲渡の基礎研究は、意外なほどに少ない。たしかに、フランスの将来債権譲渡法制（とりわけダイイ法）の紹介は行われてきたものの、検討課題①〜⑥のような理論的な問題をフランス法を参照して明らかにしようとする試みは乏しかったように思われる[13]。

　筆者は、このような学説状況に鑑み、フランス法を参照して将来債権譲渡の法的構造の解明を試みた。以下、項を改めて筆者の研究の概略を示す。

3　本研究の概略

(1)　第一論文

　筆者の研究（「本研究」）は、1で示した実務的な問題、すなわち「将来債権譲渡が行われた後で譲渡人が倒産した場合に譲渡の効力がどうなるか」という問題への関心からスタートした。これにつき、フランスにおける議論を参

---

11) 水津太郎「ドイツ法における将来動産と将来債権の譲渡担保」法研88巻1号（2015年）199頁以下も、ドイツ法を検討の素材とする点、日本法の解釈論を留保する点で、石田教授・和田准教授の研究と共通する（水津論文については本文で後述する）。

12) 和田・前掲注10）189頁注664もこの必要性を指摘する。

13) 池田真朗教授の債権譲渡研究は、フランス法を参照した比較法の業績として名高いが、その池田教授も将来債権譲渡に関しては、比較法を用いた基礎理論研究に取り組まれていないように見受けられる。

照しつつ検討したのが、「フランスにおける将来債権譲渡と譲渡人の倒産手続との関係」[14]（以下、「第一論文」と呼ぶ）である[15]。

　第一論文の概要は次のとおりである。フランスでは、賃料債権が譲渡（またはわが国の転付命令に類似する差押手続）の対象とされた後で、賃貸人について倒産手続が開始した場合に、手続開始後に弁済期が到来する賃料を譲受人（または差押債権者）が取得できるのか、それともこれらの賃料は倒産手続に取り込まれるのかが、1990 年代後半から 2000 年代前半にかけて激しく争われた。この問題は、破毀院内部で第 2 民事部と商事部が異なる判断を下すという事態にまで至ったが、その根底にあったのは、賃料債権の発生時期を賃貸借契約締結時と解するか（契約時説）、それとも弁済期到来時と解するか（反対給付履行時説・履行期説）の理論的対立であった。すなわち、賃貸借契約締結時に全期間分の賃料債権が一斉に発生すると解するのであれば、譲渡によってこれらの賃料債権はすべて譲受人に移転していることになるため、その後に譲渡人が倒産しても譲渡は影響を受けない。他方、賃料債権は目的物の使用収益に伴って（またはあらかじめ定められた弁済期に従って）順次発生すると解した場合には、弁済期未到来の賃料債権は譲渡されても直ちには譲受人に移転せず、後に譲渡人が倒産すればこれらは倒産手続に取り込まれるとも考えられる。その後、この問題は、2002 年の破毀院混合部判決が前者の見解を採用することにより決着したが、この判例法理は、(i)賃貸借契約などの継続的履行契約から生じる支分的な債権（賃料債権など）はすべて契約締結時に発生する、(ii)譲渡（差押え）の時点ですでに発生している債権は、譲渡（差押え）の効果によって手続開始前に譲渡人（差押債務者）の財産から逸出するので、その後に開始する譲渡人（差押債務者）の倒産手続の影響を受けない、とまとめられる[16]。

---

14) 早比 43 巻 2 号（2009 年）69 頁以下。

15) これと同じ問題につき、アメリカ法を参照したのが藤澤教授の研究、ドイツ法を参照したのが和田准教授の研究である。

16) もっとも、第一論文の公表後、フランスでは、賃料債権の譲渡が倒産手続開始前に行われていた場合において、賃貸借契約の締結が倒産手続開始の後であったとしても譲受人は賃料債権を有効に取得するとした下級審裁判例が現れている（CA Versailles, 28 févr. 2013, D. 2013. 1716, obs. P. Crocq）。

将来債権譲渡の法的構造との関連で、第一論文が明らかにしたことは次の2点である。第1に、フランスでは、倒産手続開始前に債権が発生しているか否かによって債権譲渡と倒産手続との優劣を決することとしており、わが国での議論状況とは異なって、「債権の移転時期」ではなく「債権の発生時期」が決め手となっていたことである。そのためフランスでは、債権の発生時期をどのように解するかについて、参照に値する議論が多く蓄積されている。また、最終的に破毀院混合部が採用した解決は弁済期未到来の賃料債権を既発生の債権とみるというものだったが、これは日本法における一般的な理解とは異なっている。これらは、「そもそも将来債権とは何か」という検討課題①との関係で、フランス法が有益な比較の素材を提供しうることを示唆するものであり、この「発見」が第二論文へとつながっていくこととなった。

第一論文が明らかにしたことの第2点は、フランスにおける破毀院内部および学説の対立にもかかわらず、各説はいずれも「債権は未発生のままでは移転しえない」という点については共通の前提としていたということである。**2**でみたとおり、わが国では近年、将来債権の移転時期（検討課題④）について契約時説が有力に唱えられているが、フランスにおいてかような共通認識が存在していたことは、この問題の再考を促す契機となりうる。

(2) 第二論文

第一論文により、フランス法に「債権の発生時期」に関する豊富な議論が存在することが明らかになった。そこで筆者は、これを参照しつつ「将来債権とは何か」を問おうとした（検討課題①）。これが「債権の発生時期に関する一考察 (1) 〜 (6・完)」[17]（以下、「第二論文」と呼ぶ）である。なお、第二論文は、契約に基づいて発生する金銭債権（とりわけ賃料債権）の発生時期・発生根拠を解明するという「理論的課題」と、賃料の事前処分の効力に合理的な制限を設けるという「実践的課題」に取り組んだものであるが、将来債権譲渡の法的構造に関連するのは前者である。

上記の「理論的課題」に関して筆者が到達した結論は次のとおりである。

---

17) 早法 88 巻 1 号 91 頁以下、88 巻 2 号 173 頁以下、88 巻 3 号 121 頁以下、88 巻 4 号 81 頁以下、89 巻 1 号 37 頁以下（以上、2013 年）、89 巻 2 号（2014 年）1 頁以下。

わが国の通説は、売買代金債権などの場合と異なり、賃料債権は現実の使用
収益を発生根拠として順次発生すると解するが、その論拠は必ずしも十分な
説得力を有しない。ここでフランスに目を転じると、(i)給付の交換を債権発
生の根拠に据え、反対給付の履行時に債権が発生すると考える「物質主義＝
反対給付履行時説」、(ii)意思自治の原則に重きを置き、債権は契約締結時に直
ちに発生すると解する「意思主義＝契約時説」、(iii)契約の規範創出効に基づき、
債権は契約であらかじめ定められた時期に発生すると主張する「規範主義＝
履行期説」の３説が拮抗していたが、わが国の通説に近い立場である(i)の見
解がフランスでは支持を失いつつあることは示唆的である。思うに、賃貸借
も諾成・双務契約であり、売買代金債権と賃料債権を別異に解する必然性は
ない。また、発生時期と履行期は区別されるべきであり、反対給付の履行が
不確実であることは、債権の発生・不発生の問題としてではなく、危険負担・
同時履行の抗弁・解除などの問題として扱えば足りる。もっとも、(ii)の見解
によれば、期間の定めがない賃貸借の場合に賃料債権の内容・総額を契約時
に確定することができないという問題が生じる（(iii)の見解はこの点を批判す
る）。しかし、履行期未到来の段階における債権の効力はもともと限定的な
のであり、そうであれば、契約の期間や給付の総量が確定していなくても債
権発生の支障とはならないと考えられる。以上より、私見は(ii)の見解に依拠
し、「賃料債権は、賃貸借契約そのものを発生根拠として、契約締結時に、一
定の効力を伴うものとして直ちに発生する」と解する。

　将来債権譲渡の法的構造が不明確なのは、そもそも「将来債権」とは何か
がしっかり定義されていないことにもその一因があるところ、第二論文で示
した私見によれば、締結済みの賃貸借契約から生じる賃料債権は「将来債権」
ではないので、将来債権譲渡をめぐる議論からは除外される（検討課題①）。
したがって、これ以後は、「発生原因となる契約がまだ締結されていない債
権」を客体とする（本来の）将来債権譲渡に対象を絞ってその法的構造を検討
すべきことになる。

(3)　第三論文

　第一論文・第二論文の成果を踏まえ、債権未発生の段階で譲渡の対抗力を

具備しうることをいかに説明するかという課題に取り組んだのが、「将来債権譲渡の対抗要件の構造に関する試論」[18]（以下、「第三論文」と呼ぶ）である。表題が示すとおり、第三論文の主たるテーマは検討課題⑥の探求であるが、その前提として検討課題④についても私見の立場を明らかにしたものである。

　第三論文の概要は次のとおりである[19]。近時の有力説は、債権が未発生の段階であっても、これにかかる「処分権」や「債権者となる地位」の移転を観念することは可能であると解している（**2 (2)** 参照）。しかし、およそ債権の発生原因たる契約すら締結されていない[20]段階では、その債権の「処分権」や「債権者となる地位」を語ることはできないはずである。また、未発生の段階で債権が移転するという解釈は、比較法の観点からも異例である。有力説は、対抗要件を権利移転の公示手段と考えることから出発し、譲渡契約時に対抗要件が備わると解するためには、譲渡契約の時点で何らかの権利移転を観念する必要があるとする。しかし、この「対抗要件制度は権利移転の公示手段である」という前提は、動かすことのできない絶対的な命題であるとは考えられない。債権譲渡登記が人的編成主義であり、同一の債権について両立しない複数の譲渡登記がなされうることは、債権譲渡の対抗要件制度が「移転した権利」を公示するものではないことの証左である。そこで筆者は、対抗要件の構造につき、フランスにおける「契約の対抗」の理論を参照する[21]。フランスでは、契約当事者はまずもって、権利の正当性の源泉としての契約を対抗するとされている。権利の変動をもたらす契約について優劣が確定すれば、権利を有効に取得しうる者も定まるからである。このようなフランス法の考え方を参考にすると、将来債権譲渡の対抗要件の構造に関

---

18) 早法 89 巻 3 号（2014 年）135 頁以下。

19) 筆者は、主に第三論文に基づく個別報告を日本私法学会第 79 回大会（2015 年）で行っており、その要約は私法 78 号（2016 年）118 頁以下に掲載されている。

20) 第二論文で示したとおり、締結済みの賃貸借契約から生じる賃料債権などは将来債権ではないと解されるので、「将来債権」の譲渡といえるためには発生原因たる契約が未締結である場合が想定されなければならない。このように、想定すべき場面を純化しうることが、第二論文で得られた成果であると考えている。

21) 周知のとおり、フランスの「契約の対抗」理論についてはすでに多くの研究がある（近年のものとしては荻野奈緒教授の業績がある。本書 223 頁以下参照）。第三論文は、これらの先行研究に多くを負いつつ、この理論の新たな適用場面を（将来）債権譲渡に求めたものである。

210

して、次のような試論を提示しうる。

「債権譲受人Aが、将来債権を客体とする譲渡契約を締結し、この譲渡契約が第三者対抗要件を備えると、その後に他の者Bがこれと競合する債権譲渡契約を締結したとしても、Bは先に第三者対抗要件を備えたAの譲渡契約の対抗を受ける。やがて債権が発生するに至ると、Aは第三者に対抗しうる譲渡契約の効力によって、債権発生の時点ではじめて起こる債権移転の名宛人となり、譲渡対象債権を有効に取得する。」

　以上が第三論文の要旨であるが、その主たる主張は次の2点である。まず、フランス法を参照しつつ、未発生の段階で債権が移転することを否定する（検討課題④）。次いで、債権譲渡における公示・対抗の対象を、「債権の移転」そのものではなく「債権の移転を目的とする法律行為（契約）」であると解する。これにより、「順位保全効しかない対抗要件」を観念することなく、債権が未発生の段階でも譲渡の対抗力を備えうることを理論的に説明することができる（検討課題⑥）。

(4)　小　括
　第一論文から第三論文までを通じて本研究が明らかにしてきたことを、検討課題①〜⑥に則してまとめてみると、次のとおりとなる。
　〔検討課題①〕契約に基づいて生じる債権に関する限り、「将来債権」とは、その発生原因たる契約がいまだ締結されていないもののみを指す。発生原因たる契約がすでに締結されており、反対給付が未履行であるにすぎない履行期未到来の債権（締結済みの賃貸借契約から生じる賃料債権など）は、「将来債権」ではない。
　〔検討課題③〕譲渡対象債権そのものが未発生のまま移転することがないのはもとより、未発生の債権の「処分権」や「債権者となる地位」が移転すると解することもできない。
　〔検討課題④〕将来債権は、未発生のままでは譲受人に移転しない。将来債権譲渡がなされた場合であっても、譲受人への権利移転が生じるのは譲渡対

象債権が発生した時点である。

〔検討課題⑥〕譲渡対象債権が未発生の段階でも譲渡の対抗要件を具備しうることは、「債権の移転を目的とする法律行為（契約）」が対抗の対象であると解することにより説明される。

なお、筆者は〔検討課題⑤〕についてはこれまで明示的に論じていないが、〔検討課題④〕および〔検討課題⑥〕に関する私見を踏まえれば、「譲渡対象債権はいったん譲渡人のもとで発生してから譲受人に移転する（譲受人のもとで直接発生するのではない）」と解すべきことになろう。これに対し、〔検討課題②〕に関する考察はまだ行っていない[22]。

4　本研究に対する批判等への応答

以下では、本研究の公表後になされた批判・分析[23]に加えて、想定される批判・疑問に対しても応接を試みたい。

(1)　齋藤由起准教授の批判とそれへの応答

筆者の研究を最も詳細に分析し批判を加えてくださったのは、法律時報「民法学のあゆみ」に掲載された齋藤由起准教授の論評である[24]。齋藤准教授は、筆者の第三論文を対象として、次の(i)〜(iv)のような批判を展開された。以下ではこれらに順次応答を試みる[25]。

批判(i)：筆者（白石）は、債権譲渡を権利移転型契約というレベルで抽象化して、債権譲渡を主戦場としていたわけではないフランスの「契約の対抗」

---

22)　もっとも、この問題に関する萌芽的な検討を試みたことはある。拙稿「債権を客体とする担保の特殊性」法教425号（2016年）96頁以下参照。

23)　検討課題④に関する私見に好意的なものとして、加藤雅信「債権譲渡の対抗力と順位保全的効力」市民と法90号（2014年）108頁がある（ただし加藤教授は、検討課題⑥に関しては、民法467条2項所定の対抗要件が具備されたときは不動産仮登記と同様の順位保全的効力が付与されると解しており、この点で私見とは異なる）。また、石田剛「将来債権譲渡の対抗要件と譲受人の法的地位」水野謙ほか『〈判旨〉から読み解く民法』（有斐閣、2017年）275頁にも第三論文の紹介がある。

24)　齋藤由起「民法学のあゆみ　白石大『将来債権譲渡の対抗要件の構造に関する試論』」法時88巻10号（2016年）96頁以下（本研究に対する批判は98-99頁）。

の議論から着想を得て論拠にしており、唐突感が否めない。

　フランスで権利の移転を目的とする契約の対抗が論じられる際に、主に不動産の二重譲渡が念頭に置かれているのは齋藤准教授の指摘のとおりである。しかし、本研究はフランス法における債権譲渡の対抗要件の考え方を直接輸入しようとするものではなく、わが国における将来債権譲渡の対抗要件の法的構造を検討するにあたってフランス法の議論から着想・示唆を得ようとしているにすぎない。また、不動産の譲渡と債権譲渡とは権利移転型の取引である点で共通しており、前者の議論を後者の検討の際に参照することに無理があるとも思われない。そうであれば、フランスにおいて将来債権譲渡の対抗要件を説明する際に「契約の対抗」理論に明示的に言及されることが少ないとしても、方法論的な問題はないのではないかと考える[26]。

　批判(ii)：筆者(白石)は、一方で債権の二重譲渡を権利移転型契約の競合と捉えながら、他方で、未弁済の譲渡債権の帰属が争われる場合には、(齋藤准教授の理解によれば)「不動産の二重譲渡と異なり」、第三者に契約の存在を尊重させれば足りるとする。しかしこの場合は、債権譲受人間では権利の帰属を争っているのであり、不動産譲渡の競合の場合と変わらないのではないか。また、現在債権も含めて同様に考えるのだとすると、債権譲渡契約の対抗全体について、物権移転型の契約の対抗と異なる扱いをすることになるのではないか。

　この批判に関しては、私見についての齋藤准教授の理解が筆者の意図と異なっているように思われる。筆者は第三論文において、「契約に基づく権利

---

25)　齋藤准教授は、譲渡時点では権利移転効を有しない将来債権譲渡契約を対抗の対象とすることにつき、順位保全効のみを有する対抗要件を認めることと等しいのではないかという批判もされているが、これは筆者にはやや理解が困難である。私見は「権利の対抗」という前提をとらないから、「権利が譲受人に即時に移転しない場合を特別に手当てする」という仮登記類似の発想とは無縁である。対抗要件を具備しようとする時点では、対抗の対象となる債権譲渡契約は常に締結済みであり、この現に存在する契約を公示・対抗するのが債権譲渡の対抗要件制度であると筆者は解している(将来債権譲渡の場合にはこの契約に基づく債権移転効が発生時まで生じないというにすぎない)。

26)　もっとも、齋藤准教授も、「権利移転型の契約である債権譲渡について〔不動産譲渡〕と同様に考えることにも異論はなく」、「フランス法の考え方をわが国の債権譲渡の対抗要件の公示対象に応用することへの抵抗は小さいように思われる」とされているので、この点はさほど問題視していないのかもしれない。

を対抗することは必然的に契約を対抗することにもなるが、逆は必ずしも真ではなく、第三者に契約の存在を尊重させるだけで足りる場合には契約のみが対抗される」というフランスの学説（デュクロの見解）を紹介した後に、「したがって、たとえば債権の二重譲渡において、譲渡対象債権がまだ弁済されていない状態でその帰属が争われるようなケースでは、『契約の対抗』のみで足りることになると考えられる」と論じた[27]。ここで筆者が言わんとしたことは、優先する譲受人以外の者に対して譲渡対象債権が弁済されてしまった場合には債権侵害の問題となり、譲受人が救済を受けるためには債権譲渡契約のみならず譲り受けた債権自体をも対抗しなければならないとも考えられるのに対して、未弁済の債権をめぐって競合する譲受人間でその帰属を争う場合には、どちらの債権譲渡契約が優先するかを「契約の対抗」の論理で決すれば正当な譲受人が定まるため、譲渡対象債権自体を対抗する必要がないということであった（なお、未弁済の債権に言及したのは上記のような趣旨によるものであり、「未弁済債権＝将来債権」という意図ではなかった。現在債権の譲渡であっても未弁済であれば同様に解されるはずである）。そして、筆者の理解によれば、このことは不動産などについてもほぼ等しく妥当する。二重譲渡において劣後する譲受人に不動産が引き渡された場合や、無権利者が不動産を不法占拠している場合は、正当な譲受人が当該不動産の占有を回復するためには権利（所有権）自体を対抗しなければならないとしても、これと異なり、同一不動産の売買契約が複数締結されたがいずれの買主にも引き渡されていない場合（譲渡対象債権の弁済がまだ行われていない状況とパラレルな関係にあるのはこの場合である）には、権利自体の対抗を持ち出すまでもなく、いずれの譲受人が優先するかを「契約の対抗」によって決すれば足りるはずである[28]。つまり筆者は、少なくともこの点に関する限り、不動産譲渡契約と債権譲渡契約はともに権利移転型契約であって異なるところはないと考えており[29]、齋藤准教授が私見を、将来債権譲渡と不動産譲渡を別異に扱う見解であるという前提で批判しておられるのは、（筆者の論述が不十分だったためでもあろうが）おそらくは誤解に基づくものと思われる。

---

27) 第三論文 162 頁注 89 およびそれに対応する本文参照。

批判(iii)：対抗の対象を譲渡契約と解したとしても、債権が発生時に譲渡人を経由して移転することまでは当然には導かれないのではないか。将来債権譲渡契約を権利移転型契約と同様に考えるならば、債権が未発生であっても「処分権」ないし「債権者となる地位」が譲受人に移転し、債権が譲受人のもとで直接発生すると解することも可能ではないか。

　この批判は要するに、検討課題⑤（債権の移転過程）に関する筆者の見解はまだ十分に論証されていないという趣旨と思われる。もっとも、3で前述したとおり、実は筆者は検討課題⑤についてこれまで明示的に論じたことはなかった。しかし、これも3で記したとおり、検討課題④（債権の移転時期）や検討課題⑥（対抗要件の構造）に関する私見を踏まえれば、「譲渡対象債権はいったん譲渡人のもとで発生してから譲受人に移転する」と解するのが自然だと考えているのはたしかである（第三論文ではこれを前提とした解釈論を展開してもいる）。したがってここでは、この批判に対して次の2点を述べておきたい。第1に、筆者はたしかに債権譲渡契約も権利移転型契約であると解するが、だからといって、即時に何らかの権利が移転すると解さなければならないわけではないはずである。筆者の理解では、「権利移転型契約」とは権利の移転を目的とする契約ではあるが、権利移転の効果が即時に生じることはその本質的要素ではない（即時の移転に障害がある場合には移転時期が遅れることもありうる）。したがって、将来債権譲渡契約が権利移転型契約であるとしても、締結時にはまだ何の権利も移転しないと解することに、特段の障害はないと思われる。第2に、齋藤准教授は「処分権」ないし「債権者となる

---

28) たしかにデュクロは、物権の譲渡の場合には契約よりも物権自体が対抗されることが多いと述べており（J. Duclos, *L'opposabilité*（*Essai d'une théorie générale*）, LGDJ, 1984, n° 47-2, p. 72）、この点に関するデュクロの見解をわが国に紹介する先行研究も、「二重譲渡の場合に登記を具備した所有権者が優先的地位を享受し得るのは、物権に固有の追及権と優先権に基づくからであり、それ故、この場合に最終的に対抗されるのは『契約』ではなく『物権』と見なければならない」とする（七戸克彦「『対抗』のフランス法的理解」慶院26号（1987年）73頁）。しかし、そこでデュクロが例として挙げているのは、本文に示した無権利者による不法占拠のケースである。

29) ただし、「契約の対抗」のみで足りると解することは、実際の対抗要件制度を「契約の対抗」のためのものと解することを必ずしも意味しない。したがってたとえば、わが国の不動産登記制度を権利・契約いずれを対抗するためのものと考えるかは、また別の次元の問題である（**(4)** で後述する）。

地位」の移転を示唆されているが（これは検討課題③にかかわる）、3で述べたとおり、本研究ではこの解釈を否定している。ただし、この検討課題③に関する私見がいまだ十分な説得力を有していないという趣旨であれば、それは今後取り組むべき宿題として受け止めなければならないであろう（この点に関しては**(2)** でも再度触れる）。

批判(iv)：対抗の対象となる「契約」の内実として何を考えているのか（将来債権譲渡契約によって当事者間にいかなる法的効果ないし規範が生じてそれが対抗されると考えているのか）を明らかにする必要があるのではないか。

この点に関しては、いままで明確な検討・主張をしてきていないことを率直に認めざるをえない。ただ、現時点では、すでに本研究でも取り上げたフランスの学説（アンセルの見解）にヒントがあるのではないかと考えている。アンセルによれば、契約の効果は「拘束力」と「債務的内容」とに分けられる。このうち後者の「債務的内容」は、一方が他方に給付を行う義務を負うというものであり、通常の意味での「債務」とほぼ等しい。これに対して前者の「拘束力」とは、「債務的内容」に還元できない法的状況を指し、その内実は契約が作り出す規範の効力であって、当事者間では法規と同様に適用される。そして、ひとたびこの「拘束力」が生じると、当事者は契約が締結されていなかったかのようにふるまうことはできなくなり、当事者の意思とは関係なしに、契約で定められた規範が当事者に課されることになるという。筆者は、将来債権譲渡契約が締結された段階で譲渡人・譲受人間に生じる法的効果も、アンセルのいうこの「拘束力」に近いものではないかと考えている。つまり、将来債権譲渡契約が締結されると、「譲渡対象債権が発生したら譲受人のもとに自動的に移転する」という規範が作り出され、譲渡人も譲受人もこれに反する行為をすることができなくなる。そして現実に債権が発生すると、この規範の効力により、譲渡人・譲受人の新たな行為を介さずに債権の移転が生じると解するのである[30]。このような解釈の可能性につき、今後さらに検討を深めていきたい。

---

30) 第二論文（4）121頁以下、第三論文164頁以下。さらにアンセルは、このような「拘束力」は第三者にも及び、これが通常いわれる「対抗力」の内実にほかならないとも主張している（第三論文165頁以下参照）。

(2)　水津太郎教授の分析とそれへの応答

　筆者の本研究の直後に、ドイツ法を比較法の対象として、将来動産譲渡担保・将来債権譲渡担保の法的構造を検討したのが水津太郎教授の研究である[31]。**(4)** で後述するとおり、将来動産・将来債権それぞれの譲渡（担保）の規律を並べて比較・分析するというアプローチは筆者も目指すところであるが、本稿では将来債権譲渡の規律に関する水津教授の分析のみを取り上げる。**2** で紹介した石田教授・和田准教授の研究は、同じくドイツ法を参照しつつ、隣接するテーマとの関係で必要な限りで将来債権譲渡の法的構造を検討したものだったが、水津教授の研究は正面からこれをテーマに据えたものであり、本研究とも関連性が強い。また、水津教授は筆者の見解についても分析されているので、それもあわせてみていくことにする。

　水津教授は、ドイツ法の判例・学説の状況を客観的に整理されている。それによるとまず、将来債権譲渡において債権移転の効力が生じるのは譲渡合意時ではなく債権発生時だというのがドイツの判例であり、この点は学説にも争いがないという（検討課題④に対応）。他方でドイツの判例は、債権譲渡の処分行為について処分要件の充足と処分効果の発生を時間的に切り離し、合意時には処分効果（債権の移転）はなお生じないものの、「譲渡人の処分権の喪失」は合意時にもたらされるとして「早い者勝ち原理」を実現している（検討課題②③⑥に関連すると思われる）。これに対して学説では、この結論を導くための構成として、⑦債権発生時に債権移転の遡及効が生じる、⑦譲渡合意時に譲渡人が処分権または（将来債権者となる）法的地位を喪失する、⑦無権限者が多重処分をした後で追完が生じた場合に先の処分のみが有効になるとする規定（BGB185条2項）を類推適用する、という3つの見解があるという。水津教授は、これらの学説に対してそれぞれ分析を加えている。それによると、まず⑦はドイツでも一般化しておらず、水津教授も遡及効が生じる理由を理論的に説明するのは難しいと評価される[32]。次に、⑦のうち処分権喪失構成は判例の立場であり、わが国の有力説もこの⑦に類するが、処分対象としての権利が発生しない段階でその権利にかかる処分権を観念するこ

31）水津・前掲注11）199頁以下。
32）筆者も遡及効構成は法的擬制にすぎないと指摘したことがある（第三論文142頁）。

とにはドイツでも批判があるという。すなわち、処分権は権利能力や行為能力のような人の属性・能力ではなく、概念上必然的に対象と関連づけられている以上、対象が存在しないところに処分権だけを観念することはできないというのである。そして最後に⑦は、「譲渡合意時には処分権は存在しない」、「債権移転効は債権発生時に生じる」としつつ、競合の対象は譲渡人の「処分」であると構成してその優劣を問題とするものであるとされ、水津教授の整理によれば筆者の見解はこれに親和的なものとして位置づけられている。ただし、⑦は将来債権譲渡の場合のみを無権限の処分とみるため、現在債権の譲渡が競合する場合を射程外に置いているのに対し、筆者の見解は現在債権譲渡・将来債権譲渡を問わず、また権限者による譲渡か無権限者による譲渡かも問わない点で異なるとされる。

　水津教授によるドイツの判例・学説の整理に従う限り、私見の位置づけに関してはおおむね異論はない[33]。⑦の見解と私見との相違として指摘されている点については、無権限処分にのみ適用される規定によらなければならないという制約がわが国では存在しない以上、現在債権譲渡と将来債権譲渡とを統一的に説明しうる私見は理にかなっているように思われる[34]。ただし、将来債権譲渡を無権限処分になぞらえて把握するというのは、それまで筆者があまり意識していなかった視点であり、慎重な吟味を要する。たしかに、⑦の見解を唱えるドイツの学説がいうように、「処分した権利がそもそも存在しないのか、それとも他人に属するのかは、処分の有効性との関係では区別を要しない[35]」という考え方も成り立ちうるようにも思われる。仮にそのように考えるのであれば、他人物売買に関する理論を参照しつつ、他人の債権の譲渡と将来債権譲渡とをパラレルに捉えるべきことになろう。しかし他

33）水津教授は自身の見解を慎重に留保されているが、⑦の見解に対しては⑦①に対するのと異なって理論的問題点を明示的に指摘していないことや、過剰担保の問題によりよく対処しうる理論構成として⑦を位置づけていること（水津・前掲注11）224頁以下参照）などからすれば、⑦の見解に対しておおむね好意的であるようにも窺われる（ただし、この評価に対する水津教授の反論につき、本書座談会299頁参照）。

34）とりわけ、「将来債権」の定義が明確でない現状（検討課題①）に鑑みれば、現在債権か将来債権かによって譲渡の法的構造が異なるという理論構成は問題が大きいように思われる。

35）水津・前掲注11）211頁以下参照。

方で、他人に処分権が帰属していることと、処分権がまだ存在していないこととを完全に同視してよいかについては疑問がないわけではない。また、フランスでは他人物売買は無効とされている一方で（民法典1599条）、将来物の譲渡は一般に有効である（民法典1163条1項）こととの関係も気がかりである。いずれにせよ、この点は未着手の検討課題②（未発生の債権を譲渡しうる根拠）とも関わってくる問題であり、今後さらなる検討が必要と思われる[36]。

　もう1点、水津教授の分析で示唆的なのは、ドイツの判例が債権の移転時期を債権発生時としながらも、他方で譲渡人による処分権の喪失として将来債権譲渡を構成しているという点である。これは、未発生の債権についてもその処分権を観念しうることを前提としており、ドイツにおいて「将来債権」がどのように定義されているか（検討課題①）にもよるものの、「将来債権の処分権を語ることはできない」という私見とは相容れない考え方であるように思われる。もっとも、ドイツでも筆者と同様の理解に立って判例を批判する見解（ウ）が有力であるとのことだが、少なくとも筆者のような立場が自明ではないことはたしかのようである。上記 **(1)** でみた齋藤准教授の批判(iii)も、結局はこの点に関する私見の詰めの不十分さを突くものであるとも考えられる。したがって今後は、未発生の客体の処分権とその移転を果たして観念しうるかについての考察もいっそう深めていかなければならないであろう（検討課題③）[37]。

(3)　藤澤治奈教授の指摘とそれへの応答

　本書において藤澤治奈教授は、「将来債権の真正譲渡および将来債権譲渡

---

36) これに関連して、拙稿「他人物の譲渡にかかる動産譲渡登記の効力」登情676号（2018年）54頁以下では、将来動産の譲渡と他人物譲渡との対比を試みた。

37) 森田宏樹「財の無体化と財の法」吉田克己＝片山直也編『財の多様化と民法学』（商事法務、2014年）120頁以下は、ある財産権の処分権は当該財産権の内容を構成する要素ではなく、その帰属に関わるものであるから、当該財産権の発生前であってもその帰属関係たる処分権を法的に観念し、これを移転させることは可能であるとする。このように処分権の概念を再構成するのであれば、（検討課題⑤に関しては結論に相違が生じるものの）私見との差異はさほど大きくないようにも思われるが、なおも考えてみたい。

担保については、債権の発生時期やその処分権限の有無が、倒産手続との関係で問題となる」としながらも、「倒産法上の制約を基礎づけるために、こうした根拠を持ち出すことには慎重にならざるを得ない」と述べ、倒産法上の処遇の問題に関して将来債権譲渡の法的構造論が果たす役割を消極視されている[38]。この指摘は筆者に直接向けられたものではないが、3 (1) の冒頭で示したとおり、この実務的問題は本研究を開始する機縁でもあったため、ここで応接しておきたい。

　藤澤教授がこのように論じる理由は次のとおりである。債権が発生しているかどうかを問題とする考え方は、債権発生原因となる契約の類型によって、将来債権を引当てとした資金調達の可否が分かれるという不合理な帰結を導く可能性がある。倒産手続において担保権を制約すべきか、また制約するとしてどの程度制約すべきかは、本来すぐれて政策判断を要する問題であるが、債権の発生時期に基づくアプローチではこの点が見えづらくなってしまうというのである。この指摘の趣旨はつまりこういうことであろうと思われる。債権の発生時期を問うアプローチによると、譲渡対象債権が譲渡人の倒産手続開始よりも前にすでに発生していれば、当該債権はすでに譲渡人の責任財産から逸出しているので譲受人に帰属するが、譲渡対象債権が倒産手続の開始時に未発生であれば、当該債権は倒産財団に取り込まれるため譲受人はこれを取得できない、という結論に至りやすい。しかしこの帰結は硬直的に過ぎ、倒産債権者・倒産債務者・債権譲受人など利害関係人の間の微妙な利益調整が困難になるのではないか、と。

　実際、筆者も本研究の初期には、債権の発生時期と譲渡人の倒産手続開始時期との先後によって譲渡対象債権の帰属先を切り分ける方向性を模索していたことがある[39]。しかしその後、藤澤教授が指摘されるような問題点を認識し、現在では次のように考えている[40]。将来債権譲渡の倒産手続上の処遇については、民法の規律をそのまま採用するか、それとも倒産法的な変容を加えるかを倒産法の政策判断に委ねるべきであるとする主張が有力であり、

---

38) 藤澤・本書 169 頁。
39) 第一論文 107 頁以下参照。
40) 第三論文 173 頁以下参照。

220

筆者もそれに異論を唱えるものではない。ただ、問題は、「倒産法的な変容」を加えるべきか否かを判断するための基礎となるべき「民法の規律」がこれまで不明確だったことであり、本研究はこれの解明に向けて取り組んできたものである。それに、筆者が示した「将来債権はまだ移転していない（ただし債権が将来発生すれば第三者対抗要件を備えた譲受人は債権の移転を第三者に対抗しうる）」という構成によれば、「倒産法的な変容」を行うためには将来債権譲渡の対抗力を倒産手続との関係において制限すれば足りるのであり、その意味で本研究は、「政策判断」の結果に柔軟に対応しうる枠組みを提供できていると考える[41]。もっとも、それでは具体的にどのような「政策判断」に基づいてどのような「変容」を加えるべきか（あるいは加えるべきでないか）については、本研究も現状ではブランクであり、藤澤教授などとともに今後の課題として取り組んでいかなければならないと自覚している。

(4) 想定される批判・疑問とそれへの応答

本研究に対する批判・疑問は上記以外にも複数想定されるが、ここでは1点のみ取り上げておきたい。それは、債権譲渡に関してのみ「契約の対抗」理論を用いるならば、不動産・動産・債権の譲渡すべてについて、「権利の移転とその対抗」として法的構造を統一的に理解してきた従来の体系を壊すことになるのではないか、という批判である。たしかに、債権譲渡について「契約の対抗」という考え方をとるのであれば、不動産・動産の物権変動についても同様に解さなければ首尾一貫しないとも思われる。しかしその反面、民法177条・178条（とりわけ前者）に関して蓄積されてきた従来の議論の前提を掘り崩すのも、これまた相当な困難を伴うことが予想されるところである。

この点に関して、筆者は第三論文では次のように論じていた。わが国の不動産登記制度はフランスとは異なって物的編成主義を採用しており、可能な限り「権利」の所在を公示しようとする制度運用・解釈がなされているため、公示・対抗の対象を「契約」と考えるのは不動産物権変動については困難で

---

41) もちろん、政策判断の結果として「制限しない」という結論が得られる場合にも、筆者の提示した構成からそれを導くことは容易である。

あるといわざるをえない。これに対して債権譲渡の対抗要件制度は、債権譲渡登記が人的編成主義を採用していることからも窺われるとおり、「権利」の所在を公示するという構造になっていないのであるから、「契約」を公示・対抗の対象と考えることは十分に可能である。また、動産譲渡登記も人的編成主義を採用していることからすれば、動産物権変動についても「契約の対抗」理論を応用できる可能性はある、と[42]。

　しかしこの見解に対しては、登記制度の仕組みという手続的・技術的な根拠が権利変動の構造という実体法上の本質的な問題を決することになってしまい、本末転倒ではないかという批判がありえた。そこで現在では、その数が無限定・無定型であるという動産・債権の特質が、「個々の動産・債権ごとにその帰属を公示しえない」という制約を導くと考えるに至っている。つまり、動産・債権について人的編成主義がとられているのは手続的・技術的理由によるのではなく、客体の特質という実体法レベルの理由によるものだと説明するのである[43]。仮にこのように解することができるならば、不動産物権変動と債権譲渡とで異なる理論構成をとることも許されるし、債権譲渡と動産譲渡をパラレルに解する途も開かれる。和田准教授・水津教授・藤澤教授らの研究が示唆するとおり、近時の ABL では在庫商品と売掛債権の両方に担保設定する形態がとられていることに鑑みれば、債権譲渡担保と動産譲渡担保の規律が異なることは不合理であり、両者は統一的な理論構成のもとで理解されるほうが望ましいともいえる。そこで筆者はさしあたり、「契約の対抗」理論の動産譲渡への応用可能性を模索したいと考えている。

5　おわりに──今後の研究の展望

　最後に、これまで述べてきた今後の研究の展望・方向性を簡潔にまとめて結びとしたい。

　まず、将来債権譲渡の法的構造に関しては、検討課題①〜⑥を詰める作業が残されている。より具体的には、ⓐ未発生の債権を譲渡しうる法的根拠に

---

42) 第三論文 170-171 頁、176 頁参照。

43) 私法 78 号（2016 年）123 頁では本文記載の修正を加えた私見を提示している。

ついて、他人物の処分との対比を意識しながら検討する（検討課題②）、ⓑ未発生の客体の処分権とその移転を観念しうるかについてさらに検討を深める（検討課題③）、ⓒ将来債権の譲渡契約時に譲渡人・譲受人間で生じる法的関係を分析する（検討課題②③⑥に関連）、ⓓ債権の移転過程につき、構成の違いが結論にどのような影響を及ぼすかも含めて検討する（検討課題⑤）、などである。これらにつき、2016 年に改正が成ったフランス債務法の新規定なども参照しつつ[44]、研究を進めたい。

　次いで、これまでいわば「棚上げ」にしてきた実務的課題の解釈論に取り組まなければならない。特に、**4 (3)** でも触れた将来債権譲渡の倒産法上の処遇に関しては、その解明が新たな金融手法の普及に向けて喫緊の課題となっている。倒産法研究者との協働の可能性なども模索しつつ、この問題により注力する必要がある。

　最後に、「契約の対抗」理論を動産譲渡にも応用できないかを探ることは、理論面のみならず実務面でも意味があるだろう。従来、民法 177 条に比べて民法 178 条の検討は手薄だった感があるが、この間隙を埋めたいと考えている[45]。

44）このような研究の方向性を示唆するものとして、齋藤・前掲注 24）99-100 頁。

45）このような取り組みの端緒として、拙稿・前掲注 36）参照。

フランスにおける契約侵害論の構造
――契約侵害論の再構築に向けて

荻野奈緒

1 はじめに

　労働者を引き抜いた第三者はどのような要件のもとで不法行為責任を負うか。また、この問題を債権侵害ないし契約侵害の問題として扱うことはそもそも妥当なのか。筆者はかつて、このような問題関心に基づいて、フランスにおける「契約の対抗」理論の一端を紹介し、その帰結として、次のような判断枠組みを示した。すなわち、競業避止条項への違反など労働者による契約不履行を伴う場合は契約侵害の問題として扱い、悪意で労働者を引き抜いた第三者の不法行為責任を認めるべきであるのに対し、契約不履行を伴わない場合は契約侵害として扱うべきではなく、労働者を引き抜いた第三者の不法行為責任は例外的にしか認められない、と[1]。

　このような判断枠組みに対しては、契約不履行の有無に着目するのではなく、契約ないし取引的接触の中で生じる第三者による取引的不法行為という捉え方を前提に、関係者（旧使用者、労働者、新使用者）の権利の衝突を調整するという視点から、あるいはあるべき競争秩序の実現という観点からの検討を行うべきだとの批判がありうる[2]。確かに、労働者の引抜きの問題を考え

---

1) 荻野奈緒「引抜き事例にみる契約侵害論の意義と限界――フランスにおける『契約の対抗』理論の一断面」同法 65 巻 2 号（2013 年）473 頁。

2) 潮見佳男「債権侵害（契約侵害）」山田卓生編集代表『新・現代損害賠償法講座 第 2 巻 権利侵害と被侵害利益』（日本評論社、1998 年）274 頁以下参照。

るにあたり、旧使用者の利益だけでなく、とりわけ労働者の職業選択の自由・営業の自由を考慮しなければならないことは当然であろう。また、あるべき競争秩序の実現という観点も重要である。しかし、それは、不法行為責任の成否の段階で（のみ）考慮されるべきことなのだろうか。関係者間の利害調整をどの段階でどのように行うべきか、全体としてどのような制度設計をするべきかを考える必要があるのではないか。

　本稿は、以上のような問題意識を踏まえて、フランスにおける契約侵害論をより立体的に把握することを目指すものである。具体的には、次の２つの課題に取り組みたい。第１に、引抜き事例のうち、今日でも「契約の対抗」理論を基礎とする契約侵害論が機能しうる代表的な場面、すなわち競業避止条項への違反を伴う場合において、関係者間の利害調整がどのように図られているのかを明らかにしたい。第２に、第三者が債務者と契約を締結することによって契約侵害が生じる場合について、第三者の契約自由の限界という観点からの検討を試みたい。

2　競業避止条項への違反を伴う労働者の引抜き

(1)　問題の所在

　フランスにおける契約侵害論は契約不履行の存在を前提とするものであるから、労働者と旧使用者との間の雇用契約が適法に解消された後に新使用者が労働者を雇い入れた場合には、契約侵害による不法行為責任は認められないのが原則である[3]。例外的に契約侵害の問題となりうるのは、新使用者による雇入れが旧使用者・労働者間の競業避止条項への違反となる場合である。この場合、当該条項の存在を知りつつ労働者を雇い入れた新使用者は不法行為責任を負う[4]。

　このような結論は、フランスにおいて労働者の職業選択の自由・営業の自

---

3)　このことは、競争関係にある企業の労働者を引き抜いた者が不法行為責任を一切負わないことを意味するものではなく、引抜きが不正競争にあたるとされれば、新使用者は不法行為責任を負う。大橋麻也「フランスにおける不正競争の概念」早比40巻2号（2007年）83頁参照。

4)　荻野・前掲注1) 546頁以下。

由が蔑ろにされていることを示すものでは必ずしもない。契約侵害論によって新使用者の責任が正当化されうるのは、競業避止条項が有効である場合に限られるところ、同条項の有効性を判断する段階で、労働者の自由が考慮されている可能性があるからである。そこで、以下では、労働契約における競業避止条項の有効性に関する議論を概観し、労働者の自由がどのように考慮されているのか（いないのか）を明らかにすることを試みたい。

(2)　判例の展開

　競業避止条項（clause de non-concurrence）は、一般に、当事者の一方（競業避止債務の債務者）が他方（同債務の債権者）と類似の職業活動を遂行することによって同人と競争することの禁止を目的とする契約上の約定と定義される[5]。労働契約における競業避止条項は、労働契約が解消された後に[6]、労働者に対して、旧使用者と競争関係にある企業に雇い入れられることや旧使用者と競争関係にある企業を自ら経営することを禁じる。労働者は本来、労働契約が終了した後はどのような職業活動を遂行することも自由であるところ[7]、競業避止条項はこのような労働者の自由を制約するものであり、その有効性が問題となる。

　もっとも、競業避止条項の有効性一般に関する規定は労働法典の中には存在せず[8]、その判断は判例に委ねられている。現在の判例は、競業避止条項の有効性を次の4つの要件に服せしめている。すなわち、競業避止条項は、①企業の正統な利益によって正当化され、②時間的・場所的に限定され、③

---

5) Voy. C.-E. BUCHER, Clause de non-concurrence-Validité, *JCl. Concurrence-Consommation*, Fasc. 111, n° 1.

6) 判例によれば、労働契約が継続している間は、労働者は、「明示の条項がなくても、労働契約が終了するまでは、その使用者に対し、競業避止義務を負う」（Cass. Soc., 5 mai 1971, n° 70-40021）。このような労働契約関係自体から導かれる労働者の競業避止義務は、労働者の使用者に対する忠実義務の帰結だとされる（J. AMIEL-DONAT, *Les clauses de non-concurrence en droit du travail*, Litec, 1988, n° 2）。

7) したがって、明示の合意がない限り、労働者は旧使用者に対して競業避止義務を負うことはない（Y. SERRA, *La non-concurrence en matière commerciale, sociale et civile*, Dalloz, 1991, n° 97, n°s 104 et s.）。もっとも、労働協約が労働者に競業避止義務を課している場合には、それが個別の労働契約上に記載されていない場合であっても、労働者は競業避止義務を負うとされている（Voy. Cass. Soc., 9 juill. 1976, n° 75-40662）。

労働者にその教育及び職業経験にふさわしい活動を遂行する可能性を残しており、④労働者に対して金銭的対価を支払う使用者の債務を伴うものでなければならない[9]。もっとも、このような判例法理は一朝一夕に確立したものではなく、その展開過程は概ね3つの時期に区分することができる。すなわち、競業避止条項の有効性を広く認める第1期、競業禁止が企業の正統な利益の保護に不可欠なものでなければならないとする第2期、そして金銭的対価を要求する第3期である。以下では、この3つの時期に分けて、判例の展開を概観しておこう[10]。

(a) 第1期：意思自律の原則

労働契約は、営業資産譲渡と並んで、古くから競業避止条項の有効性が問題とされてきた分野であり、19世紀半ばには、労働契約における競業避止条項の有効性に関する判決が出されている。当時から、労働者の労働の自由や営業の自由との関係が問題とされていたが、破毀院審理部1865年7月5日判決[11]は、「労働の自由及び営業の自由は、当事者の一方が他方に対し、競争によって当該他方に損害を生じさせうる性質の職業又は営業を遂行しない義務を負うことを内容とする合意を妨げない」し、そのような合意は「その場所及び時間について一般的かつ絶対的なものである限りでしか、合意の自由

---

8) ただし、競業避止条項の挿入を禁じる特別規定も存する。たとえば、弁護士等の一定の職業については、将来の開業の自由を制約する条項が禁止されている（Voy. Y. SERRA, La prohibition des clauses de non-concurrence dans la nouvelle profession d'avocat, D. 1992, chron., p. 60.)。また、派遣労働については、派遣先企業による労働者の雇入れを禁じる条項は書かれなかったものとみなされる（労働法典 L. 1251-44 条）。

9) Voy. G. AUZERO, D. BAUGARD et E. DOCKES, Droit du travail, 31e éd., Dalloz, 2017, nos 178 et s.
　　労働法典 L. 1121-1 条が「何人も、達成すべき任務の性質によって正当化されず、追求された目的と比例しない制約によって、人の権利（droits des personnes）並びに個人の自由及び集団的自由を侵害することはできない」と規定していることに照らし、これらの4つの要件に加えて、比例基準を満たしていることも必要だとする見解もある（G. BLANC-JOUVAN, Clause de non-concurrence, JCl. Travail Traité, Fasc. 18-25, no 36）。

10) このような判例の展開を紹介する先行業績として、大山盛義「フランスにおける競業避止義務――一つの議論――フランチャイズ契約と労働契約の相似性より」労旬 1672 号（2008 年）32 頁以下がある。

11) Cass. Req. 5 juill. 1865, D. P. 1865. I. 425.

の範囲を越えず、違法でない」として、その原則的有効性を認めた。

このような判例の立場は、意思自律の原則を基礎とするものだと考えられる。たとえば、破毀院民事部 1928 年 3 月 26 日判決[12] は、民法典 1134 条[13] を参照して、「労働の自由及び営業の自由は、当事者間の合意が一般的かつ絶対的な禁止をもたらさない限り、つまり、時間的及び場所的に無限定でない限り、その合意によって有効に制約され得る」と判示した。また、第 1 期を代表する判例としてしばしば引用される破毀院社会部 1967 年 5 月 8 日判決[14] も、同条を参照して、「競業避止条項は原則として有効であり、当該条項がその時間的及び場所的範囲を理由として、また当事者の活動の性質に関して、労働の自由を侵害する限りでしか、無効とされ得ない」と判示する。

第 1 期において、競業避止条項が例外的にその効力を否定されうるのは、当該条項が時間的・場所的に限定されていない場合である。これらは択一的な要件であるとされ、競業禁止が永続的であっても一定の場所に限定されている場合や、場所的に無限定であっても一定の期間のみにかかわる場合は、競業避止条項は有効だとされていた[15]。もっとも、競業禁止が一般的・絶対的なものであるか否かを抽象的に判断するのではなく、労働者が自らにふさわしい職業活動を遂行する余地があるか否かを具体的に判断する判決も散見されたことには注意を要する[16]。また、判例は、時間・場所・活動の性質という 3 つの要件から、使用者の正統な利益の評価に軸足を移しつつあるのではないかとの指摘もあった[17]。

ともあれ、第 1 期の判例は競業避止条項の有効性を広く認めており、労働

---

12) Cass. Civ., 26 mars 1928, *D. P.* 1930. I. 145, note P. PIC.

13) 当時の民法典 1134 条は、「適法に成立した合意は、それを行った者に対しては法律に代わる」と規定していた。2016 年 2 月 10 日のオルドナンス 131 号による改正の後も、同旨の規定が置かれている（1103 条：「適法に成立した契約は、それを行った者に対して法律に代わる」）。

　　以下では、2016 年 2 月 10 日のオルドナンス 131 号による改正を「2016 年改正」といい、改正前の条文を「旧○条」、改正後の条文を「新○条」と表記する。2016 年改正後民法典の規定については、荻野奈緒＝馬場圭太＝齋藤由起＝山城一真〔共訳〕「フランス債務法改正オルドナンス（2016 年 2 月 10 日のオルドナンス第 131 号）による民法典の改正」同法 69 巻 1 号（2017 年）279 頁を参照。なお、同オルドナンスは、2018 年 4 月 20 日の法律 287 号により追認された。その際、一部の条文については修正が加えられている。

14) Cass. Soc., 8 mai 1967, *Bull.* n° 373.

15) Voy. Cass. Civ., 26 mars 1928, *supra* note （12）; Cass. Com., 18 déc. 1979, n° 78-11393.

者が当該条項によって自身の労働の自由が侵害されていることを証明しない限り、同条項が無効とされることはなかった。また、破毀院社会部 1988 年 10 月 13 日判決[18] は、企業に正統な利益がない場合にも競業避止条項の有効性を認める立場に立つことを明らかにした。同判決は、原判決が「労働者の職能は高いもの又は特別の専門性を示すものでないから、その使用者は、当該労働者が他の企業で活動を遂行しても損害を被ることはない」として競業避止条項を無効としたのに対し、「労働者に課せられた債務の使用者にとっての有用性の評価を、当事者の合意の拘束力に置き換えることはできない」としてこれを破毀したのである。

(b) 第 2 期：企業の正統な利益による正当化

前記破毀院社会部 1998 年 10 月 13 日判決は学説から激しく批判されていたところ[19]、破毀院は判例変更を行うに至る。破毀院社会部 1992 年 5 月 14 日判決[20] が、窓拭きに従事していた労働者にかかる競業避止条項について、「労働者の職務からすれば、競業避止条項は企業の正統な利益の保護に不可欠ではなかった」として使用者による当該条項の援用を認めなかった原判決を支持したのである。同判決は、競業避止条項の有効要件として「企業の正統な利益」を必要とする立場を採用したものとして、学説から好意的に受け止められた[21]。

---

16) たとえば、破毀院社会部 1952 年 10 月 18 日判決（Cass. Soc., 18 oct. 1952, *JCP*. 1953. II. 7519）は、競業避止条項が有効であるためには、「労働者に対し、自らにふさわしい職業活動を正常に遂行する可能性が残されていなければならない」と判示している。山口俊夫「労働者の競業避止義務——とくに労働契約終了後の法律関係について——」石井照久追悼論集『労働法の諸問題』（勁草書房、1974 年）420 頁は、従来の判例からの発想の転換を示すものとして、この判決を紹介している。

17) G. LYON-CAEN, Les clauses restrictives de la liberté du travail, *Dr. Soc.* 1963. 88, n°s 15 et s.

18) Cass. Soc., 13 oct. 1988, n° 85-43352.

19) Y. SERRA, note sous Cass. Soc., 13 oct. 1988, *D.* 1989. 122; J. AMIEL-DONAT, note sous Cass. Soc., 13 oct. 1988, *JCP éd. E* 1989. II. 15474. Voy. aussi, J. PELISSIER, La liberté du travail, *Dr. Soc.* 1990. 19.

20) Cass. Soc., 14 mai 1992, n° 89-45300.

21) Y. SERRA, note sous Cass. Soc., 14 mai 1992, *D.* 1992. 350; J. AMIEL-DONAT, note sous Cass. Soc., 14 mai 1992, *JCP éd. E* 1992. II. 341. Voy. aussi, D. CORRIGNAN-CARSIN, Validité de la clause de non-concurrence et protection des intérêts légitimes de l'entreprise, *Dr. Soc.* 1992. 967.

爾後、判例は、競業避止条項の有効要件として、競業避止債務が企業の正統な利益によって正当化されることを必要とするようになった。たとえば、破毀院社会部 1996 年 11 月 19 日判決[22] は、1791 年 3 月 2-17 日の法律 7条[23] 及び労働の自由という憲法上の原則を参照して、「競業避止条項は、1791 年 3 月 2-17 日の法律 7 条により認められる営業の自由の原則及び憲法により保障される労働の自由に対する制約をもたらすものであるところ、労働契約に挿入された競業避止条項は、それがもたらす自由の制約が企業の正統な利益の保護に不可欠である限りでしか、適法でない」と判示している。

これにより、競業避止条項の有効性は、労働者の過去の活動や企業内で従事していた職務に照らして、当該労働者の自由を制約することが当該企業の保護のために必要であるか否かによっても判断されることになった[24]。具体的に考慮されているのは、企業が属する産業部門における競争の激しさと労働者が生じさせる競争上の危険であり、後者の有無は、顧客との接触、特定の情報へのアクセス、企業独自のノウハウの獲得といった要素を勘案して判断されている[25]。

(c) 第 3 期：金銭的対価の必要性

判例がさらなる展開をみせたのは、21 世紀に入ってからのことである。労働者に正当な対価を保障すべきとの議論は従来から存在したものの[26]、20 世紀の判例は、「競業避止条項の有効性は、それが労働協約に定められていない

---

22) Cass. Soc., 19 nov. 1996, nº 94-19404.

23) 「来たる 4 月 1 日から、すべての人は、自由に、そのよいと思う取引をし、職業・手工業に従事することができる。ただし、事前に営業免許状を取得し、のちに定める料率にしたがってその対価を支払い、かつ既定の又は今後定められる警察規則にしたがう義務を負う」と規定する。

24) Voy. Y. SERRA, La qualification professionnele du salarié, élément déterminant de la validité de la clause de non-concurrence en droit du travail, D. 1996. 245.

25) Voy. N. GAVALDA, Les critères de validité des clauses de non-concurrence en droit du travail, Dr. Soc. 1999. 582, nᵒˢ 18 et s.
  なお、競争上の損害は原則として適法であり顧客は専有の対象ではないから、労働者がたんに顧客と接触していたというだけでは企業の正統な利益ありとすることはできず、労働者による競業が競争者間の公平性を害するといえるのでなければならないとの指摘がある（Y. AUGUET, La légitimité de la clause de non-concurrence en droit du travail, LPA 1998, nº 75, doct. 14）。

限り、労働者に対する金銭的対価の付与に服さない」としていた[27]。

　これを見直したのが、破毀院社会部 2002 年 7 月 10 日判決[28] である。同判決は、職業活動遂行の自由の基本原則や労働法典 L.120-2 条[29] を参照して、「競業避止条項は、当該条項が企業の正統な利益の保護に不可欠で、時間的及び場所的に限定されている場合であって、当該条項が労働者の雇用の特殊性を考慮し、かつ使用者が労働者に金銭的対価を支払う債務を伴うときしか、適法でない」と判示した。

　その後、競業避止条項の有効要件として金銭的対価が必要であることは確立した判例となり、破毀院は次々と金銭的対価に関する準則を明らかにしている[30]。たとえば、使用者が労働者に支払うべき金銭的対価は僅少であってはならず[31]、対価として考慮されうるのは労働契約解消後に支払われるものに限られる[32]。また、金銭的対価の支払義務やその金額は契約解消原因に左右されえない[33]。

　このように競業避止条項の有効要件として金銭的対価が必要だと考えると、同条項は双務性を帯びることになる。したがって、同時履行の抗弁を認めることができるし[34]、使用者が一方的に競業避止条項の適用を放棄して金銭的

26）Voy. par ex., P. FIESCHI-VIVET, Clause de non-réembauchage et indemnité compensatrice, *D.* 1976. 147；J. AMIEL-DONAT, *supra* note （6）, n°s 49 et s.；Y. SERRA, *supra* note （7）, n°s 223 et s.；S. CHOISEZ, La contrepartie financière de la clause de non-concurrence d'un contrat de travail, *Dr. Soc.* 1993. 662；M. GOMY, *Essai sur l'équilibre de la convention de non-concurrence*, PUP, 1999, n°s 217 et s.

27）Cass. Soc., 9 oct. 1985, n° 83-46113；Cass. Soc., 11 oct. 1990, n° 86-45320.

28）同日に同旨の判決が 3 つ出されている（Cass. Soc., 10 juill. 2002, n°s 99-43334 à 99-43446, n° 00-45135, n° 00-45387）。

29）1992 年 12 月 31 日の法律 1446 号により新設された規定であり、現在は労働法典 L. 1121-1 条（前掲注 9）参照）に置き換わっている。

30）Voy. C.-E. BUCHER, *supra* note （5）, n°s 88 et s.

31）Cass. Soc., 15 nov. 2006, n° 04-46721；Cass. Soc., 16 mai 2012, n° 11-10760.

32）Cass. Soc., 22 juin 2011, n° 09-71567.

33）労働者が重大なフォートを理由に解雇された場合にも、使用者は金銭的対価の支払義務を免れ得ない（Cass. Soc., 4 juin 2008, n° 04-40609）。また、辞職の場合には使用者が支払うべき金額が減額されることを定める約定は書かれなかったものとみなされる（Cass. Soc., 25 janv. 2012, n° 10-11590；Cass. Soc., 9 avr. 2015, n° 13-25847）。債務者が労働契約を破棄した場合には金銭的対価が減額される旨を定める労働協約上の約定も、書かれなかったものとみなされる（Cass. Soc., 14 avr. 2016, n° 14-29679）。

対価の支払いを免れることはできない[35]。

(3) 競業避止条項の有効要件の契約法上の位置づけ

以上のように、判例は、競業避止条項の有効性について、競業禁止が企業の正統な利益の保護に必要でなければならないとし、さらに金銭的対価を要求するに至っている。これらの新たな有効要件は、契約法上どのように位置づけられるのだろうか。結論を先取りすれば、学説の多くは、これらをコーズの概念[36]と結びつけて理解している。2016年改正前の民法典は合意の有効要件の1つとしてコーズを要求していたところ[37]、企業の正統な利益はコーズの適法性の問題であり、金銭的対価はコーズの存否の問題だというのである。

(a) 企業の正統な利益：コーズの適法性

競業避止条項の有効要件として企業の正統な利益が必要とされる法的根拠について、破毀院は多くを語らない。これに対し、学説の多くは[38]、現代的コーズ理論（主観的コーズ概念）に依拠して、企業の正統な利益を要求している。

たとえば、イヴァン・オゲは、次のように主張する。すなわち、現代的理論は、当事者の契約締結を決定づけた動機に着目しコーズを主観化するものである。競争制限的合意については、古典的理論が、債務に対価が存在すればコーズありとするのに対し、現代的理論は、債権者が追求しようとする目

34）Cass. Soc., 20 nov. 2013, n° 12-20074.

35）Cass. Soc., 11 mars 2015, n° 13-22257.

36）コーズ理論については、小粥太郎「フランス契約法におけるコーズの理論」早法70巻3号（1995年）1頁、竹中悟人「契約の成立とコーズ（1）〜（7）」法協126巻12号2367頁、127巻1号1頁、同巻2号189頁、同巻3号371頁、同巻4号576頁、同巻5号613頁、同巻6号775頁、同巻7号879頁（2009年〜2010年）等を参照。

37）旧1108条は、合意の有効要件として、「債務を負う当事者の同意」、「その者の契約を締結する能力」、「約務の内容を形成する確定した目的」、及び「債務における適法なコーズ」を要求していた。また、旧1131条は「コーズがない債務又は虚偽のコーズもしくは不法なコーズに基づく債務は、いかなる効果も有することができない」と規定していた。

38）Voy. notamment, Y. SERRA, *supra* note（7）, n°ˢ 195 et s.; Y. AUGUET, *supra* note（25）; M. GOMY, *supra* note（26）, n°ˢ 52 et s.

的が適法である場合にしか合意を有効としない。競争自由の原則に鑑みれば、競業避止条項の目的であってはならず、競争制限が何らかの正統な目的に至るための手段でなければならないのである、と[39]。オゲによれば、現代的理論の意義は、客観的にみれば正規の契約であっても主観的にみれば違法な目的を追求するためのものである場合に、その契約を無効とすることによって、社会を守る点にある。そして、競争自由が合意により枠づけられている場合には、競争の自由に対する侵害が問題となっているのであり、現代的理論に依拠することが望ましい[40]。

(b)　金銭的対価：コーズの存否

　前記破毀院社会部 2002 年 7 月 10 日判決は、競業避止条項の有効要件として金銭的対価が必要とされる法的根拠を精確に示しているわけではない[41]。これに対し、学説の多くは、従来から、古典的コーズ理論（客観的コーズ概念）に依拠して、金銭的対価を欠く競業避止条項にはコーズが存在しないから無効だと主張してきた。そのような観点からすれば、上記判決は当然の理を確認したものだと考えることになる。「厳密に法的な観点からすれば、競業避止条項の有効性のために対価を予定することは債務法の基本原則のあらわれでしかなく、当該状況下において同原則を排除すべき決定的な理由を見出すことはできない。同原則によれば、債務の有効性はコーズの存在を前提としており、恵与の意図がある場合を除き（ここでは恵与の意図は問題とならない）、契約の一方当事者の債務はその引換えとして他方の債務にこたえるものでなければならない」のである[42]。

---

39)　Y. AUGUET, *Concurrence et clientèle*, LGDJ, 2000, n° 366.

40)　このように考えると、個人による契約の自由の行使は、コーズによってコントロールされることになる。オゲは、競争制限的合意については、契約の自由の行使が競争の自由を侵害するだけに、一層注意深いコントロールが行われるべきだとする（*Ibid.*）。

41)　ただし、破毀院社会部 2012 年 5 月 16 日判決（前掲注 31）参照）は、民法典 1131 条と労働法典 L. 1121-1 条を参照している。また、労働者が旧使用者の株を譲り受けた際の株主協定（pacte d'actionnaires）上の競業避止条項の有効性が問題となった事案に関するものではあるが、破毀院商事部 2011 年 3 月 15 日判決（Cass. Com., 15 mars 2011, n° 10-13824）は、「職業活動遂行の自由という基本的原則、民法典 1131 条全体」を参照している。

（c）　労働契約と競業避止条項の関係

　以上のように、企業の正統な利益および金銭的対価という競業避止条項の
新たな有効要件をコーズの概念と結びつけて理解する見解は、競業避止条項
じたいのコーズを問題としている。すなわち、労働契約のコーズとは別に、
競業避止条項のコーズが観念されているのである。このように考えるならば、
競業避止条項は、労働契約の全体構造の一部を構成する単なる特約というよ
りも、労働契約とは別の構造を有する合意だと位置づけられることになりそ
うである。

　学説が、金銭的対価を欠く競業避止条項がコーズの欠如ゆえに無効である
かについて議論するに際し、競業避止条項が労働契約と可分のものかを問題
としたことは、このことを裏づけるものといえよう[43]。また、マルク・ゴミ
ーは、これらの新しい有効要件について、競業避止条項の労働契約からの自
立性（autonomie）という観点から、次のような分析を加えている[44]。すなわ
ち、ゴミーは、競業避止条項は労働契約に付随するものだとしつつ、そのこ
とと労働契約の履行過程で同条項が自立性を獲得しうることとは矛盾しない
とし、主に競業避止条項の目的（finalité）について検討することで、その自立
性を論証しようとする。ゴミーによれば、競業避止条項の目的は、過去の契
約関係に見出される。というのも、労働者は、その契約関係のなかで、企業
の顧客と特別な接触を持ち、あるいは企業からノウハウや秘密情報を得るこ
とによって、潜在的に危険な競争相手となる。競業避止条項はこのような特
に危険な競争相手から使用者の身を守るために締結されるのである[45]。また、
企業を保護する必要性と労働の自由への侵害とが相関的に考慮され、競業避
止条項の当事者間の利害調整が図られていることは、競業避止条項が、労働

42）Y. SERRA, Tsunami sur la clause de non-concurrence en droit du travail, *D.* 2002. 2491. もっと
　　も、このような理解に異を唱える見解もある（Voy. R. VATINET, Les conditions de validité des
　　clauses de non-concurrence: l'imbroglio, *Dr. Soc.* 2002. 949（大山・前掲注 10）36・37 頁参照））。

43）競業避止条項が労働契約と不可分のものであるとすれば、そのコーズは労働契約の中に見出す
　　ことができるが、同条項が労働契約から可分のものであれば、労働契約とは独立のコーズが必
　　要だと考えられた（Voy. P. FIESCHI-VIVET, *supra* note（26）；S. CHOISEZ, *supra* note（26））。

44）M. GOMY, L' autonomie de la clause de non-concurrence post-contractuelle en droit du travail,
　　Mélanges Y. Serra, Dalloz, 2006, p. 199.

45）*Ibid.*, nº 9.

234

契約におけるそれとは異なる調和と均衡を有していることを示すものである。競業避止条項はいわば「契約の中の契約」なのである[46]。さらに、ゴミーは、競業避止条項の自立性を示す根拠として、同条項が履行されるのは労働契約の履行が終了してからであることに加えて、競業避止条項の有効性は労働契約の終了時にしか判断しえないことを挙げる。使用者の正統な利益の有無は、労働契約が履行されてはじめて明らかになるからである[47]。

このように競業避止条項が自立性を有するものだとすれば、労働者に恵与の意図がない限り、競業避止債務に対価が必要とされるのは当然である。ゴミーによれば、競業避止条項が固有の対価を必要とすることは、同条項が自立性を有する真の契約であることのあらわれである。金銭的対価を要求することは競業避止条項が双務性を有することを肯定することでもあり、そこから、使用者が競業避止条項を放棄するためには労働者の同意を得なければならないこと、使用者が金銭的対価を支払わなければ労働者は競業避止義務を免れること、逆に労働者が競業避止義務に違反した場合には使用者は金銭的対価の支払いを免れることといった重要な帰結が導かれる[48]。

（d）　小　括

以上のように、競業避止条項の新たな有効要件は、コーズの概念と結びつけて理解されてきた。

フランスの通説的な見解によれば、コーズには、少なくとも、個人の保護と社会秩序の保護という2つの機能がある。客観的コーズ概念は前者に結び付けられ、反対給付または恵与の意図が存在せず、債務負担の理由がない債務から個人を解放する。これに対し、主観的コーズ概念は後者に結び付けられ、契約の目的ないし動機が公序良俗に反する場合に契約を無効とする。これを競業避止条項の新たな有効要件の位置づけに関する議論と照らし合わせると、金銭的対価については個人の保護が、企業の正統な利益については社会秩序の保護が、それぞれ問題となっているといえよう[49]。もっとも、競業

46）*Ibid.*, n° 10.

47）*Ibid.*, n°s 11 et 12.

48）*Ibid.*, n° 16.

避止条項の有効要件として企業の正統な利益を要求することは、不当な競争制限を認めないという意味において社会秩序の保護に資するとしても、直接には労働者の自由の保障につながるものであり、実際、第2期の判例が参照しているのも労働者の営業の自由や労働の自由であることには注意が必要である。

なお、2016年改正によって、コーズの概念は民法典から姿を消した[50]。もっとも、コーズが有していた前記の2つの機能は、いずれも具体的な準則として明文化されている。すなわち、「有償契約は、その成立時において、約務を負う者のために約された対価が名目的又は僅少であるときは、無効である」と規定する新1169条は客観的コーズ概念が有していた機能を、「契約は、その約定によっても、それがすべての当事者に認識されていたかどうかにかかわらずその目的によっても、公の秩序に反することができない」と規定する新1162条は主観的コーズ概念が有していた機能を、それぞれ代替するものだといえる。

(4) 競業避止条項の有効性と労働者の自由

(a) 契約に関する認識の変化？

競業避止条項の新たな有効要件が、学説上、コーズの概念と結びつけて理解されてきたことは前述のとおりである。しかしながら、競業避止条項の有

---

49) 競業避止条項の有効要件として金銭的対価を必要とすることに関しては、新種の契約の出現過程という観点からのジュディット・ロシュフェルドによる分析も注目される。ロシュフェルドによれば、契約上の新たな目的が出現し明確化すると、つまり契約のコーズが典型的なものとなり社会的に認識されその機能が結晶すると、新種の契約が認められる。そして、このことは、反対給付のコントロールを決定づける点で重要な意義を有する。特別の機能の存在を見出し、その機能的単位の存在を肯定することは、当該取引の対価のコントロールが必要となることを意味するからである。契約条項については、通常、各条項のコーズではなく契約全体のコーズが検討されるが、ある条項が、形式的には独立の契約でなくとも、完全な機能的単位として認められる場合には、反対給付について独自のコントロールに服する。ロシュフェルドがその例として挙げているのが、労働契約における競業避止条項なのである（J. ROCHFELD, *Cause et type de contrat*, LGDJ, 1999, nos 525 et s.）。なお、ロシュフェルドのコーズ理論については、石川博康『「契約の本性」の法理論』（有斐閣、2010年）427頁以下等を参照。

50) 新1128条は、契約の有効要件として、「当事者の同意」、「その者の契約を締結する能力」及び「適法であり、かつ確定した内容」のみを要求している。

効性に関する判例の多くは、コーズに関する規定を参照しているわけではない。第2期以降の判例が基礎とするのは営業の自由、労働の自由、職業活動遂行の自由といった基本原則である。他方で、第1期の判例が参照していた意思自律の原則は、現在では参照されなくなっている。このように破毀院が契約法の道具立てを用いることなく基本原則を援用したことについては、契約法の「基本権化」の流れに棹さすものであり、契約ないし契約関係に関する認識の変化をあらわすものだとの分析も示されている。

たとえば、ジュディット・ロシュフェルドは、破毀院社会部2002年7月10日判決を批評するに際し、契約の自由主義的な観念が放棄された可能性を指摘する[51]。契約は、多くの場合、交換の場というよりも一方当事者による権力行使の場となっているところ、それが服従の場とならないように、一方的権力に対する限界として基本的自由ないし基本権が援用されているのではないか、というのである。ロシュフェルドは、このような新しい考え方と伝統的な考え方との間には次のような論理の違いがあるとする。すなわち、伝統的な考え方によれば、当事者が債務に服することは契約自由によって正当化され、その限界は公序に求められる。競業避止条項についていえば、当該条項はそれが望まれたというだけで適法であり、例外的に公序に反すると判断された場合にのみ違法とされる。このような論理にしたがえば、各当事者の自由の衝突が考慮され解決されるのは、競業避止条項が公序に反するか否かを判断する段階においてのみだということになる。これに対し、新しい考え方によれば、自由に対する侵害が契約によるものである場合でも、契約自由の行使は当事者間の自由の衝突をくみ尽くすものではない。伝統的で自由主義的な考え方とは異なり、自由の制約に対する同意は、自由に対する侵害を必ずしも正当化しないのである。とりわけ基本的自由については「自由の推定」がおかれなければならず、その侵害が正当化されるか否かが検討されなければならない。ロシュフェルドによれば、競業避止条項の有効要件に関する判例には、このような新しい考え方の片鱗がみられる。すなわち、第1に、競業避止条項が企業の正統な利益によって正当化されなければならないこと

---

51) J. ROCHFELD, Contrat et libertés fondamentales, *RDC* 2003. 17.

は、自由の制約はそれが正当化される場合にしか認められないことを示している。第2に、競業避止条項が時間的・場所的に限定されなければならないことは、自由の制約はそれが達成しようとする目的に比例していなければならないことを示している。第3に、競業避止条項が労働者に職業活動を遂行する可能性を残していなければならないことは、自由の制約が自由の「本質的内容」を侵すものであってはならないことを示している。もっとも、判例が競業避止条項の有効要件として金銭的対価を必要としていることについては、基本的自由を金銭的対価の支払いと引換えに処分することはできないのではないかが問題となりうる[52]。いずれにせよ、契約が自由を制約する場合、その制約には原因と理由がなければならず（正統性ないし必要性のコントロール）、その制約は厳格に必要な範囲に限定されていなければならず（比例性のコントロール）、また当該自由の核心部分を害するものであってはならない[53]。

（b）　労働者の自由の考慮

以上のような新しい考え方の当否や、それが契約法全体に広がっていく可能性の有無についてはさておき、フランスの判例が、競業避止条項の有効性を判断するに際して、労働者の自由を考慮していることは明らかであろう。

競業避止条項の有効要件に関する判例の展開を労働者の自由の考慮という観点から眺めてみると、判例が展開するにつれ、労働者の自由の保障はより重視され、実質化してきたといえる。すなわち、第1期の判例は、労働者が競業避止条項に同意している以上、競業禁止が場所的・時間的に一般的かつ絶対的なものでない限り、つまり労働者の労働の自由や営業の自由が完全に

52）破毀院社会部 2002 年 7 月 10 日判決が金銭的対価を必要としたことに対しては、このような観点からの批判もある（Voy. R. VATINET, *Dr. Soc.* 2002. 952; P. MORVAN, *JCP éd. E* 2003. 446, n° 1; F. PETIT, *JCP éd. G* 2003. II. 10162, n° 4）。

53）侵害の正当性、侵害の比例性、侵害の非本質性という 3 つの基準によって基本権を制約する法律行為の有効性を判断するという枠組みは、すでに、アブランテスやレイノーによって示されていた（J.-J. ABRANTES, *Contrat de travail et droits fondamentaux*, Peter Lang, 2000, pp. 118 et s.; J. RAYNAUD, *Les atteintes aux droits fondamentaux dans les actes juridiques privés*, PUAM, 2003, n°s 189 et s.）。なお、レイノーの見解を紹介する邦語文献として、福田健太郎「法律行為による基本権制約の限界」弘前 19 号（2008 年）96 頁以下がある。

奪われてしまうのでない限り、競業避止条項は有効だとしていた。これに対し、第2期の判例は、労働の自由は「憲法により保障される」とし、競業避止条項によって労働者の自由が制約されることを強調することで、企業の正統な利益による正当化の必要性を導いている。第2期において、労働者の自由の保障がそれまでよりも重視されていることは明らかであろう。さらに第3期には、労働者の職業活動遂行の自由を「基本原則」だとして、金銭的対価を必要とした。これにより、競業避止条項は双務性を帯び、使用者による一方的な放棄が制限されることとも相俟って[54]、使用者は、同条項を挿入するか否かについて慎重に検討することを促される。そうであるとするならば、金銭的対価を必要とすることは、労働者の自由の保障を実質化するものだということができる。破毀院社会部2004年12月17日判決[55]は、競業避止条項の有効要件として金銭的対価を必要とする判例準則が即時に適用されることを是認するに際し[56]、「競業避止条項に金銭的対価を必要とすることは、職業活動を遂行する基本的自由の保護と実効性を保障するという差し迫った必要性に応えるものである」と判示している。

　(c)　小　括

　以上からすれば、フランス法は、競業避止条項への違反を伴う労働者の引抜き事例において、旧使用者の利益と労働者の自由との調整を、競業避止条項の有効性を判断する段階で行っているといえる。そして、少なくとも企業の正統な利益が存在しない場合や金銭的対価が定められていない場合には、競業避止条項は全部無効となるから[57]、労働者が債務不履行責任を問われる

---

54)　使用者による一方的な放棄は、労働協約ないし労働契約にこれを認める約定がある場合には、認められうる。もっとも、使用者が競業避止条項の履行期間中いつでも放棄することができる旨を約定することはできない (Cass. Soc., 13 juill. 2010, n° 09-41626; Cass. Soc., 2 déc. 2015, n° 14-19029)。労働者が新たな職を探す際にどの範囲で労働の自由を有するのかを知ることを可能とするために、使用者による放棄が可能な期間は労働契約解消後の相当短期間でなければならない (G. AUZERO, D. BAUGARD et E. DOCKES, *supra* note (9), n° 183)。

55)　Cass. Soc., 17 déc. 2004, n° 03-40008.

56)　判例変更の遡及効は重要な問題であるが、本稿では立ち入らない (Voy. Groupe de travail présidé par N. MOLFESSIS, *Les revirements de jurisprudence, Rapport remis à Monsieur le Premier Président Guy Canivet*, LexisNexis Litec, 2005)。

余地はなくなる。また、金銭的対価が必要とされたことにより、使用者が競業避止条項を挿入する場面は減少するものと思われる。競業避止条項の存在自体が労働者に萎縮効果を与えうることからすれば、無闇な競業避止条項の挿入に歯止めがかかることは、労働者の自由の保障に資するものだといえよう。このように考えると、旧使用者の利益と労働者の自由との調整を、競業避止条項違反による責任の成否を判断するよりも前に、同条項の有効性を判断する段階で行うというフランスの手法は、労働者の職業選択の自由・営業の自由をよりよく保障するものだといえよう[58]。

3　第三者の契約自由の限界

　契約侵害による不法行為責任を認めることは、第三者の自由を制約することにつながる。とりわけ、契約侵害が債務者と第三者との間で契約が締結されることによって生じる場合には、債権者の利益と第三者の契約自由とをいかに調整するかが問題となる。先行契約の債務者との間でその履行と相容れない契約を締結した第三者は、いかなる要件のもとで不法行為責任を負うの

---

57)　Voy. G. BLANC-JOUVAN, *supra* note（9）, n° 98.
　　　破毀院は、金銭的対価を欠く競業避止条項を無効とし、その無効の援用権者を労働者に限定している（Cass. Soc., 30 juin 2004, n° 02-16722; Cass. Soc., 25 janv. 2006, n° 04-43646）。金銭的対価があまりに僅少で不存在と同視できる場合にも、競業避止条項は無効とされ、「裁判官は、労働者によって援用された金銭的対価の僅少性の評価の名の下に、当事者によって定められた金額を自身が評価した金額に置き換えることはできず、また、当該条項の無効について判断した後に、労働者に対して自身が正当と考える対価を付与することはできない」（Cass. Soc., 16 mai 2012, n° 11-10760）。これに対し、企業の正統な利益が存在するものの、競業が禁止される範囲が広すぎ、労働者にその教育及び職業経験にふさわしい活動を遂行する可能性を残していない場合については、破毀院は、裁判官が、「競業避止条項の効果を時間的・場所的に、又はその他の方法を限定することによって、その適用範囲を狭める」ことを認めていた（Cass. Soc., 18 sept. 2002, n° 00-42904）。もっとも、労働者が競業避止条項の無効のみを主張した場合には、裁判官は競業避止条項の適用範囲を狭めることができないとする判決も出されており（Cass. Soc., 12 oct. 2011, n° 09-43155）、判例の傾向には変化がみられる。
58)　小畑史子教授は、旧使用者の利益と労働者の自由との調整を、競業避止条項の効力の有無を判断する段階で行うべきか、当該労働者の義務違反の成否を判断する段階で行うべきかという問題について、前者について厳格な審査を行うことが職業選択の自由の保障の趣旨に合致するとしている（小畑史子「退職した労働者の競業規制」ジュリ 1066 号（1995 年）120 頁）。

か。その際、第三者の契約自由はどのように考慮されているのだろうか。

(1) 判例および立法の動向

こうした問題は、労働者の引抜きのほか[59]、流通ネットワークの目的商品の並行販売や[60]同一不動産を目的とする契約の競合[61]といった多様な事例において生じるが[62]、フランスの判例は、総じていえば、第三者が事情を知って先行する契約の債務者による不履行に関与した場合に、その不法行為責任を肯定してきた。たとえば、競業避止義務違反など労働者の契約不履行を伴う引抜きについては、悪意で労働者を引き抜いた第三者の不法行為責任が認められている。また、流通ネットワークの目的商品をネットワーク外で並行販売すること自体は不正競争行為を構成しないとされる一方で、第三者が目的商品を非正規に取得した場合、具体的にいえば当事者の再販売禁止への違反に関与した場合には、当該第三者の不法行為責任が認められている。

これに対し、不動産の二重譲渡に関しては、近時、第二譲受人が悪意の場合について、従来の判例理論と矛盾するような判決も出されていた。すなわち、従来の判例理論は、第一譲渡を認識しつつ不動産を譲り受けることはフォートを構成するから、悪意の第二譲受人は不動産公示に関する準則を自らに有利に援用することができないとしていたのに対し（フォート説）[63]、第二譲受人の悪意を問題とすることなく、先に公示手続を履践した第二譲受人を優先させる判決が散見された[64]。しかしながら、2016年改正により、先に公示手続を履践した第二譲受人は、「その者が善意である限り」第一譲受人に優

---

59) 荻野・前掲注1）473頁等を参照。

60) シリル・グリマルディ〔齋藤哲志訳〕「流通ネットワークの法的分析」新世代法政策学研究17号（2012年）1頁、荻野奈緒「ルネ・ドゥモーグと『パンドラの箱』――契約不履行に関与した第三者の責任に関する議論を素材として」日仏29号（2017年）56頁以下等を参照。

61) 横山美夏「競合する契約相互の優先関係（1）～（5・完）」法雑42巻4号914頁、43巻4号607頁、45巻3・4号464頁、47巻1号41頁、49巻4号815頁（1996年～2003年）等を参照。

62) Voy. P. JOURDAIN, Droit à réparation, *JCL Civil Code*, Art. 1382 à 1386, Fasc. 130-10, n°s 56 et s. 吉田邦彦『債権侵害論再考』（有斐閣、1991年）429頁以下も参照。

63) Cass. Civ. 3e, 22 mars 1968, *Bull.* n° 129. 同判決については、鎌田薫「不動産二重売買における第二買主の悪意と取引の安全――フランスにおける判例の『転換』をめぐって――」早比9巻2号（1974年）31頁等を参照。

先することが明文化された（新1198条2項[65]）。同項は、悪意の第二譲受人は第一譲受人に優先しえないことを含意するものであるところ、少なくとも結論においては、フォート説に依拠する従来の判例理論を踏襲するもの、あるいはそれに回帰するものだといえよう。

また、2016年改正は、予備的契約に違反して第三者との間で契約が締結された場合における第二契約の帰趨に関しても、明文の規定を新設した。すなわち、「一方予約に違反して、その存在を知る第三者との間で締結された契約は無効である」（新1124条3項）。また、「優先約款に違反して第三者との間で契約が締結されたときは、受益者は、被った損害の賠償を得ることができる。第三者が約款の存在及び受益者のこれを援用する意図を知っていたときは、受益者は、無効の訴えを提起し、又は締結された契約において第三者と置き代わることを裁判官に請求することもできる」（新1123条2項[66]）。

以上からすれば、フランスでは、債権者の利益と第三者の契約自由との間の調整は、基本的に、第三者が悪意の場合にのみその不法行為責任を認めるという形で図られているといえよう。そして、先行する契約の存在について第三者の善意が推定されることにより、第三者は、先行する契約の有無について調査する必要なく、自由に契約を締結することができるのである[67]。

64）Cass. Civ. 3ᵉ, 10 févr. 2010, n° 08-21656 ; Cass. Civ. 3ᵉ, 12 janv. 2011, n° 10-10667. このような判例の動向については、七戸克彦「不動産の二重譲渡における第三者の悪意」松川正毅ほか編『判例にみるフランス民法の軌跡』（法律文化社、2012年）66頁以下、小柳春一郎ほか「第2回日仏物権法セミナー質疑について」新世代法政策学研究17号（2012年）216頁以下を参照。

65）「同一の不動産上の権利の順次の譲受人が同一人からその権利を取得したときは、公署方式により作成された取得権原証書を不動産票函に先に公示した者が、その権利が後れるものであったとしても、その者が善意である限り、優先する」と規定する。

66）第一契約が優先約款である場合に、第二契約の無効や第三者との代置（substitution）を求めるためには、優先約款の存在の認識に加えて受益者がこれを援用する意図の認識が必要とされているが、これは従来の判例の立場（Cass. Ch. mixte, 26 mai 2006, n° 03-19376）に倣ったものである。なお、このような二重の認識は、受益者が第三者に対して損害賠償を請求する場合の要件としては、必ずしも必要でない（Voy. G. CHANTEPIE et M. LATINA, *La réforme du droit des obligations*, Dalloz, 2016, n° 256）。

67）Voy. S. GINOSSAR, *Liberté contractuelle et respect des droits des tiers, Emergence du délit civil de fraude*, LGDJ, 1963, n° 40.

(2) 第三者による契約締結の詐害性

では、第三者が、先行する契約の存在を認識しつつ、その履行と両立しない契約を債権者との間で締結することが違法とされる理由はどこにあるのだろうか。この点については、このような契約の締結がフロードにあたるとする見解がみられることが興味深い。こうした見解においては、契約不履行に関与した第三者の責任は、詐害行為取消訴権（action paulienne）と連続的に捉えられている。

（a） フロードの不法行為

契約不履行に関与した第三者の責任と詐害行為取消訴権との近似性は古くから指摘されていたが[68]、ここではまず、契約自由と第三者の権利の尊重という観点からの検討を行い、「フロードの不法行為（délit civil de fraude）」という特殊な不法行為の出現をみるシャレヴ・ジノサールの見解を一瞥しておこう[69]。

ジノサールは、当事者の合意が有効であるためには、その目的及びコーズが適法であること、つまり、一般的利益ないし公序良俗を害しないことが必要であることを指摘しつつ、合意の自由は第三者の個人的権利によっても制約されるのではないかという問題を提起する[70]。そして、契約自由と他人の権利を尊重する義務とが衝突する多様な場面に関する実定法の解決を分析する。その際、ジノサールが出発点に据えるのは、詐害行為取消訴権[71]である。

---

68) たとえば、契約不履行に関与した第三者の責任に関する議論の先駆者ともいうべきユグネーは、次のように述べて、詐害行為取消訴権との近似性を指摘する。すなわち、「契約違反の共犯たる第三者に対する訴権は、詐害行為取消訴権の派生物ではないが、反対に、詐害行為取消訴権が、より広い理論、共犯たる第三者の民事責任の理論の少し特殊な分枝でないことは示されていない」と（P. HUGUENEY, *Responsabilité civile du tiers complice de la violation d'une obligation contractuelle*, Arthur Rousseau, 1910, pp. 187-188）。

69) ジノサールは、契約不履行に関与した第三者の責任を、独自の所有概念によって説明する。これはジノサールの見解の大きな特徴ではあるが、本稿の問題関心から外れるため、ここでは立ち入らない。ジノサールの所有概念については、佐賀徹哉「物権と債権の区別に関する一考察（2）」論叢 99 巻 2 号（1976 年）36 頁以下、横山美夏「フランス法における所有（propriété）概念──財産と所有に関する序論的考察」新世代法政策学研究 12 号（2011 年）277 頁以下等を参照。

70) S. GINOSSAR, *supra* note（67）, n° 1.

もっとも、ジノサールによれば、詐害行為取消訴権は、金銭債権の債務者がその債権者を害してする行為しか対象にしていない。それゆえ、判例は、金銭債権以外の債権の債権者を同様の危険から保護するために、民事責任の準則に依拠し、既存の約務と相容れない約務が、フロードによって、すなわち違反される約務を認識しつつ約定された場合に、不法行為責任を認めたのである[72]。

ジノサールは、このような「フロード訴権 (action de fraude)」は詐害行為取消訴権とは異なるが、その性質の一部を残しているとする。フロード訴権の主な特徴としてジノサールが挙げるのは、以下の4点である。①損害は、一般的な支払不能ではなく、特別の支払不能つまり特定の約務の履行不能であること、②効果は、加害行為の取消しではなく、損害賠償が認められる場合が多いこと、③攻撃される行為は、債務者と第三者との間の合意であること、④違反される約務の存在及び構成について第三者が認識していることが必要であること、である[73]。第4の特徴はフロード訴権が誠実さに対する不法行為であることを示すものである。また、詐害行為取消訴権においては一般的な支払不能の認識が必要とされ、侵害される債権者やその債権の内容について認識する必要は必ずしもないのに対し、フロード訴権においては侵害される債権に関する特別な支払不能の認識が必要とされる。

ジノサールは、実定法上の解決の多様性を指摘しつつも[74]、フロードの不法行為という特殊な不法行為の存在を認めることができると主張している。フロードの不法行為は、「故意に又は害意をもって、債務を負う者と約定することにより、当該債務者の第三者に対する債務への違背を生じさせること」

---

71) 旧1167条1項は、「債権者はまた、その債務者が債権者の権利を詐害してした行為を自己の名において攻撃することができる」と規定していた。新1341-2条は、「債権者は、その債務者が債権者の権利を詐害してした行為について自己に対抗することができない旨の宣言を得るために、自己の名において提訴することもできる。その行為が有償である場合には、債権者は、〔債務者の〕相手方たる第三者が詐害を知っていたことを証明する責任を負う」と規定する。

72) S. GINOSSAR, *supra* note (67) n° 3.

73) *Ibid.*, n° 10.

74) ジノサールが前掲書（注67）を公刊した当時、不動産の二重譲渡に関する判例は、フロード説に依拠していた。ジノサールは、これを「加重されたフロード」が必要とされる場合に位置づけつつ批判している (*Ibid.*, n°s 14 et s.)。

244

にかかわる。ジノサールは、①損害を生じさせる所為、②損害、③責任主体、④主観的要件に関し、概ね次のような説明を加えている。①フロードの不法行為が他の不法行為と異なるのは、損害を生じさせる所為が法律行為だということである。事実行為については、通常のフォートを構成すると考えれば足りるから、フロードの不法行為を構成しない。このことは、法律行為の自由が事実行為の自由よりも広いことを示すものである[75]。②フロードの不法行為から生じる損害は、債務不履行である。したがって、その債務が有効でなければフロードの不法行為は成立しないし、違反された債務はフロードとされる行為よりも前に生じていたのでなければならない[76]。③フロードの不法行為があるというためには、債務への違反が第三者の行為によって引き起こされ又は容易になったのでなければならない[77]。④主観的要素に関しては、侵害される権利が第三者に不可視であることから特別の考慮が必要となるが、違反される債務の性質によって第三者の認識可能性が異なることから、一様ではない。たとえば、金銭債務以外の債権であって公示に服さないものについては、第三者の善意が推定され、それを覆すためには、第三者が侵害された法的関係を特に認識していたことが証明されなければならない。これに対し、金銭債権については、詐害行為に関する準則が適用される。負債を伴わない資産は存在しないから、善意の推定は緩和され、第三者は、債権者の存在を知らなくても、悪意とされうる[78]。なお、フロードの不法行為は、現実賠償が可能であればそれによるという効果の点でも、独自性を有する[79]。

(b) 詐害行為取消訴権の射程の拡大

ジノサールは、契約不履行に関与した第三者の責任と詐害行為取消訴権を連続的に捉えてはいるが、両者はあくまで異なる制度だと考えている。この

---

75) *Ibid.*, n° 33.

76) *Ibid.*, n° 34.

77) *Ibid.*, n° 36.

78) *Ibid.*, n°ˢ 37 et 38. ジノサールによれば、これらのほかに、夫婦関係や雇用関係のように、法律上特に保護されているものがある。また、財産権の中で最も保護されるのは所有権であり、第三者が善意を援用して責任を免れることができる場合は少ない。

79) *Ibid.*, n° 39.

ような位置づけは、詐害行為取消訴権の目的は金銭債権の債権者の一般担保権（droit de gage général）の保全にあるとの伝統的な理解[80]を前提とするものである。これに対し、判例に目を向けると、契約不履行に関与した第三者の責任の問題領域にも、詐害行為取消訴権の射程が拡大していることが注目される[81]。たとえば、破毀院第3民事部2004年10月6日判決[82]は、私署証書による双方予約がなされた後、公署証書が作成される前に、売主が目的不動産を贈与したという事案において、「詐害行為取消訴権は、債務者が支払不能でない場合であっても、詐害行為が、譲渡された物について債権者が有していた特定の権利の行使を不可能にするものであったときは、受理され得る」と判示し、双務予約の買主が贈与について詐害行為取消訴権を行使することを認めた。同判決は、特定の物に関する債権を保全するために詐害行為取消訴権の行使を認めたものであるが[83]、受贈者が双務予約の売主の契約不履行に関与した事案において、双務予約の履行と相容れない贈与を違法と評価したものだと考えることもできよう。

　判例が詐害行為取消訴権の射程を拡大していることに対しては否定的な学説が多い[84]。これに対し、ローラ・ソトニー＝ラギオニーはこれを歓迎し、さらにその方向を推し進めるべきだと主張している[85]。もっとも、その主張は、詐害行為取消訴権の目的は一般担保権の保全にあるとの伝統的な理解とは相容れない。そこで、ソトニー＝ラギオニーが詐害行為取消訴権の基礎に

80）Voy. J. FRANÇOIS, *Traité de droit civil, tome 4, Les obligations, Régime général*, 4ᵉ éd., Economica, 2017, nᵒ 407.

81）より視野を広げると、詐害行為取消訴権の射程の拡大は、次の2つの領域においてみられる。すなわち、詐害行為取消訴権が抵当権保全のために用いられている場合と、特定の物に関する債権を保全するために用いられている場合である。前者につき、片山直也『詐害行為の基礎理論』（慶應義塾大学出版会、2011年）70頁以下等を参照。後者については、松坂佐一『詐害行為取消権の研究』（有斐閣、1962年）90頁以下、好美清光「Jus ad rem とその発展的消滅――特定物債権の保護強化の一断面――」一法3号（1961年）415頁以下等がある。

82）Cass. Civ. 3ᵉ, 6 oct. 2004, nᵒ 03-15392.

83）特定の物に関する債権を保全するために詐害行為取消訴権の行使を認めた例としては、ほかに、破毀院第1民事部1974年12月10日判決（Cass. Civ. 1ʳᵉ, 10 déc. 1974, nᵒ 72-11223）がある。

84）Voy. J. GHESTIN, Ch. JAMIN et M. BILLIAU, *Traité de droit civil, Les effets du contrat*, 3ᵉ éd., LGDJ, 2001, nᵒ 839.

85）L. SAUTONIE-LAGUIONIE, *La fraude paulienne*, LGDJ, 2008, nᵒˢ 279 et s.

ついてどのように理解しているのかを確認しておこう。ソトニー＝ラギオニーによれば、第1に、債務者が詐害行為を行ってはならないことは、債務者がその債務に拘束されていること（assujettissement）から導かれる。すなわち、債務者は、その債務を履行しなければならないだけでなく、その約務に適合的な行為態様をとらなければならず、その債務の履行を妨げたりその履行を困難にしてはならない。このように債務者がその債務に拘束されていることからは、債務者が詐害行為をしてはならないこと、ひいてはその債務を誠実に履行しなければならないことが帰結される[86]。第2に、詐害行為の相手方がこれに関与してはならないことは、債権者の権利の対抗力（opposabilité）によって基礎づけられる[87]。対抗力は主観的権利の概念に内在するところ、第三者はこれを侵害してはならないのである[88]。なお、ソトニー＝ラギオニーは、ジョゼ・デュクロの見解に依拠して[89]、対抗力が発動されるための要件として第三者の認識が必要だとしている[90]。

（c）　小　括

　ジノサールやソトニー＝ラギオニーの見解は学説の多数を占めているわけではなく、これらの見方を一般化することは難しいかもしれない。そうであるとしても、フランスにおいて、第三者が先行契約の履行と両立しない契約を締結することを違法と評価するに際し、既存の規範を害してはならないという観念が広く浸透していることがうかがえることは興味深い[91]。

　また、その際、悪意の第三者にも契約自由を保障すべきだとの議論はみあ

86）*Ibid.*, n[os] 115 et s.

87）*Ibid.*, n[os] 187 et s.

88）このように考えるならば、第三者が契約不履行に関与することは、一方で詐害行為取消訴権の対象となり、他方で不法行為上のフォートと評価されて第三者の不法行為責任を生じさせることになる。ソトニー＝ラギオニーは、両者の競合を認めつつ、侵害の態様やサンクションの対象に詐害行為取消訴権の特殊性を見出している（*Ibid.*, n[os] 213 et s.）。

89）デュクロの見解については、七戸克彦「『対抗』のフランス法的理解――不動産物権を中心に――」慶院26号（1987年）72頁以下、片山・前掲注81）566頁以下、荻野・前掲注1）535頁以下、白石大「将来債権譲渡の対抗要件の構造に関する試論」早法89巻3号（2014年）160頁以下等を参照。

90）L. SAUTONIE-LAGUIONIE, *supra* note（85），n° 212, n[os] 482 et s.

たらないようである。第三者の契約自由の考慮は、不法行為の要件をフォートから悪意へと加重し、第三者が先行契約を認識していることを必要とすることにあらわれている。第三者の契約自由は、契約を締結しようとする際に、先行契約の有無について調査する義務を負わされないことによって保障されているのである。

4　むすびに代えて

　本稿では、契約侵害論の再構築に向けた準備作業として、フランスにおける契約侵害論をより立体的に把握することを目指して、関係者間の利害調整がどの段階でどのように行われているかにつき、一定の検討を行った。もっとも、取り上げることができた紛争類型は限られているし、公示制度との関係[92]や競争法との整合性[93]といったより政策的な考慮については棚上げせざるをえなかった。こうした欠缺を埋める作業は今後の課題である。また、フランス法から得られる示唆をどのように日本法の解釈論に生かしていくのかについては、これらの作業を踏まえたうえで、さらに検討することとしたい。

---

91)　このような観念の背景に、「フロード（fraude）」に関する一般法理を見出すこともできるかもしれない。片山直也教授は、フランスにおける「詐害（fraude）法理」から示唆を得て、合意により創設された義務的規範への逸脱行為に対応すべく、詐害行為取消権を「合意の第三者効」を定める制度として位置づける方向性を示唆する（片山直也「新たな自由社会における詐害的な行為に対する私法上の法規制——フランスの『詐害（fraude）』法理からの示唆——」NBL986号（2012年）10頁）。

92)　特に同一不動産を目的とする契約の競合の問題を解決するにあたり、公示制度との関係が重要であることは言うまでもない。

93)　流通ネットワークの目的商品の並行販売に関する判例の展開については、EUないし国内法レベルの競争法との整合性を図るためのものだとの分析も示されていた（P. JOURDAIN, Les réseaux de distribution et la respontabilité des tiers revendeurs hors réseau, D. 1990. 43）。

財貨帰属と代位法理

水津太郎

1 はじめに

本稿のテーマは、財貨帰属にかかる代位である。まず、これまでに著者が公刊してきた、物上代位と代償的取戻権に関する拙稿を振り返り（**2・3**）、次いで、その成果を手がかりとしながら、財貨帰属にかかる代位について、現行法秩序に体系性を与えることを試みる（**4・5**）。

検討の際には、「対話と創造」がされるべき「民法理論」とはどのようなものか、また、日本法の課題に取り組むうえで、外国法の研究がどのような意味を有するか、といった方法論上の問いも意識することとしたい。

2 物上代位論

(1) 問題状況

日本の民法学では、物上代位というと、一般に、民法304条（および同条を準用する民350条・372条）に定められた担保物権の物上代位が念頭に置かれる。物上代位の本質論が担保物権の本質論に置き換えられ、価値権説と特権説（物権説）の対立を軸として議論されたり、物上代位性は、優先弁済権を含む担保物権の通有性の1つである、と説かれたりするのは、そのためである。

もっとも、日本の制定法をみわたすと、財産分離（民946条・950条2項）や遺贈（民999条・1001条）についても、「物上代位」（条文の見出し）が定められ

ている。見出しのなかで物上代位とは書かれていなくても、信託財産の範囲
について規律する信託法16条は、物上代位を定めたものと理解されている。
また、添付が生じたときに、それにより消滅する第三者の権利が持分の上に
存続することを定めた民法247条2項後段や、債権質の対象である債権の目
的物が供託または弁済されたときに、質権が存続することを定めた民法366
条3項・4項についても、物上代位と性格づけるものがある。さらに、明文が
ないところでも、たとえば、留置権がその目的物の換価金について存続する
ことや、代償財産も遺産分割の対象となることを説明するために、物上代位
の概念が援用されている。

　このように、物上代位が一般に理解されているよりも広い射程をもちうる
ことは、比較法研究の成果によって知られてきた[1]。そうすると、次に問題
となるのは、このように物上代位の概念を広く捉えることで、いったいなに
が明らかになるのか、ということである。このような問題関心からすると、
それぞれの条文の沿革を辿るよりも、物上代位の総論について議論が蓄積さ
れている外国の研究を、──その文脈について十分に注意を払いながら──
参照するのが適している。また、フランスとの比較については、こうした物
上代位の総論を視野に入れた研究があらわれていた[2]のに対し、ドイツを対
象とした比較法研究では、そのような作業は十分にされていなかった。

　以上の問題関心と研究状況を背景として、ドイツにおける物上代位の学説
史を考察したのが一連の拙稿である。その一部は、法史学研究の性格もあわ
せもっているものの、ここでは、理論的な問題に焦点を合わせて[3]、特に興味

---

1) 新田宗吉「物上代位に関する一考察(1)(2)」明学25号(1980年)1頁、26号(1980年)145
　頁、高木多喜男「分離財産・代償財産と遺産分割」同『遺産分割の法理』(有斐閣、1992年)〔初
　出1981年〕111頁、下村信江「フランスにおける物上代位の本質論に関する一考察(上)(下)」
　阪法46巻3号(1996年)285頁、4号(1996年)535頁、高橋智也「抵当権の物上代位に関す
　る一考察(1)～(3・完)」都法38巻2号(1997年)431頁、39巻1号(1998年)697頁、39
　巻2号(1999年)759頁、直井義典「抵当権の物上代位と物的代位」本郷法政紀要8号(1999
　年)383頁。
2) 今尾真「所有権移転型担保に基づく物上代位に関する基礎的考察(1)」明学675号(2002年)
　1頁。
3) 理論的な問題を集中的に検討したものとして、水津太郎「ドイツ法における物上代位の理論的
　基礎(1)～(4・完)」法研80巻3号(2007年)21頁、4号(2007年)45頁、5号(2007年)
　25頁、6号(2007年)33頁。

深い点をまとめておこう。

(2)　前史──法諺《代価は物の地位を襲い物は代価の地位を襲う》の展開
（a）　ドイツ普通法学

ドイツにおいては、物上代位は、法諺《代価は物の地位を襲い物は代価の地位を襲う》に由来するものと理解されている[4]。《代価は物の地位を襲う》の定式は、パウルスが（相続回復請求権に相当する）*hereditatis petitio* に関する D. 5, 3, 22 のなかで援用した、ハドリアーヌス帝の宣示を源とするものである。

18 世紀の末には、*universitas rerum*、つまり物の集合が、*universitas iuris*（相続財産、特有財産、嫁資）と、*universitas facti*（畜群、在庫商品、蔵書）とに区別され[5]、この法諺は、そのうちの *universitas iuris* について、一般的なルールとして適用されると考えられていた。しかしながら、歴史法学の時代に、ハッセとミューレンブルッフによって[6]、そのような理解は、ローマ法源の、コンテクストを踏まえた厳密な解釈に耐えられないことが明らかにされた。その結果、19 世紀の末になると、先の法諺は、*universitas iuris* 固有の特質でも、一般的なルールとして通用するものでもない、と解されるようになった。

ここでは、次の 3 点が注目される。第 1 に、物上代位の原型は、民法総則における「物」ないし権利客体論、具体的には、財産および集合物論に位置づけられていたこと、第 2 に、19 世紀の末には、*universitas iuris* と先の法諺との間の一般的な結びつきが否定されたこと、第 3 に、その論証は、主として、ローマ法源との適合性を問題とするものであったことである。

---

4)　水津太郎「19 世紀前期・ドイツ普通法学における法諺《代価は物の地位を襲い物は代価の地位を襲う》について」法政論究 64 号（2005 年）203 頁、同「19 世紀中期・ドイツ普通法学における法諺《代価は物の地位を襲い物は代価の地位を襲う》について」法研 80 巻 12 号（2007 年）205 頁、同「19 世紀後期・ドイツ普通法学における法諺《代価は物の地位を襲い物は代価の地位を襲う》について (1) (2・完)」法研 81 巻 4 号（2008 年）29 頁、同 5 号（2008 年）33 頁。

5)　*universitas iuris* と *universitas facti* を区別するための基準については、錯綜した議論がある。前掲注 4) に掲げた文献を参照。

6)　Johann Christian HASSE, Ueber Universitas juris und rerum, und über Universal-und Singular-Succession, in: AcP, Bd. 5 (1822), S. 1; Christian Friedrich MÜHLENBRUCH, Ueber die s. g. juris und facti universitates, in: AcP, Bd. 17 (1834), S. 321. 詳しくは、水津・前掲注 4) 前期 203 頁。

（b）　ドイツ民法典の起草過程

ドイツ民法典の起草過程では、当初は、一般論として、ハッセとミューレンブルッフの批判が受け入れられ、先の法諺は、*universitas iuris* についてすら、これを原則とみることはできないとされていた[7]。しかしながら、その後、一つひとつの条文について審議をかさねるなかで、次にみるように、多くの特別財産について、物上代位に関する規定が設けられることとなった。そのため、ドイツ民法典が制定された後には、ドイツ民法典の立法者意思として、後期普通法学とは異なり、特別財産については、物上代位を原則として承認したとみるべきではないかが問題とされている[8]。

（3）　物上代位に関する規定

ドイツ民法典における物上代位に関する規定には、次のものがある[9]。

（a）　特別財産の物上代位

特別財産とは、一般財産とは異なり、「法律により定められた特定の目的と結びつけられている物と権利の総体」[10] のことである。特別財産の物上代位は、〔1〕相続回復請求権（BGB2019 条）、〔2〕共同相続財産（BGB2041 条）、〔3〕先位相続財産（BGB2111 条）、〔4〕財産共同制における留保財産（BGB1418 条2 項3 号）、〔5〕財産共同制終了後における合有財産（BGB1473 条）、〔6〕子の自由財産（BGB1638 条2 項）、〔7〕組合財産（BGB718 条2 項）について定められている。

日本法との対比では、遺贈に関する民法 999 条・1001 条の母法とされるル

---

7)　水津太郎「有体物規定に関する基礎的考察Ⅰ・Ⅱ」法研 82 巻 12 号（2009 年）238 頁、83 巻 1 号（2010 年）92 頁。

8)　水津・前掲注 3) 理論的基礎（3）55-56 頁注 156。

9)　水津・前掲注 3) 理論的基礎（1）22-36 頁、（2）46-54 頁のほか、同・後掲注 14) 譲渡担保 333-345 頁も参照。2009 年に削除された家財道具の物上代位に関するルール（BGB 旧 1382 条・旧 1370 条）については、水津太郎「ドイツ管理共同制における家財道具の物上代位規定」法研 84 巻 12 号（2011 年）631 頁、同「ドイツ剰余共同制における家財道具の物上代位規定」法研 91 巻 2 号（2018 年）63 頁。強制執行法・倒産法における物上代位については、さしあたり、水津太郎「ドイツ倒産法における物上代位」法研 81 巻 12 号（2008 年）231 頁。

10)　引用は、後掲注（19）に掲げた、WOLF, Jus 1975, S. 710（傍点は原文ではイタリック）。

ール（BGB2164条2項・2169条3項・2172条2項・2173条）が、物上代位を定めた規定とはみられていないこと[11]、財産分離に機能的に対応する遺産管理（BGB1975条）については、物上代位に関する規定がなく、類推適用の可否が争われていること、そして、信託財産の物上代位については、判例は、原則としてこれを否定していること（代位禁止原則）[12]が重要である。

（b）他の領域における物上代位

ドイツ民法典は、集合物と個々の対象についても、物上代位に関する規定を設けている。

日本法の観点から特に留意すべきなのは、次の点である。〔8〕保険金債権に対する抵当権の効力を定めるBGB1127条[13]のみならず、(1)のなかで取り上げた、添付に関する民法247条2項後段や、債権質に関する民法366条3項・4項と系譜的につながる規定、つまり、〔9〕BGB949条2文（付合・混和・加工において、第三者の権利が持分の上に存続するというルール）や、〔10〕BGB1287条（債権の給付物について、債権を目的としていた質権が存続するというルール）も、物上代位を定めたものと捉えられていること、ドイツにおいては、先取特権にあたる一般的な制度はなく、個別に定められた法定質権等によって特定の債権者の保護が図られているものの、動産売買先取特権に相当する法定質権は設けられておらず、したがってまた、動産売買先取特権に基づく物上代位に類する規定も置かれていないこと、譲渡担保権に基づく物上

---

11) 水津太郎「代位と多角的法律関係」椿寿夫＝中舎寛樹編『多角的法律関係の研究』（日本評論社、2012年）183頁〔初出2009年〕。本文に掲げた規定は、債権的代位の一種であると理解されている。このことは、遺贈がいわゆる債権的効力しか有しない（BGB2174条）ことと関連していると考えられる。

12) この原則の例外や学説による批判について、吉永一行「ドイツ判例法における信託成立要件としての『直接性原則』」産法40巻3=4号（2007年）177頁、中田英幸『ドイツ信託法理』（東北大学出版会、2008年）第2章・第3章を参照。直接性原則と代位禁止原則の関係については、水津・後掲注（14）譲渡担保347頁も参照。また、代償的取戻権との関係について、水津・後掲注（24）103頁注165。

13) 他方、賃料債権に対する抵当権の効力を定めるBGB1123条は、物上代位に関する代表的な研究では、物上代位の適用例として挙げられていない。水津・前掲注3) 理論的基礎 (2) 69-70頁注80を参照。また、抵当権に基づく売買代金債権に対する物上代位に関する規定は、設けられていない。

254

代位は、集合動産・個別動産ともに否定されており、譲渡担保権者が代位物を担保の対象とするためには、それについて譲渡担保権の設定を受ける（譲渡担保権を契約により「延長」する）ことを要するとされている[14]ことである。

(4)　物上代位の基礎理論

ドイツにおける物上代位研究の問題関心は、時代によって移り変わりがみられる。しかしながら、以下では、日本の問題を考えるうえで興味深いとみられる総論的な議論について、共時的な分析をくわえることとしよう。

(a)　物上代位の概念

ドイツ民法典には、物上代位の定義を定める規定は、設けられていない。今日の学説は、一般に、物上代位を、次のようなものとして理解している。すなわち、物上代位は、権利の取得が法律に基づいて生じる原因の１つである。その典型的なメルクマール[15]としては、次の３点が挙げられる。第１に、対象の交替が生じたときに、もとの対象の上にあった権利や法的地位が、代位物について継続すること、第２に、代位物が行為によって生じた場合において、その行為の当事者が第１の内容と異なる意思を有していたとしても、その意思は顧慮されないこと、第３に、代位物は、他の主体や財産を経由することなく、もとの帰属先に直接的に帰属することである。一言でいえば、物上代位は、存続保護に役立つものであるとされる。

(b)　物上代位の正当化

ア　一般の権利取得原則との関係

物上代位は、一般の権利取得原則に反する。その意味について、物上代位の典型例とされる相続回復請求権の物上代位（〔1〕。この番号は、**(3)** のなかで示したものである。以下も同様とする）を例にみてみよう[16]。表見相続人Ｂが

---

14)　水津太郎「ドイツ譲渡担保法における代位法理」池田真朗＝中島弘雅＝森田修編『動産債権担保』（商事法務、2015年）331頁、同「ドイツにおける在庫担保」NBL1070号（2016年）43頁を参照。

15)　典型的なメルクマールがあてはまらない場合もある。後述する **(5)** **(b)** のほか、詳しくは、水津・前掲注3）理論的基礎 **(2)** 57-58頁、同・前掲注14）譲渡担保337-338頁・340-341頁。

相続財産に属する絵画 α を、C の所有する家具 β と交換した場合には、家具 β は、物上代位により、自動的に相続財産に組み込まれ、真正相続人 A に帰属する。ここでは、①B と C の意思は顧慮されない。また、②B と C との間で締結された交換契約において、A の名が示されたかどうかも問われない。さらに、③A は、家具 β について引渡しを受けることなく、所有権を取得する。そのため、物上代位は、私的自治（①）、顕名主義（②）、公示原則（③）を破壊するものである[17]と考えられている。

　イ　物上代位の原理

　このような物上代位の特質から、物上代位は、一般に[18]、特別財産における ものも含め、あくまで私法体系上の例外に位置づけられている。そうだとすると、それぞれの物上代位に関する規定が、どのような理由により正当化されるのかが問題となる。

　この問題について包括的に応答したヴォルフ[19]によると、特別財産の物上代位に関する規定は、①責任財産維持原理（〔1〕～〔5〕）、②管理一体性維持原理（〔2〕〔3〕〔6〕〔7〕）のいずれか一方または双方によって基礎づけられる。その他の物上代位に関する規定のうち、**(3)**（b）でみたものについていえば、

---

16) この例は、Dagmer COESTER-WALTJEN, Die dingliche Surrogation, in: Jura 1996, S. 25.

17) ただし、物上代位の典型的なメルクマールを欠くとき（前掲注 15)）や、登記を備えなければ代位取得は生じないとされるとき（水津・前掲注 3) 理論的基礎（3）39-40 頁注 127）は、この限りでない。

18) 異説は、Dieter STRAUCH, Mehrheitlicher Rechtsersatz: Ein Beitrag zur „dinglichen Surrogation" im Privatrecht, Bielefeld 1972. シュトラウフは、物上代位（論者の用語によると、複数の法的代償）を、原則的に通用するものとして再構成しようと試みている。それによると、物上代位に関する規定の背後には、共同的権利の原状回復という単一の原理がある。ここでいう共同的権利には、合有関係から所有者―占有者関係までが含まれ、共同的権利の担い手である権利者たちは、社会法の拘束によって互いに結びつけられる。この共同的権利の原状回復という原理は、基本法における社会的法治国家原理（GG20 条 1 項・28 条 1 項）に源をもち、（個人主義的な）私法上の原理よりも優位に置かれる。そのため、共同的権利が侵害されるときは、明文の規定がなくても、物上代位が拡張して適用されるべきであるとされる。しかし、このシュトラウフの試みは、受け入れられなかった。さまざまな批判について、水津・前掲注 3) 理論的基礎（3）36-37 頁を参照。

19) Manfred WOLF, Prinzipien und Anwendungsbereich der dinglichen Surrogation, in: Jus 1975, S. 643, 710, Jus 1976, S. 32, 104. 詳しくは、水津太郎「所有権移転型担保に関する物上代位論の基礎」法政論究 60 号（2004 年）393 頁。そのほか、同・前掲注 14）譲渡担保 335-345 頁も参照。

〔9〕（付合・混和・加工において、第三者の権利が持分の上に存続するというルール）は、法律に基づいて権利が侵奪された者には、代償が付与されるべきである、という原理によって正当化される。また、〔10〕（債権の給付物について、債権を目的としていた質権が存続するというルール）は、消滅が予定された権利を対象とする物権が設けられたときに、〔8〕（保険金債権に対して、抵当権の効力が存続するというルール）は、物権の対象が原状回復を目的とする権利に変じたときに、それぞれ物権の存続を保障したものである。物上代位が類推適用されるかどうかは、それぞれのルールの背後にある原理に照らして判断されることとなる。

(c)　物上代位の構造

　物上代位が生じると、もとの帰属が代位物について維持される。では、この効果は、どのようなメカニズムによって基礎づけられるのか[20]。この問題については、大きく分けて2つの見解がある。

　第1の見解は、法諺《代価は物の地位を襲い物は代価の地位を襲う》の伝統に従うものである。それによれば、物上代位は、対象の交替が生じたときに、新旧対象の同一性を規定するものである（客体承継論）。したがって、物上代位は、厳密にいえば、権利変動を生じさせるものではなく、体系的には、権利客体論に位置づけられることとなる。これに対し、第2の見解は、対象の交替にともない、いったん消滅したもろもろの権利を、そのままの効力を保ったままで、もとの権利者たちに取得させるものが物上代位であると捉える（権利取得論）。この考え方によると、物上代位は、体系上、権利変動論——ただし、一般の権利取得原則に反する点で、特殊なものである——に位置づけられることとなる。

(5)　特別財産の物上代位

(a)　代位条項

日本とドイツとを対比したときに、最も目を引く差異は、ドイツにおいて

20）水津太郎「抵当権に基づく物上代位における『公示』の要否とその基礎付け」法政論究59号
　（2003年）459頁。

は、特別財産について、物上代位に関する規定が数多く設けられていることである。それらの規定は、代位物の発生原因に応じて、代位条項と呼ばれる一定の決まり文句を含んでいる。すなわち、(i) 特別財産に属する財産の滅失、損傷または侵奪の代償として取得したもの（代償条項）、(ii) 特別財産に属する権利に基づき取得したもの（権利取得条項）、(iii) 特別財産の資力を用いた法律行為によって取得したもの（資力条項）、(iv) 特別財産に関する法律行為によって取得したもの（関係条項）である。(i) から (iv) までの条項において定められたものが、物上代位によって、その特別財産に属することとなる。

　このうち、代償条項（(i)）と権利取得条項（(ii)）は、相続回復請求権（〔1〕）を除いて、すべての特別財産について定められている。そのため、両者を合わせて、「通例条項」と呼ばれることがある。これに対し、「法律行為によって」取得したものを規律する資力条項（(iii)）と関係条項（(iv)）は、択一関係にある。すなわち、相続回復請求権（〔1〕）、先位相続財産（〔3〕）には、資力条項（(iii)）が定められているのに対し、共同相続財産（〔2〕）、財産共同制における留保財産（〔4〕）、財産共同制終了後における合有財産（〔5〕）、子の自由財産（〔6〕）については、関係条項（(iv)）が定められている。他方、組合財産（〔7〕）は、(iii) と (iv) のどちらの定式も含んでいない。

　そうすると、資力条項グループ（(iii)）と関係条項グループ（(iv)）とが区別されているのはなぜか、組合財産〔7〕について、資力条項と関係条項のどちらも定められていないのはなぜかなど、さまざまな疑問が生じる。ドイツの物上代位論の最大の関心事は、このような代位条項をめぐる問題を解決することにあるといってよい[21]。以下では、ごく簡単に、議論状況をみることとしよう。

　(b)　特別財産代位類型論
　特別財産における物上代位の作用は、次の2つに分けることができる。すなわち、①ある主体が取得した代位物について、これをその主体に属する複

---

21) 水津・前掲注3) 理論的基礎 (1) 30-35頁、同・前掲注14) 譲渡担保 335-338頁。

数の財産体のうち、一般（固有）財産ではなく、特別財産に帰属させるものと、②本来であれば代位物が帰属すべき主体を変更し、その代位物を特別財産が属する他の主体に帰属させるものである。

　伝統的な解釈は、この類型論を、資力条項と関係条項との区別と結びつけていた。それによれば、①は、関係条項（主観的代位）、②は、資力条項（客観的代位）を定めたものとされ、①において物上代位が生じるためには、②とは異なり、行為者が特別財産のために取得する意思を有していなければならないとされる（この場合には、**(4)**（a）に掲げた第2のメルクマールを満たさない）。しかし、この考え方に対しては、合有財産（〔2〕〔5〕）の物上代位は、②と捉えるべきではないか、先位相続財産（〔3〕）には、①の作用しかなく、他方、子の自由財産（〔6〕）には、②の作用も必要ではないか、①においてつねに行為者の意思を問題とするのが望ましいか、といった疑問が生じる。

　そのため、近時では、類型論と距離を置く見解が有力である。そのなかでもよく知られた見解は、次の解釈を展開している。資力条項は、特別財産の資力を用いて取得されたものを規律する。関係条項は、このケースにくわえ、固有財産の資力を用いて取得したものについて（この場合には、**(4)**（a）に掲げた第1のメルクマールを満たさない）、その対象が特別財産にとって役立つものであり、かつ、行為者が特別財産のために取得する意思を有する（この場合には、**(4)**（a）に掲げた第2のメルクマールを満たさない）ときは、その対象は、その特別財産に帰属する。しかし、この考え方によると、資力条項グループと関係条項グループとが区別されているのはなぜか、という問題に答えることができない。この問題については、そもそも立法の仕方が適切でなく、——立法論として、あるいは、解釈論においても——この区別を見直すべきであるという見解が主張されている。

　（c）　運転財産論
　組合財産については、「通例条項」しか定められておらず、法律行為によって取得されたもの（(iii)・(iv)）については、物上代位に関する規定が設けられていない。その理由としては、組合財産は、自由に増加することができる財産（運転財産）であることが挙げられている。

3 代償的取戻権論

(1) 問題状況

(a) 所有権の保障——民法と倒産実体法

日本法は、所有権に基づく物上代位を定めていない。では、所有者は、自己の所有物が代位物に変形したときに、どのような権利を有するのか。特に問題となるのは、他人物の無権限処分のケースである。A の所有する α 動産が B により無権限で C に売却された場合において、C がこれを善意取得したときは、A は、α 動産の所有権を喪失する。他方、B が α 動産を売却したことで、β 代金債権が生じている。

この場合には、A は、B に対し、不当利得返還請求権（民 703 条・704 条）を有する。しかし、この権利は、あくまで債権である。たしかに、不当利得類型論は、この文脈における不当利得返還請求権を、権利の継続効などと性格づけられる侵害利得の一類型と捉え、この請求権を、財貨帰属法の論理と評価に服せしめるよう努めている。しかしながら、それでも、侵害利得返還請求権が債権と構成される限り、この請求権を与えるだけでは、所有権の保障として不十分ではないかが問題となる。

この問題については、民法だけではなく、倒産法にまで視野を広げると、一定の解決が示されていることが明らかになる。民法学の概念装置に従えば、先の事例において B が破産した場合には、A は、破産債権者として、債権者平等原則の適用を受けるようにもみえる。けれども、破産法は、この場合において、A に対し、「代償的取戻権」という優先権に与えている（破 64 条 1 項前段[22]）。同条項によると、破産者が「破産手続開始前に取戻権の目的である財産を譲り渡した場合」には、取戻権者は、破産管財人に対し、「反対給付の請求権の移転」を請求することができる。

---

[22] 本条は、民事再生法 52 条 2 項、会社更生法 64 条 2 項により準用されている。

（b）　代償的取戻権論と民法学

　代償的取戻権は、取戻権の目的である財産の代位物に対する優先権である。「物権性の試金石」としての倒産法というよく知られた表現は、民法において物権が認められるといっても、それが——物権としての保護が最も問題となる——倒産に耐えられないのであれば、真の物権ではないという文脈で引かれることが多い。これに対し、ここでの問題においては、反対に、民法上は債権しか付与されていないところで、倒産実体法により、代位物に対して優先権が付与されている。

　そうすると、問題となるのは、この取戻権の意義や性質である。この問題は、所有権の保障のあり方や物上代位の位置づけにかかわる以上、倒産法学の側だけでなく、民法学の側からも検討が求められるはずである。しかしながら、民法学と倒産法学のどちらにおいても、代償的取戻権に対する関心は低くかった[23]。そこで、物上代位に関する研究に続いて、このテーマに取り組んだのが、代償的取戻権に関する拙稿[24]である。

（c）　ドイツ代償的取戻権論

　物上代位に関する研究では、総論的考察の意義やあり方を探る目的で、ドイツの議論を参照してきた。ドイツの議論で念頭に置かれているルールは、日本法との関係において、かならずしも系譜的なつながりや規範内容の同一性を有しているわけではない。そこで示された知見が、日本法の側からみると、やや遠い印象を受けるのはそのためである。これに対し、代償的取戻権に関する研究においてドイツ法を取り上げることは、物上代位に関する研究においてドイツ法を取り上げることとは、その意味が大きく異なる。

　ドイツにおいても、先に挙げた事例は、物上代位ではなく、代償的取戻権によって解決される。代償的取戻権に関する旧破産法の規定（KO46条）は、

---

23)　数少ない例外として、民法学の側からは、特に、川村泰啓「『所有』関係の場で機能する不当利得制度（13）」判評 144 号（1971 年）110 頁。倒産法学においては、齋藤常三郎「所謂代償的取戻権の原因及其の性質」論叢 47 巻 4 号（1942 年）425 頁、同「所謂代償的取戻権の成立要件」論叢 48 巻 1 号（1943 年）1 頁、斎藤秀夫＝鈴木潔＝麻上正信編『注解破産法』（青林書院、1983 年）480 頁〔竹下守夫＝野村秀敏〕。

24)　水津太郎「代償的取戻権の意義と代位の法理」法研 86 巻 8 号（2013 年）33 頁。

財貨帰属と代位法理　261

日本の旧規定（旧破91条）と同一の内容であり、その母法と考えられる。したがって、両規定の連絡をたどる部分は、系譜研究の意味も有している。また、日本の旧規定は、新倒産法が制定された（2004年）後も、その内容が受け継がれている（破64条）のに対し、KO46条は、新倒産法の制定（1994年）により、その内容が大きく改められている（InsO48条）。そのため、ドイツ法を比較の対象とすることは、それに従うかどうかは別として、日本のルールに含まれる問題を直接発見するための手がかりとなる。さらに、代償的取戻権に関する日本の議論枠組みは、ほぼ完全に、ドイツ破産法学・倒産法学のそれに従っている。ドイツの議論を参照しないと、そもそも日本の破産法学の主張を十分に捉えることができない、という関係にある。

(2)　基礎理論── 一般実体法上の請求権と代償的取戻権

代償的取戻権は、倒産実体法が独自に「創設」した請求権なのか、そうではなく、一般実体法上の請求権を「強化」したにとどまるのか。ドイツでは、かつて、創設構成が有力に主張されていた。これは、法の分裂状況のもとで、少なくとも破産において、所有者を統一的に保護することを目的としたものである。しかし、ドイツ民法典において無権限処分に関する不当利得のルールが整備され（BGB816条）、所有者が統一的に保護されるようになると、創設構成をとる意義は失われる。日本でも、このケースにおいて不当利得返還請求権が生じることについては、争われていない。今日のドイツでは、強化構成が通説である。日本の倒産法学では、そもそも、この議論についてあまり関心がもたれていない。

この問題については、日本法の解釈論としても、強化構成が正当だと考えられる。一般実体法が私人に請求権を付与していないのは、問題となる利益を保護に値しないと評価しているからである。にもかかわらず、債務者が倒産したときに、倒産実体法がこれを請求権に格上げし、あまつさえ同請求権について取戻権限を付与して一般実体法上の請求権を有する他の債権者よりも優先させるのならば、その私人だけを、二重の意味で特権的に取り扱うことになるだろう。したがって、代償的取戻権は、一般実体法上の請求権の存在を前提とした規定であると解すべきである。

262

このように考えると、代償的取戻権は、一般実体法上の請求権が認められる限度で付与されることとなる。そのため、不当利得返還義務の範囲について、判例の傾向[25]とは異なり、これを客観的価値の限度と解するときは、「反対給付の請求権」（破64条1項前段の文言）の譲渡ではなく、客観的価値の限度での譲渡のみが認められる[26]。この文脈では、倒産法学は、不当利得法学における議論に従わなければならないわけである。

(3)　要　件

代償的取戻権の要件について、ここでは、次の2つの問題を取り上げよう[27]。

(a)　譲渡権限の有無

日本の代償的取戻権に関する規定は、譲渡が無権限でされたかどうかを問題としていない（破64条1項[28]）。学説では、譲渡が無権限でされたことを要件とすべきだとする見解と、権限の有無を問うべきではないとする見解とが対立している。ドイツ新倒産法（InsO48条）は、旧破産法（KO46条）のもとでの判例・通説に従い、前者の立場を明文化した。そのため、ドイツでは、代償的取戻権の機能は、明文上、無権限処分の救済に限定されている。

(b)　破産手続開始前後の区別

ドイツの旧破産法によると、債務者が破産手続開始前に取戻権の目的となるべき財産を譲渡していた場合において、反対給付債権が履行されているときは、代償的取戻権は認められない。これに対し、破産管財人が取戻権の目的である財産を譲渡した場合には、反対給付債権が履行されているときにも、反対給付が識別可能である限り、代償的取戻権が認められる（KO46条）。し

---

25) 近時では、最判平成19・3・8民集61巻2号479頁〔代替性ある物が売却された場合〕。

26) ただし、ここでの不当利得返還義務の性格を価値賠償とみるときは、代償的取戻権を正当化することができないのではないかが問題となる。さしあたり、水津・前掲注24) 83頁注23を参照。

27) 水津・前掲注24) 37頁・41-43頁。

28) 準用条文については、前掲注22) を参照。以下では、破産手続を念頭に置く。

かし、この区別は不合理ではないかが問題となった。

　ドイツの現行倒産法は、この問題について、倒産手続開始前に譲渡がされた場合でも、履行された反対給付について、それが識別可能である限り、代償的取戻権を認めるというかたちで対処した（InsO48条2文）。手続開始前譲渡類型における対象の範囲を、手続開始後譲渡類型に合わせて拡張することで、両者のバランスをとったわけである。

　しかし、旧破産法におけるアンバランスを解消するためには、この方法が唯一の途であったわけではない。実際、政府草案の段階では、まったく反対に、代償的取戻権を制限する方向でバランスをとることが提案されていた。同草案によれば、代償的取戻権は、手続開始前譲渡類型では、いっさい認められない。取戻しを請求することができたはずの者は、不法行為による損害賠償請求権や不当利得返還請求権しか有しない。そうである以上、他の債権者よりも優遇すべきではない。したがって、代償的取戻権の適用は、手続開始後譲渡類型に限定されるべきである。現在では、政府草案の解決のほうが正当であったと評価するものが有力である[29]。

　以上に対し、日本法では、ドイツの旧破産法と同じように、破産手続開始前後の区別が維持されている。この区別の正当性をめぐる議論は、ほとんどされていない。

(4)　適用領域

　代償的取戻権については、別除権と第三者異議の訴えにも、そのルールを拡張することができないかが問題となる[30]。

（a）　代償的別除権

　ドイツにおいては、古くから、判例・通説により、代償的取戻権の別除権

---

29) さらに、代償的取戻権そのものに対し、批判的な見解が主張されている。Jürgen STAMM, Der Sündenfall des §48 InsO und die verbotene Frucht der Ersatzabsonderung, in: KTS 2015, S. 461, 484（InsO48条の適用範囲を手続開始後譲渡類型に限定し、かつ、同条に基づく権利を財団債権にとどめる解釈論を展開する）; Jan Felix HOFFMANN, Prioritätsgrundsatz und Gläubigergleichbehandlung, Tübingen 2016, S. 288（立法論として、InsO48条の削除を提案する）。

30) 水津・前掲注24) 37頁・41-43頁。

版である「代償的別除権」が認められてきた。現行倒産法がこの権利について明文の規定を設けなかったのは、法制上の理由によるものである。ドイツでは、譲渡担保権に基づく物上代位は認められていない（2 (3) (b)）ものの、別除権者として処遇される譲渡担保権者（InsO51条1号）には、代償的別除権が付与される[31]。

　日本の倒産法学では、このような問題があること自体、十分に共有されていない。また、民法学においては、代位物をめぐる譲渡担保権者の保護は、物上代位が認められるかどうかという枠組みで議論されている。倒産法上の制度に対する目配りは、ほとんどされていない。

　(b)　代償的第三者異議の訴え

　倒産法において代償的取戻権が付与されるのならば、民事執行法においても、これと同じように、第三者異議の訴えが認められるべきではないか。ドイツにおいては、近時、「代償的第三者異議の訴え」を認める可能性を追究した研究があらわれている[32]。

　それによると、個別執行と包括執行は、いずれも1つの責任秩序に服する以上、代償的取戻権とパラレルに、代償的第三者異議の訴えも認められると解すべきである。もっとも、個別執行は、包括執行とは異なり、債務者が支払不能に陥っていないことを前提としている。したがって、代償的第三者異議の訴えが認められる範囲は、代償的取戻権が認められる範囲よりも狭められ、代償的取戻権の対象である「反対給付」が金銭でないときに限定される。この考え方によると、他人物の無権限処分が売買契約を原因としてされたときは、所有者は、代償的第三者異議の訴えを提起することができないこととなる。

4　現行法秩序の体系性・その1——概念による法ルールの整序

　以上の考察を踏まえると、学説には、次の2つの意味において、現行法秩

---

31) 詳しくは、水津・前掲注14) 譲渡担保348-355頁を参照。

32) Tomas KUHN, Ersatzaussonderungsrecht und Drittwiderspruchsklage, Tübingen 2008, Teil. 2.

序に体系性を与える作業が求められているように思われる。すなわち、財貨帰属にかかる代位について、①概念により法ルールの全体を見とおしよく整序することと、②法的評価のバランスを保つことである。①は、いわゆる外的体系とかかわる作業であるのに対し、②は、いわゆる内的体系とかかわる作業である[33]。そして、体系性を与える対象である現行法秩序には、民法だけでなく、それ以外の法領域も含まれる。

　以下では、まず、①に取り組むこととしよう（②については、5で検討をおこなう）。代位物をめぐる法ルールを整序するためには、一方で、帰属の概念を分析し（**(1)**）、他方で、優先権が作用する領域を区別する（**(2)**）のが有用であると考えられる。

(1)　物的帰属と責任的帰属

（a）　代償的取戻権と責任的帰属

　一般の取戻権においては、取戻権者は、一般実体法上の権利に基づいて、目的財産が法定財団に「属しない」（破62条）ことを主張することができる。たとえば、Aが所有するα動産を、破産者Bの破産管財人が占有するときは、Aは、一般の取戻権を有する。この場合には、Aは、破産管財人に対し、その占有の移転（引渡し）を求めることとなる。ここでは、権利（所有権）は、一般実体法上、Aに「属する」。これに対し、代償的取戻権の構造は、一般の取戻権とは大きく異なる。Aの所有するα動産を、BがCに売却した場合において、Bに破産手続が開始されたときは、一般実体法によれば、売却により生じたβ代金債権は、Bに「属する」。したがって、本来であれば、β代金債権は、Bの法定財団に「属する」はずである。というのは、債務者に属する権利は、その者の責任財産を構成するのが原則だからである。しかしながら、破産法64条1項前段は、この原則を修正し、Aは、破産管財人に対し、Bに属する「反対給付の請求権の移転」を請求することができるとする。つまり、Aの代償的取戻権は、一般実体法上、Bに「属する」（①）権利を、それにもかかわらず、法定財団に「属しない」（②）として、権利の移転を求めること

---

33) 外的体系と内的体系については、青井秀夫『法理学概説』（有斐閣、2007年）366頁・457頁。

ができるとするものである。

　ドイツの代償的取戻権論では、このタイプの取戻権の構造を捉えるために、上に挙げた①の意味での帰属を「物的帰属」、同じく上に挙げた②の意味での帰属を「責任的帰属」と呼ぶものがある[34]。代償的取戻権では、①と②が分離される。そのため、代償的取戻権は、一般に、「責任法的代位」と呼ばれている。代償的別除権の構造も、これに準じて捉えられるとされる。

　(b)　物権性の本質論

　「責任的帰属」の概念は、ある権利がある人の責任財産に属することを意味するものである。他方、「物的帰属」については、その意味は、かならずしもはっきりとしない。以下では、物権性の本質論を参照しながら、物的帰属の意味を分析してみよう。

　日本の有力な考え方によると、物権とは、「有体的財貨」を客体とする「排他的帰属を内容とする権利」である[35]。物権法は、「財貨帰属法」に含まれるものの、その全部を取り扱うものではなく、「債権の帰属」は、その視野の外に置かれているとされる。また、ドイツでは、物権性の本質を、その「財貨帰属機能」に求めつつ、債権についても、「帰属」を観念することができるという見解がある[36]。しかし、これらの主張においては、物権固有の性質である「帰属」と、物権と債権に共通する「帰属」との関係が不明確であるように思われる[37]。

　物権は、物を人に帰属せしめるものである。この命題は、物権の直接性をあらわしていると考えられる。物権を有する者は、他人の行為を介在させることなく、物を扱うことができる。他方、債権者は、物と関連する債権を有

---

34)　Wolfram HENCKEL, Grenzen der Vermögenshaftung, in: JuS 1985, S. 836; Ludwig HÄSEMEYER, Insolvenzrecht, 4. Aufl., Köln ua 2007, Rn. 1.15. 水津・前掲注24) 64 頁では、①の原語である dingliche Zuordnung について、「物権的」帰属という訳語をあてた。しかし、債権の帰属が除外されるという誤解を招きかねないため、「物的」帰属に改める。

35)　広中俊雄『物権法〔第 2 版増補〕』（青林書院、1987 年）3-4 頁。

36)　Harry WESTERMANN, Sachenrecht, 5. Aufl., Karlsruhe 1966, §2 II.

37)　水津太郎「ドイツ法における財貨帰属の理論」慶應義塾創立 150 年記念法学部論文集『慶應の法律学 民事法』（慶應義塾大学出版会、2008 年）162 頁を参照。

するときでも、物との関係は、あくまで債務者の行為を介在したものにすぎない。AとBとの間で、Aの所有するα建物について売買契約が締結された場合において、その所有権がBに移転していないときは、α建物が帰属しているのは、所有者である売主Aであって、債権者である買主Bではない。Bは、Aが債務を履行するまでは、Aの意思によらずに、α建物を扱うことができない。以上に対し、権利の平面に着目すれば、物権と債権のいずれについても、人への帰属が認められる。先の例でいえば、α建物の所有権は、Aに属する。また、AとBとの間で締結された売買契約から生じる債権は、売主Aと買主Bとにそれぞれ帰属する。債権も、所有権と同じく、権利者以外の人に帰属することはない。したがって、1つの債権が二重に譲渡されたときは、どちらの譲受人が債権者になるのかを確定しなければならない。また、債権の帰属は、不当利得法と不法行為法において、所有権と同じような保護を受ける。

つまり、(i) 物権固有の「帰属」は、物権によって、物が人に帰属せしめられることを意味しているのに対し、(ii) 物権と債権に共通する「帰属」は、権利が人に帰属していることを意味している。言い換えれば、(i) は、「権利による帰属」（帰属の客体的側面）をあらわすものであるのに対し、(ii) は、「権利そのものの帰属」（帰属の主体的側面）をあらわすものである[38]。

(c) 物上代位と物的帰属

取戻権論の文脈で、「責任的帰属」と対置される「物的帰属」が説かれるときは、このうちの、(ii) が念頭に置かれていると考えられる。一般の取戻権について、債権は、その「権利が帰属することが物について所有権を有することに対応する」[39]から、所有権と同じように取戻権の基礎となるとされて

---

38) この表現は、Jan WILHELM, Sachenrecht, 5. Aufl., Berlin/Boston 2016, Rn. 78（傍点は原文ではイタリック）。なお、債権質（民 363 条）については、その位置づけが問題となる。「帰属」をめぐる問題群について、森田宏樹「財の無体化と財の法」吉田克己＝片山直也編『財の多様化と民法学』（商事法務、2014 年）116 頁、同「処分権の法的構造について」星野英一先生追悼『日本民法学の新たな時代』（有斐閣、2015 年）463 頁、さらに、水津太郎「民法体系と物概念」吉田＝片山・前掲書 73 頁、同「物権的請求権と無体的利益」法教 417 号（2015 年）30 頁も参照。

39) 竹下守夫編代『大コンメンタール破産法』（青林書院、2007 年）259 頁〔野村秀敏〕〔傍点水津〕。

いるのは、このことを示している。他方、物上代位論においては、帰属の概念をめぐる議論は乏しい。ドイツでは、しばしば、「物上代位」の概念について、物上代位は債権についても適用される以上、本来であれば、「物上代位」ではなく、「直接的代位」と呼ぶ方が適していると説かれている[40]。しかし、ここでまず第一に明らかにすべきなのは、物上代位によって直接的に維持されるのはなにかであろう。それは、一次的には、物権性本質論のなかで示した（ii）の意味での帰属、取戻権論の文脈における「物的帰属」であると考えられる。たとえば、信託財産に属する物の所有権が売買により譲渡され、売買代金債権が生じたケースのように、対象の交替にともない、所有権の代わりに債権が生じたときにも、物権の代わりに物権が生じたときと同じように、物上代位が問題となるからである。

　以上の検討によれば、責任法的代位が、物的帰属は動かさずに、責任的帰属のみを矯正するものであるのに対し、物上代位は、物的帰属そのものの維持を図るものであると整序されることとなる。これを違った言葉で表現すれば、前者は、責任財産矯正型の優先権、後者は、帰属割当維持型の優先権と呼ぶことができよう。

　(d)　帰属先、帰属原因および帰属プロセス
　物上代位の概念については、さらに、次の2点を分析しておかなければならない。
　第1は、帰属先の問題である。ひとりの人には、1つの財産しか属しないのが原則である。この場合には、物上代位は、旧対象について人に帰属していた権利を、新対象についても直接維持するものだと捉えることができる。民法304条（および同条を準用する民350条・372条。以下、準用条文を省略する）に定められた担保物権の物上代位が、その例である。これに対し、ひとりの人が、一般（固有）財産とならんで、特別財産を有することがある。特別財産の概念は、かならずしもはっきりとしないものの、ここでは、特定の目的を実現するために、法律上、一般財産とは異なる取扱いに服する財産とし

40）水津・前掲注3）理論的基礎（2）89頁。

ておこう（2 (3) (a) を参照）。この場合において、代位物が原則どおり一般
（固有）財産に組み込まれるのを妨げ、これを特別財産に帰属せしめるルール
も、物上代位の概念によって捉えられている。たとえば、財産分離の物上代
位（民946条・950条2項）や、信託財産の物上代位（信託16条）がその例であ
る。代償財産が遺産分割の対象となることについて物上代位が援用されると
き[41]にも、この用法が念頭に置かれている。

　このように、特別財産の物上代位は、やや特殊な性格をもつものであ
る[42]。この特殊性は、特別財産そのものの特殊な性格に由来するものである
と考えられる。しかし、ドイツの物上代位論においては、むしろ、この種の
物上代位こそが物上代位の範型であるとされてきた（2 (3)）。この理解は、歴
史的経緯——法諺《代価は物の地位を襲い物は代価の地位を襲う》と *uni-
versitas iuris* とが結びつけられてきたこと——と、現行法の状況——特別財
産の物上代位について多くのルールが定められていること——に強く規定さ
れたものである。もっとも、物上代位の適用範囲は、特別財産に限られず、
たとえば、保険金債権に対する抵当権の効力も、物上代位によるものと捉え
られている。このことは、民法304条の物上代位から出発する日本の物上代
位をめぐる議論とは、ちょうど正反対であるといえる。しかし、日本とドイ
ツのどちらでも、物上代位の概念が広く用いられていることには変わりがな
い。このことは、——主体への帰属と特別財産への帰属という違いはあるも
のの——物的帰属の維持を図るものである点で、それぞれのルールが共通の
性格を有しているからだと考えられる。客体承継による構造把握（2 (4) (c)）
は、物的帰属が維持されるメカニズムを、特別財産の物上代位を含め、統一
的かつ簡明に基礎づけたものだとみることができよう。

　第2の問題は、帰属の原因とそのプロセスの特質である。ドイツにおいて
は、物上代位は、法定取得の一種と位置づけられ、①代償性、②行為者の意
思の不顧慮、③帰属の直接性が、その典型的な特質であるとされている（2
(4) (a)）。以下では、このうちの②に照らして、日本法のルールのいくつかを

---

41) 高木・前掲注1) 114頁などを参照。
42) 今尾真「所有権移転型担保に基づく物上代位について」私法65号（2003年）173頁は、この類
　　型を、「権利対象物に付与される性質承継型」と呼んでいる。

分析してみよう。

　先取特権の対象である動産が売却されたときは、売買契約の当事者がその代金債権について先取特権の負担を負うことを予定していなかったとしても、物上代位が生じる（民304条）。この「物上代位（304条）とその理論を同じ」[43]くするとされる民法247条2項後段では、人の意思は、そもそも問題とならない。代位物である共有持分は、添付により生じるからである。債権質の対象である債権の目的物が供託ないし弁済されたときに質権の存続を定める民法366条3項・4項についても、これを物上代位の一種とみるものがある[44]。ここでも、第三債務者の意思は顧慮されない。受託者が信託財産に属する財産を売却したときは、その代金債権は、物上代位により信託財産を構成することとなる（信託16条1号）。この効力は、受託者の意思がどのようなものであるかを問わずに生じるとみるのが一般である[45]。

　これに対し、遺贈の対象に関する民法999条・1001条は、見出しに「物上代位」とあるものの、これまでにみてきた規定とは、その性質が異なる。特定物の遺贈について物権的効力が生じると考えるとしても、これらの規定は、単独行為である遺贈について遺贈者の意思を推定した規定にすぎず、遺贈者の反対の意思が顧慮されるからである[46]。

(2)　一般実体法型と執行法型

(a)　責任法的代位の2類型

　代償的取戻権は、代位物について、責任的帰属を矯正するものである。しかし、この権利が付与されるのは、執行法の領域に限られる。この側面を捉えるためには、代償的取戻権を責任法的代位と特徴づけるだけでは十分でない。問屋をめぐる議論を参照することで、このことを明らかにしよう[47]。

43）我妻榮（有泉亨補訂）『新訂物権法』（岩波書店、1983年）306頁。そのほか、今尾・前掲注42）175頁も参照。

44）直井義典「権利質の物上代位性について」香川32巻3・4号（2013年）368頁を参照。

45）能見善久＝道垣内弘人編『信託法セミナー1』（有斐閣、2013年）〔初出2010年〕167-168頁〔沖野眞已・道垣内弘人発言〕。

46）受遺者は、遺言の効力が生じるまでは、確定的な権利を有しない。したがって、物的帰属の維持は、そもそも問題とならないともいえる。

Ａが問屋Ｂに対し、α動産の販売を委託し、Ｂが委託の実行として、α動産をＣに売却した。この場合において、売却により生じたβ代金債権を委託者Ａに移転しないうちに、問屋Ｂが破産したときは、β代金債権は、Ｂに帰属する。しかし、Ａは、β代金債権について、取戻権を行使することができるとされている。問屋の債権者は、同債権について、「自己の債権の一般的担保として期待すべきではない」[48]からである。その理論構成として、商法552条2項の「問屋ト委託者トノ間」を、ドイツ商法（HGB392条2項）と同じように、問屋および「問屋の債権者」と委託者との間に読み替える見解は、問屋の債権者による差押えと問屋の破産から委託者を保護することを主眼とするものである。ここでは、責任的帰属の矯正が、一般実体法のレベルで構成されている。その結果、第三者異議の訴えは、当然に認められ、問屋が破産したときにも、一般の取戻権が肯定される。この見解は、一般実体法型の責任法的代位を認めるものだと分析することができる。

他方、代償的取戻権を「権限」譲渡にも適用する（3 (3) (a) 参照）ことで、販売委託における委託者の保護を代償的取戻権に委ねる見解がある。この見解によれば、委託者の保護は、執行法型の責任法的代位によって図られることとなる。

(b) 執行法型の物上代位

さらに、物上代位についても、執行法型に位置づけられるものがある。たとえば、留置権の目的物について留置権に基づく競売（民執195条）がされた場合には、留置権は、その換価金の上に存続するとみられている[49]。これは、「民法304条……の物上代位とは異なる種類の物上代位」[50]を認めたものだと考えることができる。

---

47) 他の学説の分析も含め、水津・前掲注24) 68頁。信託も、一般実体法のレベルで、物的帰属と責任的帰属との分離を認めるものである（信託23条1・5・6項、25条1項・60条5項）。他方、代位物が信託財産に帰属する作用は、「物上代位」によるものとみられている（(1) (c)）。このやや複雑な構成は、信託そのものの特殊な性格によるものと考えられる。

48) 最判昭和43・7・11民集22巻7号1462頁〔買入委託・代金交付済みの事案〕。

49) 最判平成23・12・15民集65巻9号3511頁を参照。

50) 山本克己「判批」金法1876号（2009年）59頁。

272

(3) まとめ

4において取り上げたルールを、ここで導入した概念に従って整序すると、次の表のようになる。

	物的帰属の維持	責任的帰属の矯正
一般実体法型	物上代位　担保物権（民304）、添付（民247 II 後）、債権質（民366 III・IV）、財産分離（民946・950 II）、遺産分割の対象財産、信託財産（信託16）	問屋（商522）I＝取戻権説
執行法型	物上代位　留置権	問屋（商522）II＝代償的取戻権説代償的取戻権（破64）

5　現行法秩序の体系性・その2——法的評価のバランスの確保

法的評価のバランスにかかわる問題については、次の2つを取り上げよう。

(1)　特別財産の物上代位

特別財産に属する財産が変形し、それにより新たな財産が生じた場合において、その財産も、もとの特別財産に組み込まれ、その特別財産に適用されるルールに服するか。この問題については、日本法では、あまり規定が置かれていない。また、学説においては、一つひとつの特別財産ごとに、アドホックな検討がされている。代位物の範囲をどのように考えるかについて、さまざまな特別財産を横断的に比較し、それぞれの間でバランスが保たれているかどうかをチェックする意識は乏しい。

これに対し、ドイツでは、制定法上、特別財産の物上代位について、多くの規定が設けられている（2 (3) (a)）。それらの規定は、代位物の範囲を定める各種の代位条項を含むものである。代位条項には、権利取得条項、代償条項、資力条項および関係条項がある（2 (5) (a)）。そのうちのどの条項が含まれているかは、特別財産ごとに異なるものの、いくつかのパターンがみいだされる。学説では、こうした代位物の範囲の違いをどのように根拠づけるか、また、そのような違いに合理性があるかが議論されている。そこでの議論は、

特別財産の種類やその帰属形態（合有か共有か）の違いを超えて、日本法にとっても参考になるところが少なくない。

しかしながら、日本においても、ドイツと同じような方法で、各種の代位条項を設けるべきだとはいえない。ドイツの立法は、成功しているとはいえず、むしろ、判例と学説による法発展を阻害しているようにみえる。資力条項と関係条項との区別については、その解釈をめぐって議論が錯綜し、そもそも立法のあり方として望ましくないとする見方も示されていた（2 (5) (b)）。また、運転財産については、法律行為による代位物に関するルールは不要である、という主張がされていた（2 (5) (c)）。この主張は、信託財産について代位禁止原則が適用されるドイツであれば、理解することができなくはない。これに対し、日本では、信託財産の物上代位が定められている。そうである以上、この主張をそのまま日本の解釈論に持ち込むことはできない。

(2) 所有者・担保権者の代位物に対する権利

(a) 所有権に基づく物上代位と代償的取戻権

Aの所有するα動産を、Bが自己の物としてCに売却した。Aは、売却により生じたβ代金債権について、物上代位をすることができるか。この問題について、(i) Cがα動産を善意取得した場合、(ii) AがBの処分を追認した場合、(iii) AがBにあらかじめ処分授権をしていた場合に分けて考えてみよう。先取特権であれば、その目的である動産が売却され、引き渡されたときは、その動産を追及することができない（民333条）反面で、売買代金債権に対して物上代位をすることができる（民304条）。このように、制限物権に基づく物上代位が認められる以上、所有権に基づく物上代位も認められるべきではないかが問題となる[51]。

Aが、(i) から (iii) までのケースにおいて物上代位をすることができるとしたら、β代金債権は、Bではなく、α動産の所有者であったAに帰属することになりそうである。だが、このことは、現行法の構成や一般的な考え方と整合しない。すなわち、①代償的取戻権は、おもに (i) と (ii) のケースを

---

51) この問題提起は、松岡久和「判批」法教232号（2000年）113頁。

念頭に置いて、A の救済を図ったものである。しかし、β 代金債権が、一般実体法上、A に属するならば、A には、一般の取戻権が認められる。そうすると、代償的取戻権に関する規定は、無意味なものとして空文化されることとなろう。言い換えると、代償的取戻権は、β 代金債権が、一般実体法上、B に属することを前提とした権利なのである。また、②侵害利得論は、その問題領域を狭められることとなろう。物上代位が認められるのならば、A は、β 代金債権について、不当利得法を経由することなく、これを直接取得することができるからである。この考え方は、③他人物売買において、本人が他人の処分を追認した（(ii) のケース）としても、本人は、その代金債権にかかる債権者とはならないとされていること[52] にも反する。物上代位を肯定する見解によると、他人物売買と無権代理との区別が崩れてしまうであろう。さらに、④問屋のルールは、(iii) のケースにおいて、C との関係では、β 代金債権は、A ではなく、B に帰属することから出発している。これは、間接代理と直接代理との区別に対応したものである。これに対し、物上代位が認められるのならば、両者の区別についても、混乱が生じることとなる。最後に、⑤所有権に基づく物上代位を民法 304 条の類推適用によって根拠づけるのであれば、物上代位をするためには、「払渡し又は引渡し」前に「差押え」をすること（同条 1 項ただし書）が求められる。この「差押え」は、担保権の実行に関する民事執行法 193 条の手続に従っておこなわれるものである。しかし、所有権に基づく物上代位をするための手続として同条を転用することには、無理があろう。同条による差押えは、その目的である債権が、担保目的財産として、債務者等の財産に属することを前提としているからである。

　物上代位は、その基本となる権利が大きければ大きいほど、その作用もそれだけ大きくなる。そうだとすると、所有権について物上代位が定められていないとしても、ただちにそのことを不当だと評価することはできない。この文脈では、価値追跡の構想を展開したベール[53] が、「立法論としても」、物

---

52) 他人物販売委託契約について、最判平成 23・10・18 民集 65 巻 7 号 2899 頁を参照。

53) Volker BEHR, Wertverfolgung: Rechtsvergleichende Überlegungen zur Abgrenzung kollidierender Gläubigerinteressen, Bd. 133, Frankfurt a.M. 1986. 以下の引用は、S. 598-599. 同書については、その評価も含め、松岡久和「ベールの『価値追跡』について」龍谷 22 巻 2 号（1989 年）133 頁。

上代位によって価値追跡を実現するのは適切でない、としているのが興味深い。物上代位は、責任財産の適切な調整を超えて、「物権法上のオーバーリアクション」を引き起こし、これにより取引の安全を大きく害する。ベールの考え方は、価値追跡を実現するためには、物上代位、つまり帰属割当維持型の優先権ではなく、代償的取戻権、つまり責任財産矯正型の優先権を与えるほうが望ましいとするものである。

　物上代位が認められないとしても、現行法上、所有者は、代償的取戻権による保護を受けることができる。では、その要件や適用領域をどのように解すべきか。ドイツの現行法は、代償的取戻権について、①これを無権限で譲渡されたケースに限定する一方、②倒産手続開始前に反対給付債権が履行されたときにも、その適用範囲を拡張している。しかし、②については、代償的取戻権は、むしろ手続開始後譲渡類型にしか適用されないとすべきである、という立法論的主張が有力である。また、③代償的第三者異議の訴えを認める見解も、その要件として、反対給付が金銭でないことを求めていた（以上について、3 (3) (4)）。しかし、このように、代償的取戻権を制限する方向性は、日本法とは異なり、担保物権に基づく売買代金債権に対する物上代位が一般的に定められておらず、また、信託財産の物上代位も原則として否定されている、というドイツの現行法秩序の評価（2 (3)）を前提としたものとみるべきである。したがって、このようなドイツの議論を日本にそのまま持ち込むことには、慎重であるべきだろう。

(b)　譲渡担保権に基づく物上代位と代償的別除権

　譲渡担保権に基づく売買代金債権に対する物上代位の可否については、争いがある[54]。譲渡担保権者は、所有権移転の法形式をみずからの意思で選択し、かつ、そのような公示をしている。そうである以上、譲渡担保権者には、真の所有者に認められる権利以上の権利は、認められるべきではない。この考え方[55]から出発するときは、次のような方向性をとることが考えられよう。

---

54)　譲渡担保権に基づく売買代金債権に対する物上代位について、これを一般的に認めた判例はあらわれていない。最決平成11・5・17民集53巻5号863頁、最決平成22・12・2民集64巻8号1990頁を参照。

所有者は、売買代金債権について、代償的取戻権を有する。このことに対応して、別除権者として取り扱われる譲渡担保権者には、売買代金債権について、代償的別除権が付与される。この構成によると、所有者と譲渡担保権者との間の保護のバランスが保たれる。また、譲渡担保権者にとっては、物上代位による差押え（民執193条）をすることを要しない、というメリットがある。

6　おわりに

本稿では、これまでに著者が公刊してきた研究の成果を振り返った（2・3）後、その成果を手がかりとしながら、財貨帰属にかかる代位について、次のような検討をおこなった（4・5）。すなわち、民法のみならず、商法、信託法、倒産法を含む現行法秩序の全体を対象として、次の2つの意味において、体系性を与えることを試みた。その1つは、概念によって法ルールの全体を見とおしよく整序することであり、もう1つは、法的評価のバランスを保つことである。

もっとも、どちらについても、解釈論としては、なお詰めを要する部分が残されている。その部分を補充する作業は、今後の課題としたい。

---

55) 道垣内弘人『担保物権法〔第4版〕』（有斐閣、2017年）306頁・315頁。

［座談会］民法学のなやみ
——「民法理論の対話と創造」を振り返って

藤澤治奈　白石　大　荻野奈緒　齋藤由起
髙　秀成　水津太郎　鳥山泰志　根本尚徳
（司会）伊藤栄寿・山城一真

はじめに

伊藤（司会）　本日は、法律時報 2016 年 4 月号（88 巻 4 号）から「民法理論の対話と創造」というタイトルでリレー連載をしたメンバーで座談会を行います。ところで、この連載については冒頭に企画の趣旨説明がありませんでしたので、多くの読者は誰がどのようなことを書くのか疑問に感じられたかと思います。そこでまず簡単に私から連載の趣旨を説明させていただきます。

連載の執筆メンバーは、第一論文を執筆し学会報告を終えた者です。キャリアに幅はありますが、広い意味では同じ世代に属します。連載の目的は、第一論文を前提にいままでの自分の研究を振り返り、一歩先に進めることでした。各人の執筆スタイルはかなり異なっていますが、「対話」と「創造」をキーワードにするということは共通しています。メンバーは執筆前に研究会で報告、議論をし、論文を執筆しました。この座談会では、連載・研究会を振り返り、過去の自分、他のメンバー、読者の方々と「対話」をし、今後の研究について何らかの「創造」ができればと考えています。

通常の座談会であれば、冒頭に参加者の自己紹介があるかと思いますが、参加者が 10 人と多いので、大きく 3 つのパートに分けて 2 人ないし 3 人を中心的な発言者として、自己紹介、論文執筆時の「なやみ」などの問題提起をしていただき、議論できればと思います。第 1 部は実務に対する向き合い

方ということで藤澤さん、白石さんを中心に、第2部は比較法への取り組み方ということで荻野さん、齋藤さん、髙さんを中心に、第3部は歴史・体系をどう捉えるかということで水津さん、鳥山さん、根本さんを中心にお願いします。私たち司会も途中で議論に参加させていただくことがあるかもしれません。それでは早速、内容に入らせていただきます。

I　実務に対する向き合い方

1　問題提起

伊藤　第1部では実務に対する向き合い方ということで、藤澤さん、白石さんから自己紹介と、研究上の「なやみ」などをお聞かせください。

藤澤　立教大学の藤澤です。私は実務家の経験もなく、ロースクールで教育を受けた経験もなければ、教育をした経験もない「オールドタイプ」の研究者です。それにもかかわらず法律時報に掲載させていただいた論文では実務的な問題を扱ってみました。なぜそのような研究をしたかということが自分の「なやみ」と深く関わっています。

研究者は、論文を一生懸命書いても、「何の役に立つの？」と言われることがあると思います。私が博士論文を発表した時もやはりそうで、研究者からも実務家からも、何の役に立つのかとよく言われました。説明責任があると思って一生懸命説明してきましたが、面倒臭いな、なかなかわかってもらえないなと思いました。ところが、実務的なテーマを扱うと、さしあたりは何の役に立つのかを聞かれるという「なやみ」からは解放されて、ちょっと楽でした。

他方で、実務的な問題を扱うと研究の射程がすごく限られたものになってしまうのではないかとか、それは実務家がする仕事で、研究者はしなくてよいのではないかという批判を受けることもありますが、実務的なテーマ設定をしたとしても、そこから何らかの理論が見えるような研究ができるのではないかと考えています。

伊藤　研究・論文が「何の役に立つのか」とよく言われることが大きな「な

やみ」であると伺いました。続きまして、白石さん、お願いします。

白石 早稲田大学の白石です。研究を始めてからいままで、債権譲渡、とりわけ将来債権譲渡を中心テーマとしていくつか論文を書いてきました。私は、金融機関勤務を経て法科大学院を修了し、その後に研究者になりました。そういったバックグラウンドがいままでの研究生活に影響している面もあると思っています。

実務と関わる「なやみ」を吐露せよということですが、私はこれまで研究を進めていくうえで、実務との距離感に悩むことが結構ありました。もっとも、藤澤さんとは違って、私はテーマを設定する段階ではあまり悩みませんでした。つまり、何の役に立つのかと問われる「なやみ」をもつことはなかったということです。

しかし、研究を進めていって論文を書こうとした時に、実務とどのように距離をとったらよいのかという「なやみ」が生じました。とりわけ最初に書いた論文が、将来債権譲渡の倒産時における処遇ということで、倒産を専門にやっている弁護士と、証券化や ABL を専門にやっている弁護士とで、真っ向から意見が対立するテーマでした。結論においてそのどちらか一方に与してしまうのは、研究者として距離が近すぎるのではないかと思い、そのような心理的葛藤と戦いながら最初の論文を書きました。結果として、プロ倒産・プロ証券化のいずれの立場からも距離をおき、具体的な結論を導くよりもむしろ理論的枠組みの構築を目指す方向に向かったわけです。

ところで、そもそも「実務」とは何かということ自体も問題です。従来、「実務」という言葉で意識されていたのは主に裁判実務であり、学説が判例をどうコントロールするかなどということが中心的な関心だったと思います。それに対して私は、むしろ金融取引を実際に行っている銀行や、弁護士、破産管財人など、アクターの行為規範となるような理論を立てたいと思っていました。もし解釈ではどうにもならないというのであれば、次は立法論になるのかもしれませんが、いま振り返ってみると、このような方向性を私は意識していたように思います。

今後の「なやみ」について申し上げます。第一論文を公表し終えたいまとなっては、理論を言うだけで実務的な問題についての提言は控えるというス

タンスはもはや許されないのではないかという「なやみ」があります。もう少し実務との距離感を縮めて、「結論はこうあるべきだ」という自分なりの考えを示していかなければならないと思い始めています。

伊藤　白石さんからは研究を進めていくうえで、実務との「距離感」が難しいという問題提起をしていただきました。

2　実務の類型

伊藤　少し気になるのは「実務」とは何かということです。白石さんからはお話がありましたので、藤澤さんの実務に対する考え方をお聞きしてから議論に移りたいと思います。

藤澤　基本的には白石さんと同じです。従来、「実務」という言葉が使われるとき、基本的には判例、裁判実務を指していたと思います。でも、金融の分野で研究を進めていくと、必ずしも裁判に至らない段階で法的な問題が存在するということが多くあります。その場合には銀行実務とか倒産実務とか、そういったものも実務の射程に入ってくるのではないかと思っています。

白石　齋藤さんが研究されている保証も、銀行の立場と、保証人、あるいは消費者的な立場との間で利害対立のある分野だと思いますが、齋藤さんはどのように考えられているのでしょうか。

齋藤　私も、個人保証人の保護の問題から研究を始め、特に最近は経営者保証を含めた個人保証規制のあり方に関心をもっています。当初の出発点としては銀行対消費者という対立構造で問題を捉え、消費者保護的な観点からの保証人保護を考えていました。しかしいまは、中小企業金融のアクターとしての銀行実務や中小企業等の再生に取り組む弁護士の実務もにらみつつ、考えていかなければならないと思っています。私の問題関心の場面でいくと、利害調整というのは、一方で保証人になる個人を保護したいという問題と、他方でその保護を強くしすぎると、今度は融資を必要とする中小企業等が融資を得られなくなって中小企業等の経営が回らなくなってくるということですから、そのバランスをとりながら考えていく必要があると常々感じています。

白石　金融実務と法律の両方に通暁しているのは金融法の研究者だけでは

なくて、銀行の法務部の人たちや、大手法律事務所で金融法務を中心にやっている弁護士たちは、私などよりもよほどいまの実務をよく知っているし、法の世界もよく知っています。そういった人たちがいるなかで、金融法を専門とする研究者はどういう役割を果たせばよいのか。そこが先ほどの距離感という話とも関係してくると思っています。

　私なりの答えを言えば、銀行の立場にコミットして実際に法務プラクティスをやっているのが銀行の法務部の人たち、あるいは銀行をクライアントにしている弁護士だとすると、そこから一歩引いた立場で是々非々というか、「理屈のうえではこうなる」というのを提示できるのが研究者としてのアイデンティティであり、そこに存在意義があると考えざるをえない。私が実務と一定の距離をおこうとしたのも、そのような考えによるものだったように思います。

3　「役に立つ」研究とは何か？

　山城　先ほどの藤澤さんからの問題提起では、「役に立つ」という刺激的な言葉を使って研究の意義を考えてみようというお話がありました。役に立つかどうかの評価は、誰がそれを評価するかという点ではいまの「距離感」の話とも関わりそうですが、「役に立つ」とおっしゃるご趣旨について、もう少し詳しくお聞かせいただけませんでしょうか。

　藤澤　実務との関係をうまく取り入れて説明できるかどうかわかりませんが、「役に立つ」と言われるのには2つの要素があるのではないかと思っています。

　1つ目は、現在の法の状況に何らかの変更をもたらしうる議論かどうかです。たとえば、現在の通説や判例になっている法解釈を批判して、それとは別の解釈を出すとか、いまの条文を批判して違うものを提案するとか、立法の欠缺を補充して、こういうルールがありうると示す、といった研究が「役に立つ」研究かと思います。

　でも、それだけですぐ「役に立つ」と評価されるかというと、そうでもないところがある気がして、2つ目の要素があります。それは、扱った問題がそれなりに人の関心を集めているとか、それなりにその問題で困っている人

がいるという点です。

　いま、民法のコンメンタールで195条の注釈を書いているのですが、そこでの通説がおかしいと思って、こう考えるべきだといった趣旨のことを書いたのです。でも、195条は判例が1つしかなくて、この先、たぶん誰も使わない条文だと思います。別に新しい解釈論を出しても、「はあ、そうですか」といった感じで終わるでしょう。だから、2つ目の基準をクリアしていない、たぶん役に立たない研究です。

　以上が、私のイメージする「役に立つ」研究ですが、それ以前の段階で、そもそも読んでもらえない論文ってありませんか。読んでもらえないと役に立ちようもないので、読んでもらえるような論文を書けるようになりたいな、と思います。

4　実務的問題の正当化プロセス

　髙　藤澤さんがおっしゃる「役に立つ」ことの2つの標識はとても明快なものと感じました。1つ目の「現状に変更をもたらすか否か」というのは価値中立的な標識で、2つ目の「困っている人がいて、それに対して一助になれるかどうか」というのはある種、価値的な評価軸になっていると思いました。

　いま論文の結論の正当化というレベルで価値の問題が取り沙汰されていましたが、お聞きしていると2つの段階があるかと思いました。問題発見というか、論文が役に立つか、どういうテーマを切り取るかという段階で、直感的に困っている人がいるので何とかしてあげたいという心理的プロセスと、あと、その問題に取り組むなかでどういう解決が適切かという正当化の段階での価値判断です。

　実務についても、その両方について何か作用するようなイメージで捉えられるところがあるということでしょうか。たとえば、実務を見ていることでいわゆる「困っている人」に気づくところもありましょうし、これこれの解決が適切だと判断したり、ある言明の実務に対する効用というものを推し測ったり、そういうふうに実務に接する方ももちろんいらっしゃいますでしょう。質問を言い換えますと、論文を書かれている時に、そういうふうな思考プロセスを辿ることがあるということなのでしょうか。

藤澤 私がお話しした「役に立つ」と評価される基準は、さしあたり、テーマ設定の段階を念頭においています。その後、結論の正当化根拠として、たとえば実務的な経験なり、実務家が発信した情報が決定打になるかと言えば、私は少なくともそうは思っていません。正当化のプロセスはもっと別なところにあると考えています。皆さんもそうだろうと思いますが、それは自分のなかでもすごく悩んでいるところです。

判例を評価するときによく言われることですが、いまここにいるＸさんとＹさんのどちらを助けるべきかというように、事件の公平な解決という視点から結論が正当化されるのか。それとも、それによってできたルールが人の行動をどのように変えて、その結果、それが社会にどのような影響をもたらすのかを考えたうえで、結論の正当性を評価すべきなのか。ここは大きく分かれると思いますが、私は後者の考え方が好きです。

髙 なるほど。あと、さまざまな文脈で現れる「実務ではこうなっている」という具合に、正当化のレベルで実務が持ち出されるときに、それをどう評価すべきでしょうか。その前提として、「実務では……」という事態の描写に関する言明と、言外の正当化の間で各論者が念頭においている論理を分析して、何とか言語化したいところですが、なかなか難しいですね。実務を把握することによって、ある解決だとかルールの定立が当事者間の利益裁断にとってもつ意味だとか、その社会的効用についても明晰に把握しうる、ということは考えられるところです。確かにそのような意味で、正当化のレベルでも効いてくるということはわからなくはありません。

藤澤 「効いてくる」という話であれば、いろいろなかたちで「効いてくる」のではないでしょうか。たとえば、後者のやり方で結論を正当化する場合、そのなかには、「人はこう行動するだろうから」という言説が含まれるわけですが、「実務でこうなっている」ということが、その言説を裏打ちする事実の１つとして出てくることはあると思います。

5 実務との距離感

水津 白石さんは、先ほどのご発言で、実務との関わりについて、判例をコントロールすることや、銀行実務・倒産実務にとっての行為規範を提示す

ることを挙げられました。けれども、白石さんが私法学会で報告された内容
のもととなった3番目の論文（「将来債権譲渡の対抗要件の構造に関する試論」
早法89巻3号）では、むしろ、平成19年判決（最判平成19・2・15民集61巻1
号243頁）を所与として、そこで示されたルールをどのように説明するか、と
いう作業に集中されていたように見えます。このことに対応して、フランス
における「契約の対抗」理論を参照して構築された同論文のテーゼは、それ
自体としては興味深いものの、判例をコントロールしたり、銀行実務や倒産
実務を方向づけたりする性質をもつものではないような気がいたします。

白石　そのとおりだと思います。先ほど申し上げたように、行為規範の提
供や立法論を指向してはいたのですが、いまご紹介いただいた論文について
は、結局、立法論としてこうすべきだということは主張していないし、行為
規範も提供してはいません。そこはずれているのではないかと言われればそ
のとおりです。

荻野　距離をある程度とって是々非々でいくというような趣旨のことを先
ほど白石さんがおっしゃっていましたが、そうなるとその是々非々を何をも
って決めるのかが必然的に出てきます。そのあたりはどうお考えでしょうか。

白石　むしろ今日はそれを考えるヒントがほしいと思っています。最終的
な結論の正当化はどこでするのか。利益衡量に最終的には行き着くのでしょ
うか。

水津　利益衡量といっても、生の利益の重さを、アドホックに秤にかける、
つまり「裸の」利益衡量をするわけではないのですよね。ここでいう利益や
価値は、法のフィルターをとおったものです。そして、それらを衡量する際
には、法秩序が下している評価のバランスを意識することが重要だと考えて
います。このあたりについては、また後でお話しするつもりです。

山城　いまの水津さんのご発言とも関わるかもしれませんが、髙さんが先
ほどのご発言で、藤澤さんが2つ挙げられたことの、一方は価値にコミット
するような事柄で、他方はそうではないものだと指摘されました。そこは、
法学が扱うべき利益とか、法的な正当化のプロセスで考慮されうる要素は何
なのかということとも関わるのかと感じます。たとえば、「このようなルー
ルを作れば、このように行動するであろう」といった帰結も「法的な」正当

化の要因になるのか。それとも、法学に固有の評価基準というか、内在的な体系の構築に力点をおくべきなのか。両者は択一的ではないかもしれませんが、そのあたりを皆さんがどうお考えかは気になるところです。利益衡量で衡量されるべき「利益」の内容にも関わることかもしれません。

6 いつ「役に立つ」議論か？

鳥山 利益という話の場面で「実務を」というから、「いま」役に立つ話でないといけない気がしてくるのではないでしょうか。確かにそうであるほうが読んでもらえる論文になりやすいと思います。ところが、われわれはというと、必ずしもいま役に立つことだけに拘束される必要はなくて、「将来」役に立つかもしれないという面を大切にする。多少遠い未来に役に立つのであれば、それで十分です。ただ、実務というものを意識しないままですと、遠い未来であってもまったく役に立たない可能性が出てくるので、その無視もよろしくないのでしょう。

また、実務というときに、金融実務などが典型的でしょうが、銀行の人は論文などのかたちで声を発しますよね。しかし、大事なのは声を発しない人たちなのだろうと思っています。銀行の人はこうだと言うけれども、ほかの人はどういう立場にあるのだろうか。その立場こそ私たち研究者が考えなければいけないことではないかと考えるわけです。

髙 鳥山さんのご発言を「役に立つ」・「実務」というそれぞれの言葉が孕む危うさに関する問題提起として受け止めました。「役に立つ」という評価は、「いつ」「誰の」という視点抜きに成立しません。法的紛争には必ず利益対立があるので、近視眼的に見れば、一方に「役に立つ」論理は、他方にとって「役に立」ちません。総体として社会的効用を増すという意味での「役に立つ」という評価であるとしても、鳥山さんのおっしゃるとおり、必ずそこからこぼれ落ちる人たちがいます。「将来」という評価に関わる点ですが、通時的に見れば、こぼれ落ちる人たちは、将来の世代であることもありえます。

また、世に「実務」というとき、単に確立した判例を指すにすぎない場合もあれば、各業界やグループの運用慣行や暗黙の経験知を指す場合もありま

す。鳥山さんは奇しくも「金融実務」とおっしゃいました。「倒産実務」「消費者法実務」「知財実務」などさまざまな名を冠した実務がございます。法的紛争には、グループ内部における実務からの離反のほか、異なるグループ同士の「実務の衝突」ということもありえましょう。後者の場合、仮に「ある実務」が規範的な評価の物差したりうるとしても、いずれの実務に正当性を認めるかはまた別の規範的評価によらざるをえません。

　ある研究が特定のグループの利益代表と一体化してしまわないためには、「いつ」「誰の」という観点において、「実務」と「役に立つかどうか」という物差しに対して適切な距離が特に要求される場面があるのかもしれませんね。少なくとも「実務」や「役に立つ」という言葉を発するとき、話者がどのように意味を規定するのかをなるべく明晰に自覚することは有益であろう、と考えております。

7　実務を記述することは「役に立つ」のか？

　根本　藤澤さんの「役に立つ」という言葉の意味に関連して、ひとつ教えていただきたいことがあります。

　私の個人的な評価として、実務との関係において最も成功した理論の1つは、平井宜雄先生が『損害賠償法の理論』において示されたいわゆる三分説ではないかと思います。平井先生は、実務家が「相当因果関係」という概念の下で行っているさまざまな分析・評価の意味を①事実的因果関係の存否に関する判断、②保護範囲の画定、③損害額の算定という3つに整理・言語化し、実務家がやっていることの意味を明確化する。そして、そのようなかたちで、実務をいわばバックアップしようとされたとも考えられないでしょうか。伝統的理論は、これらを「相当因果関係」の問題として位置づけるしかない、あるいは、少なくとも事実として位置づけてきた。しかし、三分説によれば、それらの意味なり位置づけなりは異なったものとなる。また、それによって実務家が従来、行ってきたことの合理性を確認し、さらに今後の議論がより明晰に行われる基盤を提供することができる。平井先生の主張には、このような事柄も含まれているように感じられます。

　実務家の間で激しく対立している見解のどちらかを支持するようなかたち

で新しい理論を打ち立てることとは別に、実務家が暗黙裡に共有し、現に実践している合理的な価値判断なり論理なりを明確に取り出し、その意味を明らかにすることを通じて、いわば背後から実務全体を後押ししうるような理論を構築することができれば、それはすばらしいことだと思います。そのような理論は、藤澤さんの先ほどの2つの要件との関係でどのように評価されるのでしょうか。

山城　平井先生は、クルト・レヴィンの言葉を引いて「優れた理論ほどプラクティカルなものはない」とおっしゃっていますね。整合的な説明であるとか、実際に行われることの基礎づけを分析して、よりクリアに示すということ自体が「役に立つ」指標として高く評価されるべきだという、そういうご趣旨でしょうか。

根本　平井先生は、『損害賠償法の理論』の冒頭で、法解釈学における理論には大きく分けて2つのものがあると書かれています。1つは、その主唱者の法的な価値判断と既存の各種の法規範命題との整合性を保ちつつ説明するための論理なり概念の構成物を提供するもので、一般に法解釈と呼ばれるもの。もう1つは、「裁判官の行ってきた法的処理と価値判断およびその理由づけそのものを対象として客観的に分析し、法的処理の性質の差異を明らかにし析出するとともにその価値判断を導く因子と理由づけとを論理的に整合的命題として構成して判決行動の客観的科学的認識を可能ならしめる概念ないし論理を提供する」もの。平井先生は、『損害賠償法の理論』では、2つ目の意味における理論の構築を目指すとされています。

山城　実践的な帰結に変更をもたらすという面ではなくて、整合的な説明を与えるという面を「役に立つ」と評価することができるか、という問題に帰着しそうですけれども。

根本　そうですね。そのような平井理論が藤澤さんの先ほどの2つの要件の1つ目を満たすのかどうか、よくわからなかったのです。

藤澤　解釈論に大きな変更をもたらしたわけですから、満たすと思っています。

根本　実務家がやっていることの中身は変わらないわけです。しかし、実務家、さらには研究者に対しても、パラダイムの転換を迫った点においては

確かに新しい。

髙　変化をもたらさないわけではないのではないでしょうか。素朴に考えても、判断プロセスが明晰に言語化されることで、異質な衡量とか、ほかと一緒にされることが少なくなるものと期待されますので。

根本　そういうふうに言うこともできるかもしれませんね。

水津　実務については、合理的なものもあれば、不合理なものもあります。このうち、不合理な実務を支える理論を立てるのは、有害ですよね。

根本　原理的には、水津さんのおっしゃるとおりです。しかし、現在の日本の実務家、すなわち、いまもかつても厳しい司法試験に合格し、さらに司法研修所で共通のトレーニングをしっかり受けた人たちが、全体として、この問題の勘所はここだというようなある種の直感によって行っていることは、それが明確に言語化されていなくとも、全体としては一定の合理性を備えていると考えてよいときもあるのではないでしょうか。

山城　それでは権威による論証というか、「合理的だから合理的だ」と言うに等しいような気もしますが……。

荻野　実務が必ずしもうまく言語化できないまま、実践していることを言語化することによって、何をしているのかを明確にし、その正当性を跡づけるという研究の仕方というのはもちろんありえて、それはそれですばらしいと思います。でも、それがすべてではないでしょうし、それがすべてということになってしまうと、実務のやっていることが是だとなって、その説明をするだけがわれわれの役割ということになると思います。

先ほどからの議論だと、必ずしもそうではなくて、いま起きている社会問題にどう対応するのかというのをにらみながら、理論的にどう考えていくかというあたりで悩んでいるということだったかと思います。根本さんのおっしゃっていることが違うという趣旨ではないけれど、それですべてが完結するというのは少し違うかなと思います。新しい問題にどう対応するかという問題もあるでしょう。あるいはいまされている実務が実は違うのではないかという問題提起も重要な役割かもしれないとも思います。そのあたりはどうでしょうか。

根本　荻野さんのおっしゃるとおりです。私も、みんながみんな平井理論

のようなものを目指すべきであるとは考えません。しかし、先ほど申し上げたようなかたちで理論と実務とが協働することも1つのあるべき姿ではないかと思います。

8　まとめ

伊藤　時間が来ましたので、第1部のまとめに入りたいと思います。「実務」という言葉ですが、問題設定の場面で実務に役立つかという話と、問題に取り組むうえでの実務との距離感をどうするか、という話がありました。実務といっても裁判実務なのか金融実務なのか他の実務なのか対象はさまざまで、金融実務といっても銀行なのか銀行の取引相手なのか当事者もさまざまです。さらにいつの問題かということもあります。想定する「実務」なるものを明確化し整理して議論する必要があるということがよくわかりました。結論を出すことは難しいですが、研究を進めていくうえで意識しておかなければならない重要な問題だと再認識しました。

II　比較法への取り組み方

1　問題提起──フランス法との比較

山城　第2部の比較法に進めていきます。まず、荻野さん、齋藤さん、髙さんから問題提起的にご発言をいただきます。お三方はそれぞれフランス法を主なフィールドとして比較法を研究されていますが、ご関心やお考えには、似通ったところ、違うところがいろいろあるかと思います。荻野さんからお願いいたしますが、よろしいですか。

荻野　同志社大学の荻野です。まず今回法律時報に掲載していただいた原稿について、簡単に意図をお話ししようと思います。

今回の原稿は、契約侵害の問題についてフランス法をより立体的に把握することを目指して準備しました。契約侵害論については2013年に「引き抜き事例にみる契約侵害論の意義と限界」（同志社法学65巻2号）という論文を

公表しています。この旧稿ではフランスにおける契約の対抗と呼ばれる理論に着目して、その生成と展開の過程を素描することで１つのありうる判断枠組みを示そうとしました。これに対して今回は、まず労働者の引き抜きの問題について、契約侵害の時点から少し視野を広げて、競業避止条項の有効性に関する議論を参照することで、関係者間、とりわけ労働者と旧使用者との間の利害調整がどの段階でどのように図られているのかを明らかにすることを試みました。また、契約侵害による不法行為責任を認める際に第三者の契約自由がどのように衡量されているのかについても、ごくわずかですが、検討を行ってみました。

　次に、私自身がフランス法との比較を試みることについてどう思っているのかを少しだけお話ししたいと思います。正直に申しますと、フランス法を対象として選んだのは純粋な興味によるところが大きくて、特に当初から戦略的にフランス法を選んだとは言い難いのですが、フランス法を理解しようと頑張ってみるなかで、フランス法との比較を試みることの意義のようなものが見えてきたような気もしています。

　私が面白いなと思っていることの１つは、フランス法は日本法とは体系が違うので、そういう国を比較の対象とすることで日本法の見え方が違ってくることです。旧稿で取り上げた契約の対抗理論について言いますと、契約の対抗理論はフランスでは契約の相対性原則の射程を限定するために編み出された一般理論ですが、その背景にはたとえば当事者の作り出す契約規範を社会の中でどのように位置づけるべきかというような問題が控えているように思われます。そういう観点から日本法を見たときは、契約侵害論についていえば、ずいぶん前から指摘されていたことですが、たとえば債権侵害ないし契約侵害の問題について、相対権たる債権の「弱さ」を強調するか権利の不可侵性を重視するかというような問題の立て方自体が相対化されるように思います。また、契約侵害の問題——これは当事者による契約の対抗の問題です——と、契約侵害によって損害を被る第三者の保護の問題——これは第三者による契約の対抗の問題です——という、日本では全然別に扱われている問題がフランスでは同じ理論から説明されていたりして、これらの問題の間に何らかの関連性があるのかもしれないと考えさせられることもあります。

[座談会] 民法学のなやみ　291

　もう1つは、比較しようと試みるときには、おのずと——私はおのずとと思っているのですが——、当該法理論が生成した社会的な背景や、そこで企図された利害調整に目が向くこと、あるいは紛争解決のためのシステムを構成するものが何か1つの法理論だけでなくて、いくつもの法制度や、あるいは法外の制度なども絡み合っているのだということを再認識できることも、興味深いところだと思っています。

　山城　ありがとうございました。次に齋藤さんからお話をお伺いします。

　齋藤　大阪大学の齋藤です。私もフランス法を研究していますが、大学院生の時から関心をもっているのは保証人保護論で、最近は保証規制のあり方についても検討しています。

　民法的には第一義に保証は担保であるという大原則があるわけですが、それと衝突する問題として過大保証における保証人の保護という問題に興味をもってきました。この問題については、2004年にドイツ法における過大保証の暴利行為論に着目して、旧稿「近親者保証の実質的機能と保証人の保護——ドイツ法の分析を中心に」（北法55巻1〜3号）という論文を公表しています。2004年からだいぶ時間がたって、その後、二度の民法の保証規定の改正とソフト・ローの発展によって日本の法状況も大きく変わっています。

　とりわけ議論の中心を占めてきた中小企業金融の場合における第三者保証、個人保証の過大保証の問題はいまや克服されつつあります。これに対して企業の再生促進という観点からの経営者保証人の保護の問題は、現状においてはソフト・ローに委ねられていて、この問題をハード・ローのレベルで扱うことの当否も含めて考えてみたのが今回の原稿です。

　論文では、事業上の債務のための経営者保証も含む個人保証という場面について、保証人を保護するとよく言われるフランスの数多くの特別法上のルールが、どういった経済的・社会的背景のもとで、どんな目的・政策を実現しようとして発展して、どう絡み合っているのかを分析しています。最終的な目標としては、特別法の展開によって形成されてきたルールが、保証概念そのものをどう変容させているのかということを明らかにしたいと思っています。

　荻野さんもおっしゃったとおりですが、フランス法というのは日本法と体

系的に距離があり、日本法への直接的な示唆を得にくいというのは確かだなという実感をもっています。しかし、日本の議論を相対化するだけでなく、日本の議論で気づかれていない、あえて排除されている視点の重要性に気づかせてくれる点が魅力だと思っています。今回の私のテーマについてみると、フランスでは消費法典やその他の法律のなかで、個人を過剰債務に陥らせることによって、社会・経済活動から疎外することを防止するということを念頭においています。それは単なる消費者保護という文脈だけではなくて、企業家についても同様に考えられています。このような考えは、日本の保証規制では、経営者保証ガイドライン以外では考慮されてこなかった視点であり、個人保証に対する規制の制度の組み方が1つでないなかで対立軸を示してくれるように思っています。このように、日本でも対応が迫られている問題について、先行して対応を試みたフランスの立法とか、背後にある政策を見て、それと比較することを通じて日本の解釈とか立法政策を考えるのも意味があると思っています。もちろんフランス法の一連の発展が成功か失敗かというのは評価の分かれるところだと思いますが、そういう経験自体を学ぶことにも意味があるのではないかと思います。

　山城　続けて、髙さんからご発言をお願いします。

　髙　金沢大学の髙秀成と申します。当初の研究上の関心からどのように今回の原稿につながったかを手短にお話しさせていただきます。

　現代においては、信託や後見をはじめ多くの財産管理制度が脚光を浴びています。これら制度に関連し、財産管理人に共通に課せられる義務や規律に結びつけられたかたちで財産管理制度という枠組みが議論の俎上に上ることがあります。これら制度を財産管理制度として束ねる視点がどこにあるのか、財産管理制度とカテゴライズする規範的含意は何かということについての関心が研究の端緒となりました。

　今回の原稿は財産管理制度、さらに言えば、その基礎にありうる財産管理人の権限というカテゴリーの認識を可能ならしめている特徴的なレジームである権限濫用法理に焦点を絞って描写を試みたものです。そのなかで権限濫用が代理制度に限局されないこと、それ自体で要件効果が明確になっているルールというより、むしろ権限に課せられた目的との関係で初めて具体化さ

れる一般法理であるということを論じました。

　これまでフランス法とケベック法を比較対象として選択してきた理由は、さまざまな巡り合わせによるところが大きいのですが、強いて言えば、目下の自分の関心に比較的ダイレクトに応答してくれる議論の系譜があったこと、フランスの研究のなかで問題の切り口、素材の選び方、組み立て方、思考方法などの点で大いに参考となるものがあったからということにすぎません。またケベック民法典については、まさに「他人の財産の管理」という制度上の実例があったことが研究遂行上、大きな意味がありました。フランスにおける研究について言えば、隣接法分野につながりながら、ひいては私法を超えて、公法と協働しつつ、法を体系化しようとするいくつかの試みについて強く魅力を感じています。

　次に、私が感じている「なやみ」の部分についてお話しします。フランス法は、日本法と距離があるゆえに日本法を再検証したり、日本法に新しい光を当ててもう一度見直すという点では有用なツールにはなります。でも、フランス法からの発想を得るために、フランス法の問題を日本法の文脈に接続する際の難しさについては「なやみ」が深いところです。自分の問題関心を最初から念頭において、それを解明しようとした際にフランス法を選ぶことが必然的ではなくなってしまう。それなのになぜフランス法を主にやるのかという問いに対して積極的な回答を持ち合わせていない。これが、1つの率直な「なやみ」となっています。

山城　どうもありがとうございました。日本法とフランス法には相違点があるなかで、制度の違いを見ることを通じて、荻野さんが「おのずと」とおっしゃった社会的な背景に根差す利害調整の仕方を知ることができ、それによって日本法を再認識するとか、あるいは、齋藤さんがおっしゃった日本では取り組まれていない問題を発見するというように、日本法の現状を把握し、あるいは問題を発見するというところに比較法の意義を見いだしていらっしゃるのだと感じました。髙さんがおっしゃった「接続」の仕方も、これに関わる問題でしょうか。実務との「距離」という話が第1部でありましたが、比較法にも、比較対象との間でのある種の「距離」の取り方の問題があるということだろうと感じます。

2　ドイツ法・アメリカ法との比較

山城　こういった問題提起ですが、鳥山さんは、ドイツ法を研究されてきて、どのようなことをお感じになられますか。

鳥山　フランス法は日本法と違うから比較しにくい、取り込みにくいというお話がありましたが、おそらくどの外国法を比較対象としても同じような「なやみ」を多かれ少なかれ抱えるのではないかと思います。ドイツ法ですと、学説継受によって基本的な理論や概念を日本法でも共有していて、したがってドイツ法でこうなっているから日本法もこう考えられるということは言いやすい場合があります。しかし逆に、学説継受で不要な理論が混じっていたり、あるいはあるべき理論がおかしなかたちに歪められていたりして、これを矯正するためにドイツ法を勉強することはありうるわけです。そのうえで、新しい考えを生みだそうとするときに、やはりドイツ法だけではだめで、フランス法などを勉強した成果を反映することが有用な場面も出てきます。結局どちらかだけではなかなかうまくいかない。しかし、両方に目配りしてやっていくのはなかなか難しい。そこで研究集団として問題に取り組んでいかなければいけないのかなという気がしています。

　ドイツ法で比較的順接型というか、ドイツではこうだから日本もこうだという研究をしやすいのは債権法の分野だろうと思います。物権などはまったく違うシステムをとっています。まだ論文として公表していないのですが、土地債務という日本にはない法制度についてその判例の展開などを勉強したことがありまして、データとしてある程度もっていますが、これを日本法にどう反映させられるのかを考えても、なかなか結論までたどり着けません。単に示唆型というかたちでこういう話もあるよねとデータを紹介することも可能です。しかし、それを日本の法理論にある程度もっていきたいと思うと、なやみが大きくなります。

山城　なるほど。比較法の対象国の相違に加えて、分野ごとの特性があるのではないかというご指摘ですね。藤澤さんはいかがでしょうか。

藤澤　私はアメリカ法を研究していますが、アメリカ法を研究するにあたって一番大きな「なやみ」は日本法と共通する法概念がほとんどないという

ことです。たとえば担保物権について知りたいと思っても、担保物権に対応する言葉がないので、担保物権法という教科書もないし、どうしてよいかわからないという状態から始めなくてはなりません。それがアメリカの一番難しいところだと思います。

ただ、それは私にとってはむしろアメリカ法の好きなところです。というのも、アメリカ法を学ぶことで日本の法概念を機能的に解体することができるからです。具体例を挙げるとすれば、日本の「集合物」という概念です。そういうキャッチーなイメージを使って、債務者が将来取得することになる財産に対する担保権について、設定の問題や対抗要件具備の問題、融資存続中の目的物の範囲の問題や倒産時の優先権の範囲の問題といったさまざまな問題を処理しています。しかし、アメリカではこれらの問題はすべて異なる条文で、異なる言葉づかいで、異なる問題として処理されています。このことを参考にして集合物なる概念が日本で果たしている複数の役割を明らかにすることができます。そして、集合物という言葉が抱え込んでいる複数の問題は、実際には異なる紛争、異なる利害調整が問題となっているものなのだから、それぞれの場面に即した解決があるはずだということを指摘することができ、集合物という言葉に縛られないで、それらの問題に正面から取り組むことができると思っています。

ただし、以上のような研究態度は日本法に直ちにアメリカ法の概念やルールを導入するべきであるといった主張につながるわけではありません。アメリカ法にも日本がそうであるのと同様に法概念の背負っている歴史があって、ルールを成立させた社会や経済の状況があります。これらを知って初めてその法概念やルールが日本にも妥当するかどうかを検討する前提ができるのだと思います。

要するに、法概念を共有しない日本人がアメリカ法の概念やルールを理解するというのは、結局機能的に理解することしかありえないのではないかということです。そのため、私にとってのアメリカ法研究というのは、日本法の解体であり、アメリカ法の解体です。研究した後、瓦礫のヤマが残ることになって、その瓦礫のヤマを使って何を作っていくかということは外国法からは得られないというふうに私は思っています。

山城 比較法研究の過程で、日本法のみならずアメリカ法も解体される。だから、比較法そのものから一定の方向づけが得られるわけではないのではないか、という大変に重い問題提起ではなかったかと感じました。

私からお二人にご発言を振ってしまいましたが、どうぞご自由にご議論をいただければと思います。

3 フランス法との距離

伊藤 齋藤さんはドイツ法とフランス法の両方を研究されていますので、両法の体系的な距離感をどのように感じているか、お聞かせいただけますか。

齋藤 もともとドイツ法を選択していたのに、なぜわざわざフランス法に鞍替えしたのかとよく聞かれますが、もともと保証をテーマとするうえで系譜的にフランス法も見なければならないと漠然と思っていたことは確かです。直接的には旧稿を準備していた当時にフランスでも同じ問題が発生していて、しかも、比例原則という当時の私にとっては謎の原則があり、しかも、それはドイツの暴利行為論から影響を受けていたと当時のドイツの本に書かれていたので、それがどんなものか知りたくてフランス法を調べ始めたというのが正直なところです。

ドイツ法を研究している時に、日本とドイツで共通のキーワードとして意思決定の自由が重視されていて、契約の効力を否定するには意思決定の自由に対する侵害があったということがキーワードになりますが、ドイツ法も常に保証人の意思という観点から保証人の保護の可否を決定します。保証人の意思がどういうかたちで侵害を受けたか。実際に侵害を受けていなくても侵害を受けたと推定されたか。このようなある種の擬制を使い、暴利行為論を使って説明していくわけです。

日本でも同じように暴利行為の枠組みはあるものの、当時の議論状況からすると、過大な保証の問題を暴利行為だと言うこと自体がナンセンスだというのが支配的な考えだったと思います。しかし、その後、保証人の意思決定に対する侵害ないし不自由があることを考慮しなければならないという認識が共有されてきて、平成16年と平成29年の保証法改正でもその要素が考慮されていると思います。

[座談会] 民法学のなやみ　297

　その観点からすると、フランス法は、たとえば比例原則についてみると、判例上の比例原則は、金融機関の資力調査義務違反のような、金融機関の融資責任の文脈で、民事責任の問題として捉えられていましたが、その後発展して消費法典に入ったものを見ると、保証債務の額と保証人の財産状態を客観的に比較して、過大だから失権するという構成をとっているわけです。そこでは意思決定を侵害されたという要素も債権者のフォートもまったく考慮されていないし、要保護性が低いとされる経営者にも適用されます。日本の今回の保証法改正では、周知のとおり比例原則の導入には至らなかったのですが、その背景には、フランスの比例原則には2種類のものがあることやその導入の背景がきちんと認識されておらず、議論がかみ合っていなかったこともあるかと思います。意思決定侵害も債権者のフォートも問題とされない比例原則をどう正当化するのかを考える際に、日本法と同じ枠組みで議論できない難しさや、ドイツ法とフランス法の日本法との距離感の違いを感じています。

　白石　私もフランス法を研究していて常々悩んでいます。私はドイツ法を研究したことがないので、これは純粋にイメージですが、ドイツでは日本の民法学説と同様に緻密な理論構成がされている分野が多くあり、即物的な言い方をすると参照しやすいのではないかという印象があります。

　フランスはドイツと比べると密度が違うというか、緻密な理論構成のようなものを私の研究分野ではあまり見たことがありません。むしろもっと大きな、物の見方、捉え方、法概念といったものをフランスは大事にしているのだと思います。あまり密度の高くない議論を参照するときに、機能的な比較の仕方、つまり「フランスではこうなっているので日本でも参考になる」という感じにならざるをえないのか、それでよいのかという難しさがある。

　齋藤　密度がない、薄いというのは、どういった理屈づけで説明できるのかという点が外国人に見えてこないということです。その立法当時の背景とか、前提事情とか、絡み合っている他の制度といったつながりなり文脈から、その理屈づけを見つけだしていく作業が必要であり、だから、苦労しているところでもあるわけです。ただ機能的に似ているからそれでよいというやり方をすると、説得力を欠くのではないでしょうか。機能的に似ているとして

も、その背景には何があるのかというところを突き詰めたいと思っています。同じ言葉、同じ概念を用いて説明できなくても、何とかその内容を解明したいと思うところが私の「なやみ」です。

荻野　機能的に似ていると言っても、それを持ってこようと思うと、フランスでその法制度が機能する前提となっている文化的、社会的な条件があるわけです。機能が似ているからそれを持ってこられる、統一できるとするのは、そこを切り離して考えているような気がします。私も齋藤さんに近い意見で、やはりその制度を制度たらしめしている、捉え所のない、何かもやっとしたものを見たいという思いがあります。法的なルールとして措定されたものだけを見ていても何も解決されない気がするので、法的なルールが社会のなかでどのように働いているのか、何を条件として何がもたらされているのかといったところをなるべく調べたいと思っています。私の「なやみ」もそのあたりにあります。

4　比較法の目的は何か？

髙　いま荻野さんがおっしゃったことに触発されまして、ある概念や制度が育った土地、文脈とのつながり方でかなりのレベルの機能的解体というものがありえて、それぞれのレベルで使いようがある、あるいは議論の立て方があるのかな、とも思い至りました。さまざまな論文を読ませていただくにつけ、その使い方は千差万別だなと常々思っています。その機能的解体のあり方とそれぞれのレベルの深度には正解はないと言いますか、論文の読み手ないしある制度理解を使う側にとっての説得力のもち方はさまざまなのかなという気がしています。

水津　何のために比較法をするのかが重要だと思います。日本法の解釈論を展開することを目的とすると、最後に「日本法への示唆」を書かないといけないので、外国法をどう使うかとか、日本と共通点が多い国はどこかとか、そのような話になりがちです。これに対し、しばしば指摘されているように、日本法、あるいは日本法と外国法の双方をよりよく理解するための比較法研究も、もっとあってよいように思います。このタイプの研究では、外国法を見るときに、日本法と同じところよりは、むしろ、日本法と違うところにい

っそうの注意を払わなければなりません。そして、日本法との差異が生じているのはなぜかを明らかにしたり、制度や実務をよく見てみると、それほど差異は大きくないことを示したりすることができれば、研究の目的を達成したことになるでしょう。逆照射型と呼ばれる比較法研究は、このような作業を含むものです。

ところで、白石さんが私の近時の論文（「ドイツ法における将来動産と将来債権の譲渡担保」法研88巻1号）について、「水津准教授は自身の見解を慎重に留保されている」とコメントされていたのを読んで、私の書き方がよくなかったのだと反省していますが、少し弱ったなと思いました。その論文は、債権担保の目的でされた将来動産譲渡と将来債権譲渡について、日本とドイツとでは前提が違うことを明らかにすることで、ドイツのルールは、ドイツ固有の事情や考え方に支えられていることを示そうとしたものです。ですので、私自身の解釈論を聞かれても……。

白石 これは失礼しました。

水津 ただ、あの論文では、法秩序の比較についてはやや深めて行ったものの、その背後にある金融取引実務の異同については掘り下げることができませんでした。

齋藤 私も、逆照射型と呼ばれるタイプの比較法研究がもちろんあって、それを実践することにも大きな意義があると思います。

ところで、どのようなタイプの比較法をするかは別として、問題は、比較法の対象国が違うと何やら代理戦争のようになってしまい、会話が成立しないということがありませんか。これをどうしたらよいのかがわからないという「なやみ」があります。議論がかみ合わないという局面が、この研究会でも実際にあったと思いますが、そういうことに対してどのように向き合っていくべきでしょうか。

根本 いまの齋藤さんのご発言に関して、むしろ議論は十分成り立つのではないかと思います。たとえば先ほど、フランスでは過大保証の問題を保証人の意思というものを語らずに解決しているというお話がありました。そうすると、ではなぜフランスではそうなのだろうかと、フランス法を知らない者でも、あるいは知らないからこそ興味が湧いてくる。齋藤さんご自身がお

っしゃったように、その点こそが重要なのではないでしょうか。

　一見すると制度が異なる外国においても、ある問題について同様の解決策がとられているのか。あるいは、その問題がそもそも論じられていないのであれば、それはなぜなのか。そのようなことを考えることが決定的に重要で、そこまで議論を掘り下げてくれば、議論は十分に成り立つはずです。

5　正当化のプロセスにおける比較法

　山城　比較の目的というのは日本に「持ってくる」とか、カッコ付きの「日本法への示唆」とか、それだけに尽きるのではないといったご発言が複数出ました。その狙いは、いろいろな角度から鏡を当ててみて日本法の姿を知るということですね。そのうえで、私自身がその意義を否定しようというわけでは必ずしもないのですが、日本法の姿を知るための手段が比較法研究だというのはなぜなのか、比較法を通じて日本法の姿を知るということがいったい何を目的としているのか、ということをお伺いしたいのですが。日本法を理解するための手段は、何も比較法研究には限られないと思うのです。

　根本　山城さんのいまのご発言には共感を覚える部分があります。これはいつも自戒していることですが、発見のプロセスと正当化のプロセスは分けなくてはいけない。特に論文では正当化のプロセスこそが大切であって、比較して違いを理解することはそれ自体、もちろん意味のあることだと思いますが、発見のプロセスは、本来、正当化のプロセスの前に頭のなかでしておくべきことではないかと。正当化のプロセスにおいて、何を何のために正当化したいかということを意識したかたちで比較する。私自身は常にそのことを重視したいと考えています。

　水津　日本法、あるいは日本法と外国法の双方をよりよく理解するというのは、それ自体が比較法研究の目的となりうるのではないでしょうか。そうした作業は、日本法の解釈論を展開したり、各国に共通するルールを作り出したりするといった目的を達成するための、あくまで手段にすぎないと言われるのかもしれません。しかし、理解そのものを目的とした比較法と、理解を手段に位置づけた比較法とでは、外国法に対する向き合い方が違ってくるように思います。そうだとすれば、あえて理解をゴールとすることにも、意

味があるのではないでしょうか。

　そうしたタイプの比較法研究では、たとえば、各国に差異が生じている理由や原因についての自分の主張を正当化するために、比較法を援用することになります。この場合には、比較法が正当化のプロセスを構成することに、何らの問題もありません。これに対し、日本における解釈論上の問題を解決するために比較法をするときは、ドイツ法がこうだとか、アメリカ法がこうだとかいったことは、発見のプロセスにおいて意味をもつにすぎず、正当化のプロセスにおいてこれを持ち出すのは避けるべきである、というのが根本さんの主張であったのだと思います。

　根本　一言、補足をしておくと、私も、正当化のプロセスの最後には必ず日本法に関する解釈論的な提言がなければいけないと申し上げるつもりはまったくありません。ただし、少なくとも日本法の研究としては、ある事柄について日本法と外国法とを比較してみました、外国法はこうでした、日本法はそれとは違っていました、面白かったです、というのではおそらくだめだろう。何のために日本法を（再）理解しようとするのかということをはっきりさせなくてはいけない。すなわち、現在の日本に起きているどのような問題を解決するためにそのような日本法の（再）理解が必要であるのか、さらにそれとの関連において、諸外国の法をどのようなかたちで、どのような観点から比較すると、当該（再）理解にとって有益であるのかということを明確にしないと、そもそも（再）理解のための比較にさえならないし、正当化のプロセスにも入ってこないのではないでしょうか。

6　一般理論の根拠を比較法に求められるか？

　水津　髙さんは、比較法をすることによって、一般理論を明らかにしようと試みられています。一般理論というのは、その性質上、時間と空間を超えるものなのですよね。他方で、比較法の対象は、それぞれの時代の、それぞれの国とならざるをえません。そうすると、一般理論を明らかにするうえでの比較法の役割は、その一般理論が各国の各時代においてどのように具体化しているのかを示す、といったところにあるのでしょうか。あるいは、比較法をすることで、対象国の間の差異を超えた普遍的な命題が浮かび上がって

くる、という見通しをもたれているのですか。

髙 一般理論それ自体は証明のできない対象ですし、論者ごとの観想のもと複数成り立ちうるものです。私自身は比較法によって普遍的命題が浮かび上がってくるとまでは考えておりません。ただ、具体的な対象国を超えて一般理論の具体的な適用のあり方を検証してみて、その強度を測る研究みたいなものもあってよいのかなと思っています。その1つの作業として、フランスにおけるある一般理論を1つの仮説のようなものとして抽出して、対象国を超えて日本という具体的な土壌のなかでその強度を検証するようなイメージは、一部ありました。そのような手法を徹底できているわけではありませんが。

7　まとめ

伊藤 日本法の理解でも解釈論の参考でも何でもよいけれど、何のために比較法を扱うのかというのが重要で、それをどう発見し説明するかがポイントであり腕の見せ所だということが改めて確認できました。

研究を始めた初期段階では、何となく比較法をやらなくてはいけなくて、無理矢理にでも接合したくなる傾向があると思いますが、そういうことではない。私自身もドイツ法を比較対象としましたが、どうすべきか悩みました。鳥山さんもおっしゃったように、物権法の制度はドイツと日本とで全然違う。土地と建物が日本法では別なのに、ドイツ法では建物が土地にくっついていて、そこからして違う。さらに、文化的な違いもある。建物に対する考え方も違う。フランスもそうだと思います。

結局、解釈論には直接参考にならない。似たような条文はもちろんありますが、前提が全然違うので日本法を考える発想を得るしかなかった。そういう意味でドイツ法は緻密な議論があっていろいろなアプローチの仕方をしているので、そこはもしかしたら参考になりやすいのかと思います。ただ、大局的に見ると、水津さんがおっしゃっていたように日本法を外から見ると問題点などを理解しやすいので、そこは比較法の大きな意味かなと私は思いました。

山城 まとめという感じでもないのですが、比較法研究というのは、前提

としてまず外国法研究を行う。それをどれだけ細密に知らなければならないのかというのは大きな問題だと感じておりまして、その点についてお話を伺えてよかったと思います。

　昔に比べれば文献にアクセスしやすくなったという事情もあるのでしょうが、私などでも、フランス人も知らないような論文まで読んでいることがあるのです。これは文献選択がまずいというだけの話かもしれませんが、しかし、そうして外国法研究が先鋭化すると、齋藤さんからご発言があった「代理戦争」の様相になり、日本法のなかでの対話の仕方であるとか、あるいは説得力の評価基準に相違が生まれるということがあるように思います。研究会での議論を伺っていても、その点の相違を超えて対話が成り立ちうると安易に断定するのは楽観にすぎないかと、個人的には感じています。

　ついでながら、外国法研究との関係では、研究手法の部分でドイツ法やフランス法を内在化しようという傾向もあるように感じます。たとえば、フランス法流の2部構成で論文を書いてみるとか、ドイツ法流の体系観を想定して議論するということです。しかし、思考やその伝達の方法まで外国法の影響を受けるということがどういう意味をもっているのかも、「代理戦争」というご発言との関係で、ちょっと気にかかっているところです。

Ⅲ　歴史・体系の捉え方

1　問題提起

　伊藤　第3部では「歴史・体系」をどう捉え、どう扱うか、ということで、水津さん、鳥山さん、根本さんに自己紹介、問題提起をしていただければと思います。

　水津　慶應義塾大学の水津です。「体系」について、お話しさせていただきます。

　私は、この連載のなかで、「財貨帰属と代位法理」と題する論文を書きました。この論文で意識したのは、まず、現行法秩序における法的評価の首尾一

貫性を保つことです。具体的には、評価矛盾が生じているところを発見するとともに、その矛盾を克服するための規範的な主張を展開いたしました。たとえば、代位物について、所有者の保護と譲渡担保権者の保護とのバランスがとれているかをチェックし、両者のバランスを保つための手だてを示してみました。このような作業をすることが、民法学者の主要な任務の１つであると、私は考えています。なぜなら、同一ないし類似の問題であるにもかかわらず、同一ないし類似の解決がされていないときは、その法秩序は、「等しきものは等しく扱え」という正義の定式に反していることになるからです。

そのほか、私は、全体の見通しをよくするために、さまざまな法ルールを整序することについても、関心をもっています。論文のなかでは、物的帰属と責任的帰属、一般実体法的優先権と執行法的優先権といった概念を導入し、これまであまりはっきりとしていなかった、代位物をめぐるさまざまな法ルールを整序したところが、このような問題関心に対応しています。このレベルの仕事は、法知識の伝達という、大きな問題と結びつくものです。

どちらも現行法秩序における個々の法素材をバラバラに把握するのではなく、それらの相互の関連性を把握したり、全体としてのまとまりを保とうとしたりする試みです。この意味において、性質は異なるものの、どちらも「体系的」な研究であることに変わりありません。法史学や法哲学の分野でよく知られた言葉を使えば、前者のものは内的体系、後者のものは外的体系に関わる仕事だということができるでしょう。

ここで「現行法秩序」の体系というときは、民法のみならず、商法・信託法・民事執行法・倒産法など、市民社会の問題を規律する全法秩序を考えています。言い換えますと、民法の、それも一部の領域しかやらないといった態度はとっていません。論文のなかで、担保物権の物上代位にとどまらず、親族法・相続法における特別財産の規律、信託財産の物上代位、問屋のルール、代償的取戻権・代償的別除権、代償的第三者異議の訴えの可能性なども取り上げているのは、そのためです。

伊藤　どうもありがとうございます。では続きまして、鳥山さん、お願いいたします。

鳥山　私は「抵当本質論の再考序説」という論文で日本とドイツの学説史

をそれぞれ扱い、結果として、抵当権が金銭債権に似ているのだけれども、やはり物権だということから一定の考察を加えています。ある意味、「歴史と体系」というテーマに沿ったような研究をしていますが、しかし私自身、特に歴史のほうにもともと強い関心をもっていたかというと、そうではない。先に解決しようとするテーマを決めたうえで、方法として日独の学説史を比較しようと考えたわけではなくて、たまたま考察の材料が手元にあり、何かそれなりの成果が見込めるだろうとわかったから、学説史研究という手法をとり、またそれに合わせて研究テーマをあとから決めたわけです。したがって、歴史や体系の研究自体、あるいは方法論について定見をもっているわけではありません。歴史を実定法の研究者が本格的に研究する機会はそう多くなく、第一論文が最初で最後の可能性すらあるのではないかと考えています。そこで、本日は、これから博士論文や助教論文を書こうとする人に多少なりとも参考になるかもしれないということで、自分の経験を振り返って思うところをお話しします。

　私の論文執筆までの経緯をお話ししますと、もともと修士論文を書くにあたってヘックというドイツ人の教科書を読む必要があり、それを読んでいる過程で抵当権などの本質論に関する叙述にぶつかりました。ドイツでは抵当権などが物権なのか債権なのかで争いがあるという事実をたまたま知り、日本の価値権説はドイツの議論に由来するはずなのに、ドイツでは、一見するとまったく違う議論が展開している。これはなぜなのかと疑問に思って調べ始めたのがきっかけです。

　そのようにまったく違うものを研究することに意味があるのかという点ですが、奥田昌道先生が書かれた論文に、「なぜドイツや日本で一定の学説が主張されているのか、それを遡って、歴史的・体系的に理解しようとすることが大事である」とあるのを拝見したことがあったので、日独間で議論が別様に展開したことの原因を探求し、それが日本の法学説にどう作用しているのか、これを見極めるだけでも十分成果を出せる可能性があるのではないか、こう考えて本格的な調査に取り組んでみました。おそらく私自身、先に研究テーマを持っていたならば学説史研究はしなかったと思います。というのも、その研究手法は、あとで述べますように、非常にリスクが高いし、効率が悪

い可能性があるからです。私は外国と日本双方について手当たり次第勉強を続け、その類のリスクが低く、論文のかたちにすることができそうだというテーマをあとから探しました。先にテーマを決めないで、持っている材料で論じることができるテーマをあとから探したわけです。

そのように安全策をとっても、リスクをなお抱えているわけでして、できあがった論文について、事実誤認に基づいているといった評価がないわけではないようです。これが「なやみ」と言えば「なやみ」です。もちろん、この種の「なやみ」は、どんな研究手法をとったとしても生じるのかもしれませんが。

伊藤　どうもありがとうございます。では続いて根本さん、よろしくお願いします。

根本　北海道大学の根本です。私の主たる研究テーマは、民法上の差止請求権に関する一般法理の解明です。その成果の一端は、『差止請求権の理論』という書籍にまとめて2011年に公表しました。

また、この本の題名にも表れているように、私はこれまで法解釈学における理論というものに大きな関心を寄せてきました。さらに、ここにお集まりの方々を始め、同世代の研究者の間でも「理論」を重視する傾向が強いのではないかと感じております。

まず、歴史と理論との関係について、私が直面した「なやみ」についてお話します。私は、拙著において、ドイツの物権的請求権に関するさまざまな理論のうち、エドゥアルト・ピッカーの「権利簒奪理論」に注目し、これを日本における差止請求権の発生根拠に関する解釈論の基礎とすべきである、と主張しました。この理論の特徴の1つは、BGB1004条1項所定の物権的妨害排除請求権に関するローマ法上の沿革やドイツ民法典制定時における議論など、その歴史的な成立過程に忠実な解釈をとるべきであると説く点にあります。では、なぜそのような解釈をとるべきであると言いうるのか。これが私の「なやみ」の1つでした。

実は、このような疑問に対しては、ピッカー自身が応答をしています。ピッカーは、ある解釈が妥当であるとの判断は、その解釈を支持する人間の判断なのだと言います。したがって、歴史的な経緯に忠実な解釈をとることも、

結局は、その人間の主体的な選択である、ということになります。ある法制度に関する生成史の研究は、法解釈にとっては1つの方法にすぎない。しかし他方で、歴史の探求が無意味なものであるかというと、そうではない。生成史の研究を通じて、法律家は初めてある法制度の趣旨や目的を良く理解しうるし、そのような方法が法律家同士で共有されることによって個々の論者の単なる直感に依拠した主観主義的な議論を避けることができると述べています。現在では、私もこのようなピッカーの考えに賛成です。

　次に体系と理論との関係についてです。「体系」の意義については、水津さんと同じく、そこで主に重視されるべきは、いわゆる内的体系だろうと考えています。私が拙著をまとめる際に一番苦労したのは、私見を解釈論として展開していく手がかりがないことです。条文がないにもかかわらず、解釈論として、論者それぞれが単に自分の信念を互いに吐露し合うだけにとどまらない議論・対話を成り立たせるにはどのような議論枠組みを設定すべきなのかという問題意識が、従来の差止請求権に関する研究では決定的に欠けていた。そのために、従来の議論は、極論すると「神々の争い」ともなっていたのではないか。この点を改善しなければいけないというのが、私にとっての大きな「なやみ」でした。そして、そのような条文に代わる議論枠組みとして私が持ち出したものが体系的整合性あるいは理論的整合性です。すなわち、ある学説と現行民法典との体系的整合性やその説の理論的整合性の有無を問うことによって、学説相互の解釈論としての優劣を判定することができるのではないか、と考えました。

　伊藤　どうもありがとうございました。まず、水津さんには「体系」というキーワードで今回の連載論文を説明していただきました。そもそも体系とは何かという、大きな問題提起だったかと思います。鳥山さんにはご自身の経験などをお話しいただき、日独の学説史を扱われたということで、「歴史」というこれまた大きな問題を提起していただきました。どの研究者も体系・歴史を扱わざるをえない、考えなければいけない問題かと思います。根本さんは両方に関わるようなお話で、ご自分の論文の経験から、方法論と言いますか、歴史・体系、理論という観点から自己紹介をしていただきました。

2 外的体系と内的体系

伊藤 テーマが歴史・体系と非常に大きいところですから、1つずつ分解したいと思います。まず「体系」というキーワードで、水津さんを中心にご議論いただければと思います。

髙 水津さんにお聞きしたいのですが、研究作業のなかの1つの礎石として、「等しきものを等しく」という公準から、その評価矛盾を精査するというお話がありました。これは否定し難い公準としてかなりの説得力があることは理解できるのですが、何かしらの哲学的な立脚点を念頭においているのか、哲学的立場によって変わりうるのかということを確認したいです。

それから、現在の水津さんの方法論について、変遷があったのか。確立までの過程があったのかも、ぜひお聞きしたいと思います。

水津 まず、前半のご質問について。「等しきものは等しく扱え」という古典的な定式で表現される正義の概念は、どのような正義の構想をもつのであれ、前提として共有されなければならないものだと理解されているように思います。この意味において、どの正義の構想を支持するかは、ここでいう正義の概念とは関わりありません。そして、法的評価の首尾一貫性の確保に仕えるものとしての体系は、「等しきものは等しく扱え」という正義の定式を満たすうえで欠くことができないものだと考えられます（カナーリス『法学における体系思考と体系概念』）。したがって、この意味での体系は、先に挙げた正義の定式を満たそうとする限り、どの立場をとる者であっても、これを前提としなければなりません。

次に、後半のご質問について。私は昔からこうした研究をしてきたわけではありません。たとえば、学説史研究として、ドイツ後期普通法学の展開を追跡したこともあります。また、近時でも、先ほどお話ししたように、逆照射型比較法研究として、将来財産の譲渡担保について、ドイツと日本とを比較したことがあります。これに対し、内的体系と外的体系とを組み合わせた体系的研究をしたら面白いのではないかと思いついたのは、ドイツに留学しているときです。

最後に、概念について少し補足させてください。「外的体系」「内的体系」

という概念をどのような意味で用いるのかについては、学問領域や論者によって、差異があるようにみえます。私の使い方は、Ⅲ1のはじめの発言で示したとおりです。

髙　「等しきものを等しく」という公準から評価矛盾をきたしているかどうかについて、水津さんのご研究のなかではかなり厳密な精査をされているという印象をもちます。それとともにその前提段階として、果たしてある法状況とある法状況が等しいのか等しくないのかということについてさまざまな評価があるように思います。それについての枠組みはあるのでしょうか。

伊藤　髙さんと同じような疑問をもっていました。等しきものを等しく、物上代位を広く見るというときに、何を基準にどこまでどう見ているのかが外からはわからない。極端に言えば、権利なり義務というような概念も全部同じように見るべきなのか、物権なら物権で見るべきなのか、制度というときにどこまでを射程に含めているのかよくわかりませんでした。物上代位と言われるとなんとなくわかるけれども、どこまでが範囲として区切られるのかがすごく難しく感じます。

水津　第1に、どこまで考察の射程に含めるかについては、概念や制度は捨象すべきだと考えられます。概念や制度から入ってしまうと、たとえば、物上代位の網を掛けたとたん、代償的取戻権や問屋のルールが抜け落ちてしまいます。むしろ、事例ないし問題を起点として、それに関連するルールを、現行法秩序の全体を見渡して、網羅的に集めることから出発すべきです。私の分野であれば、あるものが他のものに変わった、というケースがこれにあたります。

　第2に、どれとどれが等しく、どれとどれが等しくないのかはどのように定まるのか、という問題です。これは、「等しきものは等しく扱え」という定式そのものに投げかけられているのと、同じ疑問だと思います。おっしゃるとおり、この定式には、同一性を判断するための基準は含まれていません。どの基準を用いるべきかについては、この定式の外側から正当化する必要があります。そうした正当化は、評価の秩序づけのあり方に照らしてされます。もちろん、どれとどれを等しいとみるべきかについて、意見が対立することもあります。ただ、ここで重要なことは、いずれにせよ、ひとたび「等しい」

とされた問題には、「等しい」解決を与えなければならないということです。

3 価値の平準化と体系

藤澤 水津さんのご研究はすごく面白いと思っていて、そのことを前提にしたうえで、「等しいのか等しくないのか」について素朴な質問があります。たとえば、テレビを専門にしている泥棒がいて、その人がみんなからテレビを盗んだとしましょう。Aさん、Bさん、Cさん、Dさんから盗みました。

水津 すべてテレビですか。

藤澤 全部テレビです。テレビ専門だから。社会的な事実からすると、これは泥棒とテレビを盗まれた被害者たちです。みんな同じような被害者なのですが、Aさんのテレビはその泥棒のところに現物で残っていた。Bさんのテレビは中古屋さんに売られ、代金債権になっている。Cさんのテレビは売買代金が振り込まれて預金になっていますが、ほかの預金と一緒になっている。Dさんのテレビは現金になりました。こういう状況で泥棒が破産したとすると、水津さんの理論だと誰が何を取れるのか違ってきますよね。社会的な事実からすればみんな被害者なのに。

たとえば、Aさんは所有者なので現物を取り戻すことができるし、Bさんについては債権に対して優先権が及ぶという考え方がありえますが、CさんDさんは助からなそうです。

でもたとえば捜査技術がすごく発達しているから、指紋を調べたらこれはDさんのテレビの買主さんが払ったお金だとわかったとか事実上特定できるとしても、たぶんそれは法的には保護されないわけです。そのように事実上同じような被害者でも、この人には所有権があるから保護されますというときにはたぶん、一定の法的評価が入っているような気がします。

水津 そうでしょうね。

藤澤 事実上お金が特定されたとしても、それに対して保護がないということにもやはり法的な評価が入っていると思います。その違いにこそ、何か理論が隠れていないか気になります。そこは、当たり前に「違うのです」と言ってしまってよいのでしょうか。

水津 藤澤さんは、違った取扱いをするのが合理的だとお考えですか。

藤澤 現行法だと違うのではないかと。

水津 日本の現行法ですと、Ａは、テレビについて取戻権をもっています。不当利得返還請求権者であるＢも、売買代金債権について代償的取戻権によって保護されます。これに対し、Ｃは、預金について、不当利得を理由に返還を求めるしかなく、代償的取戻権の保護を受けるのは難しいでしょう。Ｄが現金の返還を求めるときも、同様です。これに対し、ドイツでは、法改正により、Ｄにも、特定性が保たれている限り、代償的取戻権が与えられることになりました。また、Ｃも、売買代金が振込みより支払われたことが確かめられれば、特定性の要件を満たし、代償的取戻権を行使することができるとされています。

テレビ泥棒事例について、ここで詳しく検討する余裕はありません。ご関心がある方は、松岡久和先生の一連のご論文をお読みください。この場では、さしあたり、ＡからＤまで、全員に取戻しないし優先処遇を認める方向と、テレビそのものが残っているＡさんについてのみ、取戻権を認め、テレビが債権やお金に変形してしまったＢ・Ｃ・Ｄは、単なる債権者として、平等処遇を受けるとする方向とを取り上げることにします。前者の方向は、いずれももともとテレビの所有者であったことを重視して、Ａの取扱いにＢ・Ｃ・Ｄの取扱いを合わせるのに対し、後者の方向は、Ｂ・Ｃ・Ｄは、Ａとは異なり、債権しかもたないことを重視して、Ａの取扱いとＢ・Ｃ・Ｄの取扱いとを区別するものです。

山城 何かの取扱いを基準にして解決を統一するということですが、統一するときは、どこに統一すると決めるのですか。

水津 Ａの取扱いを基準とすれば、Ａ・Ｂ・Ｃ・Ｄ全員に取戻しないし優先処遇を認めるべきだということになりそうです。

山城 それはそうでしょうが、全員に取戻しないし優先処遇を認めることが、なぜ正当化されるのでしょうか。論理的には、債権者平等原則に則った解決にすべてを平準化するという体系的な考え方もありえますよね。解決の正当化は、体系の外で行われているようにも感じますが。

水津 現行法秩序は、泥棒のもとにテレビが残っていたＡに対し、取戻権を与えています。このことが出発点です。そうだとすれば、泥棒によりたま

たまテレビが債権やお金に変えられてしまったB・C・Dを、それだけで一般債権者として平等に処遇するのは、バランスが悪いのではないでしょうか。テレビが盗まれたのは、みな同じだからです。

　藤澤　Aに所有権があるということ自体が法的評価なのではないかと思うのです。つまり、盗まれてしまった被害者はみんな同じでいくらずつ助かるんですというやり方だってあるわけです。お金とかが特定性を喪失してしまっている場合にはもう助からない。物がある人だけ特権的に助かる。そこに何か隠れていないかというのが気になります。

4　学問の評価と「研究者共同体」

　白石　水津さんの研究手法に関する質問ですが、ルールを整序するということについて聞きたいことがあります。水津さんは、体系を構築するという強い志向に基づいてこういうお仕事をされているのだろうと思います。ただ、他方で、研究の初期において大きな体系の構築に取り組むことにはリスクがあるような気もします。つまり、まだそんなに研究が進んでいるわけではないのに、こんな大きな風呂敷を広げて大丈夫なのかと周りから言われたりする。

　第一論文の段階では、自分で新たな概念を勝手に作り、それにラベルを貼って提示したりしないほうがよいと『民法研究ハンドブック』に書かれていた記憶があります。ところが、水津さんは新たな概念を導入するということをわりと積極的になさっている。やはり相当に自信がおありなのだろうなと感じますが、これから第一論文を書くという立場にある若手にとって、水津さんの研究をどう理解すればよいのでしょうか。

　水津　自信など、全然ありませんよ。むしろ、自分が間違っているのではないかと、いつも不安です。不適切な概念を作るのがよくないのは、当たり前ですよね。ですから、ここでの問題は、見事なネーミングなのだけれども、第一論文のなかでそのようなものを使うのはどうか、ということです。『民法研究ハンドブック』も、難度が高いとしているだけで、新しい概念であっても適切なものであれば、それを第一論文のなかで使うことを妨げてはいないように思います。

なお、『民法研究ハンドブック』に対しては、研究の評価基準が権威主義的だとする批判があります。その批判によると、同書では、研究について、その内容に対する客観的な評価よりも、既存の学界である研究者共同体からの評価に重点がおかれている点に問題があるとされています。しかし、かりに自分の研究が研究者共同体から評価を受けなかったときに、客観的な評価によれば、自分の研究はすばらしいのであって、研究者共同体の評価のほうが誤りだというのであれば、独善的ではないでしょうか。研究者共同体の評価は権威主義的であるとして切り捨てる一方、自分だけは、「客観的」に正しく評価することができるという前提に立っているのですから。

　髙　その批判は、研究者共同体の評価に抗して自分の研究がすばらしいという積極的主張を含むというよりむしろ、研究者共同体内部での評価に関するいわば投票権が偏っているといった認識を、権威主義という言葉で表現している、そういう批判として受け止めておりました。

　水津　現状は、どのように偏っているのですか。

　髙　そもそも研究者共同体内部での「評価」とは何を指し、仮にそのようなものがあるとして、それが社会現象としてどのように形成されるものであり、それが果たして偏っているかどうかの認識それ自体、認識のための手法を確立させて、精査を経ないと、何とも言えない問題だと思います。そのような意味で、結局、私はこの批判に賛否を示すための知見を持ち合わせていないのです。かなり物事を単純化して、強いて言えば、ある論文の評価ないし評価方法に関する一部の言明が発信力と影響力をもっており、その評価方法は学問的な検証を経ずとも、研究者共同体の多くに即時に波及し、共有されていく、というような現象があると仮定すると、それは投票権が偏っている、と表現もできましょうし、権威主義的という表現に適うものかもしれません。

　山城　「自分の研究を客観的に評価することができるのは自分だけだ」というのは極めて主観的な考え方だという水津さんのお話ですが、現にいまある研究者共同体の評価基準に歪みや誤りが生じることはありうるのではないでしょうか。それを是正することができるのは、共同体の構成員である個々の研究者でしかありえないと思うのですが、そうであれば、個々の研究者と

しては、結局、各自が正しいと思うことを主張するほかないのではないですか。研究の評価を誰が決めるのかという問題ではなくて、どういう心持ちで研究に臨むのかといった類の問題ですが、研究者共同体がどうあるべきかについては、自由に発言する権利と責任が各人にあると思うのです。

　水津　研究者共同体の評価は、平井宜雄先生の言葉を借りれば、共同体の「議論」に堪えて生き残っているかどうかを基準とするものであって、この意味においてのみ、「客観的」に正しいと言えるのだと思います。これに対し、学問的真理というのは、誰も到達することができないものでしょう。したがって、おっしゃるとおり、研究者共同体の評価が誤りであるおそれは、常にあります。ただ、ある評価が「客観的」にみると誤りだと、誰がいつ、どのような意味で言えるのでしょうか。結局、個々の研究者が当面の評価の誤りを説き、それが研究者共同体の「議論」に堪えて生き残った段階で、かつ、この意味においてのみ、その評価が「客観的」に誤りであるとされるのではないですか。ある研究者が自分の主張を「正しい」というのは、もちろん自由ですけれども、それが「正しい」かどうかを検証し、評価するのは、その研究者自身ではなく、その研究者を含む共同体でしょう。

　山城　「客観性」や「正しさ」については定見がありませんが、研究に対する評価がどのように定まるかという点について、水津さんのお考えに異論があるわけではありません。ただ、私が直接に問題としたのは、研究に対する評価の正統性ではなく、いわば研究に臨む際の姿勢です。その点について、私は、現にいまある研究者共同体、水津さんが先に言われた「既存の学界である研究者共同体」からの評価の獲得を目標としない研究があってもよいのではないかと申し上げたのです。

　ついでながら、研究に対する評価は「歴史の審判」に委ねられるというときに、審判を下す研究者共同体として想定されるのは、「既存の学界」ではなく、いわば理想化された抽象的存在としての研究者共同体ではないでしょうか。「既存の学界」は、時の経過に耐えて存在し続けるものではありませんから。そのような意味での研究者共同体の信任を得ることは、もちろん、研究の究極的な目標とされるに値すると思います。これに対して、「既存の学界」による当面の評価の正統性を考える際には、「投票権の偏り」の問題が生じう

るように感じます。水津さんは、奇しくも最後に「その研究者を含む共同体」と言われましたが、まさにその点に疑念をもつ研究者がいるというのが、髙さんのご指摘の趣旨だったのだろうと理解しました。

水津 1点だけ補足させてください。私自身は、既存の学界＝研究者共同体とは捉えていません。「研究に臨む際の姿勢」として、100年先を見据えて研究を進めるのも、もちろん自由だと思います。

5　第一論文で何を採り上げるか？

根本 先ほどの白石さんのご質問についてですが、白石さんが指摘された、第一論文で忌避されるべき「体系」とは、非常に大きなものを指しているのだと思います。しかし、ここでの体系は、そのような大きなものである必要はなくて、たとえばある法律行為の無効を「善意の第三者に対して対抗できない」と書いてある条文と、「善意無過失の第三者に対して対抗できない」と書いてある条文とがある場合に、この違いは何に由来するのかということを考える。これが内的体系として整合性がとれているかどうかであり、むしろ第一論文でも採り上げられるべきことだと思います。

白石 そう思います。ただ、水津さんの整理に乗っかって言うと、それは内的体系の話ですよね。外的体系のほうはどうなのかということなのです。

水津 私の論文は、第一論文ではないですね。

白石 水津さんは、第一論文は終わって、次のステップとして体系構築に取り組まれたということなのですね。先の私の質問は、「第一論文はかくあるべし」というのはどれほど気にしなければいけないのか、それに少し関心があったということです。

6　歴史の取り扱い方

伊藤 第一論文で何を扱うかは歴史との関係でも出てくる気がいたしますので、歴史に関して議論を進めたいと思います。鳥山さんは、歴史研究が理論の正当化につながるとお考えですか。

鳥山 既存の学説が一定の歴史的認識を基礎とするのであれば、その認識の適否が当該学説の説得力に関わります。歴史研究は、既存の学説による認

識の誤りを指摘して主張の土台を奪うことを可能にするわけでして、その不支持を表明するにあたっては、比較的、客観的な論拠を提供する有用な研究手法であると考えています。たとえば外国に由来する理論の破綻の兆候が見られるときに、日本と外国における理論導入の目的を探求し、その比較をした結果、彼我に予定されていた機能が違うことが判明すれば、その理論の維持に反対することに有力な証拠を手にしたことになると思います。しかし、常にそのような事実が判明するとは限りません。これから研究テーマを決めようとする人への助言として申し上げますと、それでも研究成果として調べたことを論文の一部に組み込むと、その歴史研究は「添え物」としか評価されません。私は歴史研究に馴染みやすいテーマとそうではないテーマがあると考えていますが、先にテーマを決めて、根拠なく歴史研究に取り組むと、失敗に終わる可能性があるので注意したほうがよいと思います。

　このほか、一定の事実が判明したとして、そこから直ちに一定の結論を導けるわけではないということも、歴史研究に伴うリスクだと思います。また、事実を誤認することもあります。努力を重ねて避けられるものは避けるべきだと思いますが、時間の制約がある以上、限界はあります。とはいえ、事実の誤認はそれほど恐れる必要はないと思います。およそ研究というものは、後人が先人の誤りを指摘するかたちをとるのであり、自分が否定される可能性があるから研究をしないということにはならないのだろうと考えています。怖いのは、自分が事実を誤って認識していると誤認されることです。仮に正しいことを言っても、それが違うというふうに評価される。単に著述が未熟だからということで、そういう評価を受けることもありうる。これも1つのリスクだと考えています。

　伊藤さんのご質問に戻して申し上げますと、ある歴史研究に基づいて既存理論を否定したとして、これに代わる理論をそれと同一の歴史研究のみから提示することができるかというと、そうとは限らないでしょう。私自身、第一論文では多くの問題を先送りにしています。歴史研究以外の要素からも考察が必要な場合が大半でしょう。

　水津　歴史認識と規範認識の関係について、ご存じのとおり、森田修先生と潮見佳男先生との間で議論がされました。この問題について、鳥山さんは

どのような考えをおもちですか。

鳥山 森田先生が「発見のプロセス」とか「正当化のプロセス」というかたちで論文を執筆されていますが、私自身、もともと博士論文を書く前から森田先生の論文は拝読していたものの、その時点では抽象的でよくわからなかった。自分で論文を執筆しながら改めて考えてみた結果、共感できる部分が出てきたといったところです。歴史に関する自前の方法論がなければ、歴史に関する論文を書いてはいけないというわけではないと思います。そのあたりはあくまでも使うだけの人間として、よくわからないまま、なんとなくこういうことなのかなと思いながら論文を書き進めただけです。だから、こと自分自身の経験に即して言えば、歴史にもともと関心がなかったとしても、こういう方法もあるのだと知っておくこと自体が論文のテーマや手法を選択するうえで大事だったのではないか。たまたまこういう方法も選択できるのだということでやってみたら、それなりのものを書くことができたということです。

水津 森田修先生は、規範認識を積極的に正当化するために歴史認識を援用する方法について、先生ご自身はこの方法をとらないにもかかわらず、その可能性を否定しさることについて、「躊躇い」があるとされています。歴史認識と規範認識との「連結」のあり方について、鳥山さんのご意見をお聞きしたいです。

鳥山 森田先生もご論文でおっしゃっていたことですが、既存の理論を否定する、消極的に見るというところだと、非常に有用な手法なのだろうと思います。そこから先について、それまでやってきた法史学の研究に基づいて自分が何か新しい主張そのものを言えるかといったら、言えないというのは先ほど申し上げたとおりです。そこから先に何を積み重ねるか、歴史以外のものを積み重ねて何か新しい主張をするのかは、比較的自由なのではないか。だから、歴史というのはあくまでも、体系的考察の1つの方法なのだろうとは思います。

水津 そうすると、抵当権の本質に関わる解釈論上の具体的な問題群、つまり中間命題A～Lに対する態度を決定するにあたって、学説史が果たす役割は、消極的正当化に限られることになりますね。

鳥山 まずそこが第一なのでしょう。積極的な正当化に向けての着想を得ることはありうると思います。しかし、断片的なものにとどまるのではないでしょうか。どの程度、自分の主張につなげられるのか、つなげたとして、それが本当に正しいのか、あるいはそれなりに説得力をもつと言えるのか。そこが不安につながるかもしれません。

7 近時の立法の取扱い

白石 起草者とどう向き合うか、立法過程をどこまで調べるか、それを解釈論にどれだけダイレクトに反映させるかといった議論がありますよね。歴史ではなく、今後の話ということになりますが、債権法改正がされたいま、法制審での議事録や部会資料が大変充実しているという状況で、今後、われわれは新しくできた法文とどうやって向き合っていくのか。これは、立法過程を法解釈上どのように位置づけるのかということと無縁ではない気がしています。

今後、この新しくできたばかりの条文をどのように研究していけばよいのか。部会資料や議事録をきれいに整理して提示することは、たぶんできるでしょう。でも、それ以上のことをどう付加価値を付けてやっていくかというところで迷いがあるのです。

荻野 改正されるといろいろ難しい問題が出るなと私も思っているのですが、いろいろな経緯があったうえで、いわば折衷的にこの条文に落ち着いたというようなところもあります。そうなると、体系の重要性を否定するつもりはないのですけれど、1つの体系ですべての法文を説明するのがなかなか難しいと思うようなところも、実際に出てくるのではないかと思っています。体系性を強く志向される方は、そのあたりとはどういうふうに付き合っていかれるのでしょうか。

根本 まず、白石さんがおっしゃった新しい民法典の研究方法について私が思うことを申し上げると、新民法典を適切に解釈していくためにこそ、現行民法典なり旧民法典の学説の議論を十分に咀嚼し、それと矛盾しないような解釈論を立てていく、そのような意味での体系は必要だと感じます。

私の理解では、学説というものも民法（学）を構成している1つのテキス

トにすぎない。判例も同じではないか。そうであるとすれば、これまでに学説・判例が積み上げてきた議論とこれからの学説・判例による解決とが食い違っても、それ自体は必ずしも大きな問題ではない。ただし、食い違うならば、なぜ食い違うのかということを説明しなければならない。説明がつくのであれば、それは、これまでの解決とも「整合的」な解決である、と言うことができる。大事なことは、同じならば同じように、違うなら、なぜ違うのかということをはっきりさせることであって、それは、学説史との関係でも、新しい立法との関係でもそうだと思います。

水津 法秩序の体系は、閉ざされたものではなく、開かれたものです。債権法の改正によって、法秩序の体系が変化し、それによりキズができたのであれば、そのキズを修理しなければなりません。たとえば、債権の消滅時効について、新法では、原則として、5年・10年の二重期間が導入される（新166条1項）一方、不法行為に基づく損害賠償請求権一般については、後段の期間制限が時効と明記されたほかは、3年・20年の二重期間が維持されました（新724条）。このうち、主観的起算点から始まる短期消滅時効を比較すると、債権は、5年で時効にかかるのが原則であるにもかかわらず、不法行為に基づく損害賠償請求権は、それよりも短い3年で時効にかかることになる。しかし、部会でも指摘されていたように、この例外を正当化するのは困難であるように思います。そうだとすると、評価の首尾一貫性を保つために、新724条1号を改めなければならないことになります。この結論に賛成するか、反対するかは、本質的な問題ではありません。いずれにせよ、法秩序の体系に変化が生じたときこそ、ますます体系思考が求められると言えるのではないでしょうか。

8 「よい理論」の条件と正当化の方法

伊藤 あまり時間がありませんが、せっかくの機会ですから、他のメンバーの歴史・体系観などについて、質問があればぜひお願いしたいと思うのですが、いかがでしょうか。

藤澤 誰もいらっしゃらないようなのでひとつお聞きしたいと思います。学説史研究をして、いろいろな学説があるなかで、「私はこれに賛成です」と

いうスタイルの研究がある。そのときに「これに賛成です」という規範命題の正当化がどこから調達されるのか、それを知りたいです。たとえば根本さんの先ほどのご発言だと、ピッカーさんとなやみを共有している。ピッカーさんを正当化するというのがお仕事みたいな感じになっているとすれば、ピッカーさんは根本さんにとっていったい何なのでしょうか。

たとえばそれが多数説だったからというのは、1つの正当化になるのかもしれません。そうでないとすれば、この説は自分では思いつかなかったけど、むかし言ってくれていた人がいて、現在の学説としてもそれが妥当だというふうに言うのでしょうか。もしそうだとしたら、複数ある学説のなかから1つを選び取る理由が必要だと思うのですが、それはたぶん歴史からは調達できない話だと思います。どこからピッカーさんとの密接な関係が出てくるのかをすごく知りたいです。

根本　私のお答えとしては、私がその論文において直面している問題を解決するのに有益であるかどうかに尽きます。私が『差止請求権の理論』において問題にしたことは2つあります。

1つは、伝統的に差止請求権による保護は物権その他の排他的支配権にしか与えられず、それ以外の法益には拡張できない。このような見解を打破するにはどうしたらよいか。もう1つは、そもそも自らに帰属しない法益、たとえば競争利益や環境利益などについて消費者団体や環境団体などの一定の私人に、立法論あるいは解釈論として差止請求権の帰属を認めるためにはどうしたらよいか。これら2つの問題を解決するための手がかりとなりうるものがピッカーの理論なので、拙著ではこれに注目をした、ということになります。ですから、それは私自身の主体的な選択にほかなりません。

もちろん、私見の解釈論的正当化を行う際には、そのことをいくら述べても論拠にならないので、たとえば、ピッカーの理論は、その結論においては、日本の法律家が共有している物権的請求権理論のそれと実は非常に近い。そのため、ピッカーの理論をわが国の解釈論として導入しても、従来の実務や学説における議論と親和的であり、大きな摩擦は生じないと考えられることなど、さまざまな論拠を挙げています。しかし、なぜ私がピッカーの理論を取り上げたのかと言われれば、最初に申し上げたとおり、それはピッカーの

理論が、私が抱えている問題の体系整合的な解決にとって最も有益な手がかりを提供していたからです。

藤澤　そのことを説明されるときに、そのなかにある種の循環論法の香りを感じます。つまり、古いタイプの差止めと新しいタイプの差止めをなぜ一緒に説明をしなければいけないのですかと聞いたときに、「そのほうが理論的だからです」と返ってくるのではないか。では「理論とは何ですか」と言ったときに、「いろいろなものを1度に説明できるものが理論なのです」というふうに定義づけているとすれば、それって循環していないでしょうか。違うのだったら違う説明でもいい気がします。一律に「これは違法です。だから差し止めます。」と説明する必要がどこにあって、そのこととピッカーさんとがどういう関係があるのか、ちょっと気になります。

根本　本質的な質問をしてくださり、ありがとうございます。今回の私の連載論文でも書いたつもりですが、「新たな問題」と「古典的な問題」との間には一緒の部分もあるし、違う部分もある。それらを切り分けることが重要だと思います。そして一緒の部分については、まさに等しいものは等しくではありませんが、古典的な問題に関する差止請求権も、新たな問題に関する差止請求権も、どちらもまさに同じものなのだから、要件や効果の基本的な部分については同じように考えるべきであると思います。しかし、すべてを同じに扱うわけではない、というのが私の答えの1つ目です。

もう1つは、さまざまな事柄をできるだけ統一的に説明することが理論としては望ましいと思います。もちろん、そのように考えない人から見れば、それは循環論法かもしれませんし、不賛成だと言われてしまえば仕方がない。しかし、昔、ある物理学の先生からお話を伺った際に、物理学も結局は理論あるいは仮説なのだけれども、よい理論と悪い理論との違いは何かと問われれば、前提をできるだけ少なくして、そこからすべてを整合的に説明しうるものがよい理論なのだとおっしゃっていました。これは、法律学でも同じではないかと思います。

おわりに

伊藤 議論は尽きませんが、時間が参りましたので、最後に司会から自己紹介と本日の感想を述べさせていただき座談会を終えたいと思います。まず山城さん、お願いいたします。

山城 早稲田大学の山城でございます。契約の成立や解釈といった問題に関心をもって勉強してきましたが、率直に言っていまだに構想をうまくまとめられておらず、自分でも何をやっているのかがよくわからなくなることがあります。今回の連載では、大げさに言えば全世界と対話するとでも言いますか、これまでの学説の展開に対して自分なりの見方を示してみたいと考えました。

この研究会は、自分が何に関心をもって研究をしているのかを見直すよい機会になりました。「比較法」については感想めいたことを申し上げましたから、「歴史・体系」について発言させてください。判例や学説の展開は試行錯誤の過程であって、そのなかには敗れて廃れる議論もあるのだと思います。誤解を恐れずに言えば、現在の解釈論を展開するためにはそのような議論を相手にする必要はない、はっきり言って、そんなことをしていては建設的な研究にならないと思うのです。しかし、何を否定することによって現在の議論が成立したのかを理解しないでは、法学を理解したことにならないのではないかという疑問も他方にあります。今日の座談会では、どのような言明が正当化のプロセスとしての適格をもつかが大きな話題になりましたが、歴史を考えることの意味は、正当化の直接的な論拠を探ることにではなく、一定の解釈論的な実践がどういう意味をもっていたのかを検証する手がかりを得るところにあるのではないか、少なくとも私自身はそういう関心をもっているのかな、と思いました。

他方で、話題の本体である「正当化のプロセス」のあり方については、結局、考えは区々だったのかなと感じました。何らかの結論を下すことが座談会の目的ではありませんからそれでよいわけですが、この問題に対して納得のいく答えを得られる日がくるのかと考えると、頼りない気持ちでもありま

す。ともあれ、皆さんのお考えを聞けたことが非常に有意義でした。ありがとうございました。

伊藤 上智大学の伊藤栄寿です。私は 2002 年に改正された区分所有法における建替えの議論をみて、区分所有、共有、所有権の理論に興味をもち研究を始めました。今回の連載では、かつての著作を素材に、学説と「対話」をして自説の位置づけを明らかにし、研究を一歩進め「創造」を試みたつもりです。今日の 3 つのテーマはすべて、いままでもこれからもどう取り扱うべきか悩ましい問題だと思います。

第 1 部「実務」について、私が専門とする区分所有は実務的な問題ですが、拙著『所有法と団体法の交錯』は区分所有と共有の理論的問題を扱いました。管理組合等の抱える問題に直接答えるものではないため、実務からの反応は薄かったです。一部の民法学者からは実務的と言われ、一部の実務家からは実務的でないと言われました。他方、具体的な管理問題を取り扱うと、管理組合や管理会社、マンション実務に携わる弁護士などから「実務がわかっていない」と言われます。実務との距離の取り方、テーマ設定の難しさをいつも感じます。第 2 部の「比較法」はすでに述べたとおりです。第 3 部の「歴史・体系」ですが、自分の研究でも歴史をどこまで勘案すべきかは悩みました。民法制定当時、区分所有として想定されたのは、1 階建てで壁や屋根を共有する「棟割長屋」とよばれるもので、当然のことながらタワーマンションなどは想定もされていませんでした。昔の考えがいまどこまで使えるのか、よくわからないところがあります。また、体系について、区分所有が民法の共有・所有権理論とどのような関係にあるのか、「特別法」が民法理論をどこまで修正できるのか、詰め切れていません。今日のテーマはすべて、答えを出すことができない問題かとも思いますが、座談会を通じて同世代の皆さんのご意見、お考えを伺って問題を整理することができ、大変有意義でした。

本日は、拙い司会にもかかわらず、長時間、活発なご議論をありがとうございました。

（2017 年 7 月 15 日収録）

* 本座談会については、加筆・修正を加えず、法律時報誌掲載（90 巻 1 号・2 号〔2018 年〕）当時のまま掲載している。

執筆者（執筆順）

山城　一真（やましろ・かずま）　　早稲田大学准教授

髙　　秀成（こう・ひでなり）　　　金沢大学准教授

根本　尚徳（ねもと・ひさのり）　　北海道大学准教授

伊藤　栄寿（いとう・ひでとし）　　上智大学教授

鳥山　泰志（とりやま・やすし）　　千葉大学准教授

藤澤　治奈（ふじさわ・はるな）　　立教大学教授

齋藤　由起（さいとう・ゆき）　　　大阪大学准教授

白石　　大（しらいし・だい）　　　早稲田大学教授

荻野　奈緒（おぎの・なお）　　　　同志社大学教授

水津　太郎（すいず・たろう）　　　慶應義塾大学教授

民法理論の対話と創造

2018 年 8 月 25 日／第 1 版第 1 刷発行

編　者　民法理論の対話と創造研究会

発行者　串崎　浩

発行所　株式会社日本評論社
　　　　〒170-8474　東京都豊島区南大塚 3-12-4
　　　　電話　03-3987-8621（販売）　　-8592（編集）
　　　　FAX　03-3987-8590（販売）　　-8596（編集）
　　　　振替　00100-3-16　　https://www.nippyo.co.jp/

印刷所　株式会社精興社
製本所　牧製本印刷株式会社
装　幀　神田程史
検印省略　©民法理論の対話と創造研究会　2018
ISBN978-4-535-52369-2　　Printed in Japan

|JCOPY|〈（社）出版者著作権管理機構　委託出版物〉
本書の無断複写は著作権法上での例外を除き禁じられています。複写される場合は、そのつど事前に、
（社）出版者著作権管理機構（電話 03-3513-6969、FAX 03-3513-6979、email：info@jcopy.or.jp）の
許諾を得てください。また、本書を代行業者等の第三者に依頼してスキャニング等の行為によりデジ
タル化することは、個人の家庭内の利用であっても、一切認められておりません。